AF464425

SYRIE

PALESTINE, MONT ATHOS

Ce volume a été déposé au ministère de l'intérieur (section de la librairie) en septembre 1876.

PARIS. TYPOGRAPHIE DE E. PLON ET Cie, RUE GARANCIÈRE, 8.

Le conseil de la Montagne-Sainte, à Karyès.

SYRIE

PALESTINE, MONT ATHOS

VOYAGE AUX PAYS DU PASSÉ

PAR

LE Vte EUGÈNE MELCHIOR DE VOGÜÉ

PARIS

E. PLON ET Cie, IMPRIMEURS-ÉDITEURS

RUE GARANCIÈRE, 10

1876

A

MONSIEUR HENRI DE PONTMARTIN.

MON CHER AMI,

Je vous envoie ces études de voyage, telles qu'elles ont paru à diverses reprises dans la *Revue des Deux Mondes*: c'est une vieille dette que j'acquitte. Le jour où, libre enfin de partir pour mes courses lointaines, je vous ai demandé de venir les partager avec moi, vous m'avez répondu que des devoirs impérieux vous retenaient en France; mais vous m'avez fait promettre de vous rapporter un récit fidèle de mes caravanes et de ne vous faire tort ni d'une impression, ni d'un étonnement. J'ai vaillamment accompli ma promesse, je vous l'assure. J'ai dû me la rappeler bien des fois, durant les soirées de la tente, après une longue journée de cheval, pour lutter contre le sommeil et prendre la plume : il en est résulté ce volume de notes, recueillies sans ordre et sans suite, au hasard de l'heure, sous la tente, sur une table d'auberge ou un pont de bateau, sur le pommeau de la selle et le bât du chameau, sur les colonnes affaissées de Baalbeck et de Byblos. Parfois la pluie ou les retards du voyage me laissaient le loisir de rêver et d'écrire; plus souvent, quand mes moukres impatients me pressaient de quitter l'étape, j'indiquais d'un mot des idées dont j'ai peine aujourd'hui à retrouver le fil. Enfin, je vous l'ai rapporté comme je vous l'avais promis, ce pauvre compagnon, bien sali, bien illisible, bien avarié par les mois passés dans les fontes de la selle. Alors, vous m'avez dit : Il faut publier cela.

Vous savez si j'ai bondi d'abord à l'idée de jeter dans une vitrine de librairie toutes ces intimités. Je vous ai opposé les mille raisons qui m'en devaient détourner. On croit communément en France que tout a été dit sur l'Orient, que le sphinx a livré tous ses mystères, qu'il n'y a plus rien à faire de ce côté. A moi plus qu'à un autre il était téméraire de venir parler de la Palestine, quand de remarquables travaux, signés du même nom qui figurera au bas de ces pages, l'ont décrite avec tant de science et d'amour. Que d'éléments d'intérêt m'étaient d'ailleurs interdits ! Des convenances de situation, la nécessité de ne pas troubler l'œuvre laborieuse, faite surtout de prudence et d'abnégation, qui se poursuivait ici auprès de moi, m'obligeaient à réserver mes appréciations sur les hommes et les choses de la Turquie, à glisser sur les côtés politiques, sociaux et religieux que notre époque demande avant tout aux récits de voyage. Quelle audace, enfin, de jeter à l'heure présente, si rude aux lettres, dans ce pays troublé, affolé de regrets, de craintes ou d'espérances, ces calmes études ! Plus sévère que celle de Platon, notre république reconduit à la frontière ceux qui viennent lui parler d'art et de poésie, sans même les couronner de fleurs.

Je vous ai dit tout cela, et vous ne m'avez pas fait grâce. Vous m'avez répondu que toute tentative consciencieuse est sûre de trouver un petit nombre d'amis inconnus, d'esprits de même famille qui la fêtent en secret. Vous m'avez rappelé, avec raison, je l'avoue, que de cet Orient soi-disant si épuisé on ne sait pas le premier mot chez nous ; qu'un récit de voyage est œuvre d'utilité publique, s'il peut inspirer aux jeunes gens de loisir et de fortune le goût des pérégrinations lointaines. Le Français ne sort plus de son boulevard, où il voit tout à son image : on s'en aperçoit tristement dans ces contrées reculées dont nous avons oublié le chemin et où notre langue, nos mœurs, nos idées, notre action perdent chaque jour du terrain au profit des peuples voyageurs, et plus tristement encore chez nous, où l'on se fait de l'autre côté de la frontière les idées les plus fausses, sinon les plus grotesques; nous avons chèrement payé le droit de nous dire ces vérités.

J'ai cédé, en partie du moins. Encouragé par la bienveillante hospitalité que ces notes ont trouvée à la *Revue*, je les réunis aujourd'hui sans m'écarter de la forme modeste et commode du récit au jour le jour; elles seront gardées contre les inexpériences d'un simple touriste par un séjour de cinq années en Orient et mériteront peut-être à ce titre une indulgente attention. J'ai fait suivre mes courses en Syrie d'une étude sur cette vieille épave byzantine du mont Athos, curieuse à tant d'égards. Elle a été inspirée par l'idée dominante qui relie ces pages, si diverses de forme et de sujet : la préoccupation de reconstituer avec le présent la physionomie réelle du passé. La grande surprise et le grand bienfait de chaque journée de voyage en Orient, c'est de nous mettre en contact avec les choses et les hommes d'autrefois, qui se sont à peine modifiés. Il n'est que de parcourir cette terre pour la voir s'éclairer d'une lumière inespérée, pour replacer dans son vrai jour toute cette histoire que la distance, l'ignorance des pays, des races et des mœurs ont si souvent faussée pour nous. Le présent immobile nous fournit la clef du passé, les lieux nous aident à saisir la légende, comme les planches donnent le sens du texte dans un ouvrage abstrait : les grandes lignes reprennent leur juste valeur, les détails se coordonnent, les figures s'humanisent, tout ce qui semblait impossible, incroyable ou merveilleux apparaît naturel, véridique et accessible. Les doutes tombent, les inquiétudes s'apaisent, le calme se fait dans l'esprit illuminé, la raison n'a plus à lutter contre ses évidences intimes pour accepter des interprétations dont les faits se passent fort bien, une fois replacés dans leur cadre.

Et ce n'est pas sa seule histoire que ce pays éclaire ainsi ; l'état de ses sociétés arrêtées reproduit parfois avec une singulière fidélité l'état de nos sociétés occidentales à certaines périodes de leur développement : les mobiles qui les mènent encore et dont nous surprenons le jeu peuvent être attribués sans témérité à nos ancêtres, aux événements dont ils ont été les instruments. La pratique attentive de l'Orient contemporain a confirmé ma foi dans cette formule qui résumera ma pensée : pour l'ensemble de la famille humaine, les phases de l'histoire ne sont pas successives, mais bien plutôt synchroniques. En cherchant judicieusement autour de lui, dans ce vaste monde, l'historien peut toujours trouver chez les races attardées les types vivants des sociétés disparues, de même que l'astronome, en interrogeant le système céleste, arrivera à reconnaître dans quelques-unes des planètes les types actuels des métamorphoses par lesquelles a passé la nôtre à ses origines. L'esprit du passé est moins dans des chroniques douteuses que dans les lieux, les œuvres, les hommes qui lui survivent autour de nous ; c'est avec ces éléments que la science recomposera un à un les anneaux qui forment la chaîne de l'histoire et la déroulera sûrement jusqu'à ces origines humaines dont la connaissance peut seule apaiser la grande angoisse de ce siècle. Dans cette voie féconde, l'immuable Orient sera toujours le grand initiateur. Le secret de l'histoire! c'est peut-être celui que garde son sphinx à l'entrée de ses déserts.

Mais que voilà, mon cher ami, de grands mots, de gros soucis et de longues explications pour ma facile promenade! Je n'y voudrais convier que de rares esprits comme le vôtre, impartiaux, calmes et désintéressés, amoureux seulement d'art et de poésie, de vérité et de lumière. Je viens des sources où l'on en trouve, et je leur en apporte un peu, tout ce qu'il m'a été donné d'y puiser. Si même ceux-là me faisaient mauvais accueil, il me resterait encore la meilleure récompense d'une entreprise de ce genre : le plaisir d'avoir vécu un peu plus longtemps parmi ces chers souvenirs. Que de fois, durant les journées grises et sombres de climats moins bénis, je suis retourné en pensée sur les bienheureuses grèves d'Asie me réchauffer à leur clair soleil!

Quand c'était l'âme qui était grise et triste, je revenais en Palestine, la terre des apaisements et des consolations. Enfin, mon cher ami, vous me croirez sans peine si je vous dis que ma meilleure tentation a été de causer plus longuement avec vous; en revoyant ces notes écrites d'abord pour vous, j'ai cru bien souvent, malgré tant de terres et de mers qui nous séparent, reprendre nos ardentes causeries d'autrefois, durant ces jeunes soirées, déjà si lointaines, que nous passions au coin de mon feu, dans la vieille bibliothèque, à lire nos poëtes chéris, à deviser de voyages et d'histoire, de projets et d'espérances, mettant nos deux vingt ans ensemble pour apprendre la vie et la parer de plus de rêves; j'ai cru plus d'une fois m'appuyer sur votre bras, par les matinées de printemps, dans le petit chemin dont chaque pierre a gardé une de nos joies, un de nos mauvais vers et un de nos bons rires, vous savez, le petit chemin qui monte entre les pins de la Mûre, et que nous ne referons plus.

Constantinople, décembre 1875.

I

LES ILES, LE LIBAN, DAMAS

I

LES ILES, LE LIBAN, DAMAS

En mer, le 1er novembre 1872.

« Faites voille, de par Dieu! » criait Joinville à ses « notonniers » en s'embarquant sur la nef qui devait le porter en Terre sainte. — Je jetterais volontiers le même cri aux matelots de la *Minerva,* grand bateau du Lloyd autrichien à bord duquel nous prenons place, mon ami d'A... et moi; la vapeur a remplacé les vieilles voiles qui nous enlevaient furtivement et sans secousses aux lieux accoutumés. Rien n'est triste comme les apprêts durs et brutaux d'un navire en partance, les gémissements contenus de la chaudière, les râles du piston, les trépidations de l'hélice, les grincements de l'ancre ramenée par le cabestan : il semble qu'on entend lentement se briser sous le marteau, un par un, les anneaux de la chaîne qui vous lie à la terre abandonnée : c'est toujours l'heure des fortes impressions. Enfin le bâtiment s'ébranle, se dégage péniblement du fouillis de mâts pressés dans la rade, et gagne la haute mer :

alors le souci du départ se dissipe, et de quel vol joyeux la pensée s'élance vers ce provoquant infini!

Cette fois la mienne me précède à tire-d'aile sur les mers de Syrie : j'entre en possession du plus ancien de mes rêves. Je vais donc toucher du pied toutes ces terres, filles gâtées de la légende, de la poésie et de l'histoire, voir surgir dans leur réalité ces lignes prestigieuses que, tout enfant, je suivais amoureusement du doigt sur la carte, et qui me semblaient saillir du papier en relief d'or : les échelles du Levant, les fleuves d'Asie, les pics du Liban, les plaines de la Judée, Jérusalem! — Nous voyons encore une fois le soleil descendre au fond de la Corne d'or, traînant sur les collines d'Hass-Keuï et de l'Ok-Meïdan de larges bandes jaunes, déchirées par les minarets de Sultan Bayezid et de la Suleïmanieh. Le bateau tourne les cyprès de la pointe du Séraï : les contours des lieux s'effacent dans le crépuscule d'octobre. L'amphithéâtre des trois villes s'étoile de feux qui leur donnent l'aspect vague des cités inconnues : les lumières défaillantes se fondent bientôt elles-mêmes dans la buée douteuse. Adieu donc et à l'avant, nos regards et nos pensées! Une fraîche brise nous pousse en Marmara, aidant la vapeur. « Et chascun jour, dit encore le bon sénéchal, nous esloigna le vent des païs où nous avions esté nez. »

En nous éveillant à l'aube, nous dépassons Gallipoli, les Dardanelles, les lourds châteaux aux murailles ventrues, où les vieux canons bâillent d'ennui sur les piles de boulets de marbre. Voici les falaises mornes et nues derrière lesquelles court le Scamandre. La Troade, je l'avoue, m'a toujours laissé froid. Que, dix siècles avant notre ère, une tribu hellène ait chassé de ces plateaux une tribu pélasge, c'est affaire à elles : je n'irai jamais chercher des pierres douteuses dans ces landes désolées. La pratique des Grecs modernes rend un peu méfiant dans la lecture des Grecs anciens : les bulletins de la guerre de l'Indépendance donnent peut-être la mesure de la véracité qu'il faut attribuer à ceux de Thémistocle et d'Alcibiade. Qu'est-ce donc quand il s'agit des héros de l'époque mythologique? N'oublions jamais que pendant plusieurs siècles les Grecs ont parlé seuls dans le monde barbare. Si, aujourd'hui, des civilisations parallèles, d'un sens critique très-chatouilleux, ne veillaient pas sur le développement de la légende, nos petits-neveux feraient à Botzaris et à Colocotroni, dans l'histoire moderne, la place que nous laissons à Léonidas et à Miltiade dans l'histoire ancienne : et l'on verrait sans doute Hadji Stavros et Arvanitaki se mêler dans la mémoire des hommes au prudent Ulysse et au bouillant Achille. On irait fort loin dans cette voie révolutionnaire, et l'on risquerait de n'y pas épargner grand' chose d'Hérodote et de Thucydide : on y serait appuyé par ceux qui connaissent l'Orient, l'immutabilité de ses races, les lois constantes et toujours identiques avec elles-mêmes qui président à ses évolutions historiques. Je m'arrête, n'étant pas autrement destructeur, et croyant qu'il ne faut pas toucher au peu d'idéal que l'humanité garde encore : n'est-ce pas à lui qu'elle doit Homère et Virgile, son plus noble et plus doux patrimoine! Ce sont leurs noms seuls que j'ai voulu me rappeler, chaque fois qu'un vaisseau m'a promené le long de ces terres désormais silencieuses.

Nous sortons du détroit en mettant le cap sur Ténédos : à droite et dans le lointain, on entrevoit les sommets de Lemnos, toute retentissante du bruit des armures divines martelées sur la forge d'Ephaïstos. Le Lloyd relâche à Ténédos : nous stoppons une demi-heure à l'entrée sur la crique. Je n'ai jamais vu roche plus nue et plus grillée que cette île fameuse. Un château turc domine de ses gros murs crénelés et de ses canons pansus l'amas de pauvres maisons étagées sur la petite baie; dans le port, « dangereux aux navires », des mahonnes et des télémaques, aux mâts semés de flammes rouges, se balancent à l'endroit même où ont mouillé les vaisseaux grecs et n'ont pas changé la forme d'un agrès depuis Ulysse. Aujourd'hui encore les pêcheurs de ces côtes mettent chaque soir leurs embarcations à sec sur le rivage au moyen de claies de bois en pente douce qu'on appelle dans le pays *kysaques* : ainsi faisaient chaque nuit les marins de l'*Iliade* pour leur flottille. Les Grecs de l'île qui viennent à notre bord charger leurs peaux de chèvre et leur vin amer ne se doutent guère que le bruit de leur nom remplit la vieille Europe, que les enfants l'épellent sur les bancs de tous les collèges, et qu'ils ont inspiré à la sculpture l'un de ses plus dramatiques chefs-d'œuvre.

Nous entrons après midi dans le canal de Lesbos, et nous mouillons à la nuit devant Mételin. On se sent envahi par les souvenirs païens de cette terre voluptueuse : cette tiède et splendide soirée, ce ciel indulgent, qui nous permettent de veiller fort tard, assis sur le pont comme dans nos nuits de juin, nous parlent de Sapho et de Lesbie, de toutes les ardentes figures que la poésie est venue chercher là : sous un ciel pareil, on ne peut qu'aimer et chanter. Nous quittons la patrie des poëtes et des courtisanes pour entrer dans le golfe de Smyrne : demain à l'aube nous mouillerons dans le port.

Éphèse, 2 novembre.

Nous nous sommes réveillés en rade de Smyrne au son des cloches ; elles sonnaient le glas du jour des morts. Pour la seconde fois la patrie d'Homère me reçoit au seuil de l'Asie : la voilà bien toujours la même, coquettement couchée au pied du mont Pagus, nonchalante et molle dans son air doux. Smyrne ne mérite guère de nous arrêter : comme la plupart des villes turques, il faudrait la voir du pont du bateau, sans descendre, pour garder ses illusions. C'est d'ailleurs une vieille connaissance, et nous comptons employer la journée de relâche à voir les ruines d'Éphèse. Nous allons donc, hélas ! prendre le chemin de fer. J'ai bien dit : le chemin de fer, et le plus anglais des *railways*. Matériel, personnel, buffet, tout est anglais, on ne parle qu'anglais sur la ligne. Je laisse à penser si cette administration britannique paraît monstrueuse sous le ciel d'Ionie : et cependant elle donne lieu à de curieux contrastes. La première station est au Pont-des-Caravanes : des centaines de chameaux encombrent la voie et les abords. Rien ne saurait exprimer le trouble jeté dans l'esprit par cette association disparate : les chameaux, chargés de coton et de figues, agenouillés ou posant lentement leurs larges pieds entre les rails, les wagons, les locomotives fumantes et menaçantes. Ajoutez qu'à cet endroit la ligne traverse un champ des morts turc, tout ombreux et silencieux de ses grands cyprès. Trois ou quatre des lourds et gauches animaux, conduits par un nègre abyssin d'une rare puissance de type, s'arrêtent près de notre wagon et promènent leur tête, avec ce balancement rhythmé qui leur est particulier, tout contre notre portière; homme et bêtes nous regardent de ce grand regard étonné et résigné, commun aux races humaines et animales de l'Orient, et semblent se dire avec tristesse : Ceci tuera cela.

Après avoir dépassé le joli village de Boudjah, dont on aperçoit sur la gauche les maisons blanches entre les cyprès, le train court deux ou trois heures dans les vallées marécageuses et désolées du Mélès et du Caystre, entre des montagnes calcaires nues et escarpées, violemment secouées par les tremblements de terre. La fièvre, la pâle souveraine de toute l'Asie Mineure, habite presque seule ces humides vallées : on pourrait représenter cette pauvre Asie sous les traits d'un spectre fiévreux assis sur des ruines. Nous descendons à Aya-Souluk, où l'on remarque les restes d'une belle mosquée du dix-huitième siècle, sœurs des élégantes et nobles constructions de Nicée et de Brousse. Après un quart d'heure de cheval, on entre dans la plaine d'Éphèse, où se déroule tout autour du mont Prion un amas confus et considérable de ruines. Que dirai-je de ces pierres? Presque pas une qui ait une beauté propre et vivante encore : des débris seulement, pâture d'archéologue.

Cependant on a trouvé ici même une des plus merveilleuses reliques de l'art grec : c'est une tête séparée de son corps et déposée aujourd'hui au musée de Sainte-Irène, à Constantinople, parmi des fragments informes et des restes d'un médiocre intérêt. Ce fruit exquis de l'art ionien, plus humain, sinon plus vrai, que l'art attique, ce chef-d'œuvre d'un Lysippe anonyme est digne de rivaliser avec les marbres historiques de nos galeries d'Europe. Plus on regarde cette figure pensive, plus elle apparaît profonde : ce n'est pas une femme, c'est la femme. Je ne sais quel est son âge; sa beauté est toute jeune, sa mélancolie est déjà mûre : on sent que ses jours ont été pleins, partant mauvais. La lèvre de l'Ionienne est sensuelle, ironique un peu; son œil vague regarde on ne sait où, et sur son front un nuage de tristesse n'a pu éteindre un rayon d'espérance. La tête est penchée et à demi tournée, comme si elle regardait dans le passé; elle a beau sourire dédaigneusement de tout ce qu'elle y a trouvé, on sent qu'elle y regrette quelque chose : elle sait la vie, en souffre et espère quand même. J'ai passé plus d'une heure à contempler ce bijou antique, me demandant où le grand artiste inconnu entrevit cette figure idéale. Était-ce un portrait ou une conception du génie? Ne serait-ce pas Diane, la grande déesse d'Éphèse? Je comprends alors qu'on accourût des extrémités du globe pour l'adorer.

Nous ne trouvons dans cette plaine de plusieurs lieues de tour que des matériaux dispersés, des arasements de temples, des indications d'édifices : les quelques heures qui nous sont accordées entre deux trains ne nous laissent pas le temps d'une étude fructueuse. Nous voyons vite et sottement, comme les Américains qui nous accompagnent et demandent au vieux *cicerone* grec le temple de Diane, dont ils semblent surtout préoccupés. M. Wood, le patient explorateur des ruines d'Éphèse, vient enfin de le découvrir à droite de la ville, entre le mont Prion et Aya-Suluk; ses ouvriers extraient des fouilles d'énormes colonnes cannelées de plus d'un mètre et demi de diamètre. Partout des matériaux d'une richesse inouïe, colonnes de vert antique, chapiteaux de belle brèche rosée, fûts de ce superbe granit de Syène vert et rouge qu'on retrouve dans toute l'Asie, magnifiques témoins d'une civilisation morte, moins attachants pour moi néanmoins que ces champs de pierres pulvérisées où il ne reste pas un bloc entier; voilà l'éloquent commentaire des menaces bibliques que nous retrouverons à chacune de nos étapes dans le vieux monde : « Il ne restera pas pierre sur pierre. » La parole est littérale : la folie des hommes et les sourdes fureurs de la terre ont bien fait leur œuvre. Comme dans les champs de la Crau, que ceux-ci rappellent, des chevriers font paître leurs maigres troupeaux; assis sur les roches escarpées du mont Prion, ils semblent écouter, comme le pâtre de Virgile, écouter le bruit qu'a fait dans le monde tout ce passé disparu : le temple célèbre jusqu'aux confins de l'univers, le crime d'Érostrate, qui le brûla pour faire survivre un nom qu'ils ignorent à coup sûr; la gloire d'Alexandre, la parole de Paul, les querelles religieuses et le brigandage d'Éphèse, les invasions répétées du Croissant et les hauts faits des princes latins. Que leur en chaut-il, à ces raïas, pourvu que les figuiers donnent et que les chevreaux viennent bien !

Sur les gradins à demi enfouis de ce théâtre, Paul a prêché la bonne nouvelle qui nous a faits ce que nous sommes : c'est de là que Démétrius l'argentier et la foule courroucée vinrent l'arracher pour le conduire à une prison dont on voit les restes sur un monticule isolé. Ces souvenirs dominent de beaucoup tous les autres ici. Que n'est-il resté aux apôtres de notre temps quelque chose de ces persuasions toutes-puissantes et merveilleuses qui jetaient aux pieds du converti les populations entières de l'Asie? Je vais y songeant longtemps, tandis que mon cheval se fraye difficilement un chemin dans les roseaux du Caystre. Cependant le crépuscule se fait, et la lune monte lentement entre les sommets du Coressos et du Prion : *magna Diana Ephesiorum.*

Il faut, au sortir du stade, remonter dans l'odieux wagon, après avoir *lunché* avec du *pale ale* chez un juif anglais ! Nous nous retrouvons à Smyrne, assez morne et silencieuse ce soir, malgré les fêtes de l'ouverture du Ramazan. Ce peuple grave ne connaît pas nos saturnales du mardi gras : pour montrer sa joie, il illumine ses temples. Nous cherchons longtemps la fameuse rue des Roses, et j'épuise vainement tout mon grec de la décadence sans la découvrir, jusqu'à ce qu'un Français me l'indique, en m'expliquant que de son vrai nom elle s'appelle *odos Kopriès*, « rue du fumier ». Je crois bien qu'on ne m'entendait pas ; mais qui se serait douté d'un pareil euphémisme ?

Rhodes, 4 novembre.

Après avoir remonté le golfe de Smyrne et tourné le cap Kara-Bournou, le paquebot s'est engagé dans le *boghâz* (canal) de Chio pour mouiller à la nuit devant cette île. Quelques pêcheurs chiotes viennent vendre à bord du mastic [1] et du glyco [2], doux commerce de cette terre indulgente, qui vit du suc de ses fruits et de ses fleurs. Groupés sur le pont, à la lumière de leurs lanternes, avec leurs figures en bec d'aigle, leurs haillons colorés et leur marchandise odorante dans des pots de verre rouges et blancs, ils crient et gesticulent au grand scandale d'un pasteur américain. Ce pieux voyageur se rend en mission à Jérusalem : debout dans une longue robe de chambre à ramages, cravaté de blanc, la physionomie triste et le regard mystique, il feuillette sa Bible à la lueur d'une bougie et pose pour Rembrandt ou Holbein,

[1] Gomme résineuse dont les Orientaux font un grand usage.

[2] Confitures que les Grecs des îles préparent avec des fleurs d'oranger, de citronnier, et surtout des roses.

comme les Grecs pour Delacroix. Un peu plus loin, le patriarche d'Antioche, qui revient du synode de Constantinople, est assis dans un grand fauteuil. Ce vieillard, vêtu et coiffé de noir, à la longue barbe blanche, aux traits émaciés, au regard atone, roide et solennel comme une mosaïque byzantine, est réellement imposant dans son immobilité pontificale; en revanche, ses deux acolytes sont très-remuants, très-bavards et très-sales. Ils psalmodient tout le long du jour l'office orthodoxe sur un ton nasillard, avec la même patience que met l'Américain à lire sa Bible. A côté d'eux, des Arabes de Damas font gravement la prière sur le pont, aux heures prescrites : un serviteur apporte un tapis qu'il déploie, et les croyants se prosternent trois fois en s'orientant vers la Mecque, sans beaucoup de succès, je dois le dire, car la boussole leur donne de flagrants démentis ; mais c'est la foi qui sauve.

Il n'y a que l'Orient pour réunir dans un cadre aussi étroit les spécimens les plus frappants de races et de religions si différentes. On sent bien vite, à voir les abîmes qui les séparent, combien les rêves d'unification sociale et religieuse du monde sont chimériques; on y saisit, dans le relief d'une vive lumière, les lois nécessaires et divergentes auxquelles obéit, dans chaque race, le développement du sentiment religieux.

Les Chiotes descendent dans un long caïque, qui

s'éloigne invisible et silencieux. Ainsi, il y a cinquante ans, dans la nuit du 23 mars 1822, sur cette même rade où nous sommes, le brûlot de Canaris se glissa parmi la flotte turque, et réduisit en cendres les vaisseaux de Sélim. Les plus vieux de nos marchands de confitures ont pu voir flamboyer les rochers de l'île aux reflets de l'incendie libérateur.

Nous avons laissé derrière nous Cos, éclatante et souriante tache blanche au milieu des bois, avec ses remparts turcs et ses toits en terrasse, éblouissants sous leur crépi de chaux, Samos, le golfe Céramique, les restes d'Halicarnasse et de Cnide. Après avoir doublé le cap Krio, nous rangeons de près la côte de Caramanie, entre des îles nombreuses, avec la longue chaîne de Rhodes pour horizon. Le ciel, un peu brouillé ce matin par un orage qui courait sur le Taurus, emplissant tour à tour de ténèbres et d'éclairs les forêts profondes et les sauvages ravines de ces sommets, est maintenant d'une sérénité indescriptible. A notre gauche, la charpente osseuse et tourmentée des montagnes de Caramanie, descendant par grandes tables dorées dans la mer, fait valoir vigoureusement le bleu dur et poli des flots; à droite, des bouquets d'îles rocheuses, baignant dans une brume chaude, émergent de l'eau. Ce sont les aspects de l'Archipel et du golfe de Salamine, avec un ciel plus mou et plus éclatant, une grâce plus asiatique. Il faut avoir vu les mers de Grèce pour se douter des paysages qu'on peut obtenir avec des pierres et de l'eau, mais de l'eau tour à tour sombre comme du lapis en fusion ou étincelante comme de la poussière de diamant, des pierres saturées de soleil, chauffées par un ciel blanc, rongées par les flots, où la moindre veine étrangère, le moindre filon minéral, s'accusent avec des couleurs éclatantes, où une mousse marine, un figuier pendant, prennent une valeur hors de toute proportion. On comprend, en regardant ces paysages encadrés dans un éternel fond d'or, comment les procédés des peintres byzantins leur ont été tout naturellement inspirés par la nature ambiante.

Quelle fête en plein novembre, tandis que nos amis, en France, se blottissent frileusement dans la cheminée attristée! quelle fête pour les sens de se laisser glisser sur cette nappe d'azur aux reflets dorés, d'emplir ses yeux de tous ces rayonnements et de humer cette tiède lumière, pénétrante comme celle que le poëte latin place dans les champs Élysées..., *lumine vestit purpureo*..., c'est littéralement vrai, et on le comprend ici; elle drape les montagnes comme une gaze palpable.

Avant de condamner en bloc le paganisme, il faut avoir passé sous ce ciel clément dont il semble l'émanation naturelle. Insensiblement le *genius loci* vous y envahit et vous pénètre : on se sent devenir païen, fatal, heureux; on se demande avec regret pourquoi l'on ne vit plus de cette vie assurée et bénie, sous la consolante tolérance de ces divinités gracieuses, pourquoi le Christ souffrant a passé là, apportant ses dures vérités, repoussant ces aimables fantômes et nous laissant, à son image, laborieux et mélancoliques, attristés de cette vie et effrayés de l'autre. Dans un pareil climat, la morale semble un mot vide de sens, le sacrifice une absurdité; l'ascétisme et le renoncement n'y sauraient pas plus venir que le bouleau ou le sapin, et l'on conçoit l'étonnement irrité des populations quand elles entendirent pour la première fois les enseignements austères, incompréhensibles, de Paul et de Barnabé. *Insanis, Paule,* disait Festus.

Rhodes s'annonce, comme beaucoup de villes de l'Archipel, par ses moulins; ils s'avancent jusque dans la mer, le long d'une langue de sable, avec leurs grands bras agités : si don Quichotte eût été Hospitalier, il les eût pris pour des Turcs et pourfendus en conséquence. A mesure que la terre monte à l'horizon, des palmiers dressent leurs têtes entre les moulins, puis des platanes, des cyprès, des orangers, des lauriers, toute une végétation luxuriante et nouvelle, cachant les blanches villas des faubourgs, enfin la ville elle-même, cerclée dans son enceinte de murailles, hérissée de tours à créneaux, enserrant son petit port de fortifications démantelées.

Rhodes est la perle des mers du Levant. La beauté de son ciel justifie le mythe antique qui la donnait pour amante au soleil. Nous mouillons dans l'après-midi, et le capitaine nous donne quelques heures pour parcourir la ville. Nous pénétrons dans l'enceinte par une poterne pratiquée dans le rempart, et nous nous trouvons en face de l'hôpital Saint-Jean et de la rue des Chevaliers. — Qu'on se figure une de nos vieilles villes de province immobilisée à la fin du quinzième siècle, et apparaissant de toutes pièces dans une île d'Asie. Voilà bien la maison du temps, peu élevée, percée de trois fenêtres carrées, partagées en quatre par une croix et encadrées d'un cordon de pierre, la porte exhaussée sur trois degrés, à linteau en saillie écussonné des armes du maître, les gargouilles en forme de guivres, et aux angles les tourelles en encorbellement, les petites chapelles en cul-de-lampe : partout une fantaisie déjà plus sobre qui sent la Renaissance.

Hélas ! l'explosion de 1856 a détruit presque tous les monuments témoins des luttes héroïques de nos aïeux ; cependant, par une galanterie fortuite, elle a laissé debout ceux qui rappellent plus directement la France. La France ! c'est elle dont tout nous parle ici, et je suis, je le confesse, profondément ému en retrouvant sur toutes ces portes des devises, des noms, des emblèmes français et l'écusson fleurdelisé écartelé de Saint-Jean. Voici « l'auberge » de

France, la seule épargnée par la destruction, la maison de Pierre d'Amboise, celle de François de Flotte, « prior de Tholoze ». Sur la seule porte des murailles restée intacte, entre deux grosses tours crénelées, voici les figures en haut relief de trois prieurs, et encore et toujours l'écu de France. De la cathédrale, où était le magasin de poudre qui amena la catastrophe de 1856, il n'est demeuré qu'un campanile isolé. Çà et là, aux alentours, des dalles projetées par l'explosion livrent les noms des héros obscurs dont la poudre turque est revenue troubler la cendre après trois siècles et demi de paix dans la mort. Derrière la cathédrale, les remparts de la ville sont restés tels qu'au jour du dernier assaut : aux embrasures, les canons de l'Ordre s'effritent sous la morsure de la rouille; la sentinelle turque se promène d'un air ennuyé parmi ces chères conquêtes de ses pères, regardant parfois vers la haute mer, comme si elle craignait de voir poindre encore le pavillon à la croix blanche sur les galères de Pierre d'Aubusson ou de Villiers de l'Isle-Adam.

En redescendant par les rues moins silencieuses du bazar, nous retrouvons toujours, encastrés dans les murs des maisons, des mosquées, des fontaines, quelques modillons, quelques chapiteaux d'origine franque, quelque pierre tombale où s'agenouille une gauche et pieuse figure, bon soldat qui prie sur son lit de mort sans s'être dévêtu de sa cotte de fer.

Ah! je disais ce matin que le renoncement et le sacrifice ne pouvaient pas fleurir sur cette terre amollie : ces pierres m'infligent vite un démenti formel. C'étaient bien des hommes de renoncement et de sacrifice, ces aïeux dont chaque pan de mur respecté par le temps raconte la gloire modeste et la mort héroïque; dévoués au service des « infermes », remparts vivants du monde menacé, ils sont tombés par milliers de ces murailles sous les flèches tartares, mourant pour défendre leur croix. Je sais qu'il est de mode dans plus d'une école historique de condamner en masse les guerres chrétiennes, c'est-à-dire la défense séculaire de l'Occident contre la barbarie, et de biffer le long martyrologe qui va de Pierre l'Ermite à Villiers de l'Isle-Adam ; mais, si les historiens qui du fond de leur cabinet décrètent les croisés de folie avaient suivi, comme moi, leurs traces de Nicée à Damiette et retrouvé dans toute l'Asie le vivant respect de notre plus honnête et plus vaillante gloire, ils les salueraient sans doute, comme je fais, de leur piété la plus émue.

Nous quittons Rhodes sur le soir et regardons longtemps s'enfoncer dans la mer la jeune ville turque, ses vieilles murailles franques, ses hauts palmiers et ses riantes campagnes.

Chypre, 6 novembre.

Je n'ai pas « sailli de mon lit tout deschaux »,

comme le bon saint Louis, pour voir Chypre. Il est vrai que ma nef n'a touché aucun écueil, et que je me suis trouvé tranquillement mouillé, à mon réveil, en face d'une côte nue et sablonneuse, au pied de falaises carrées, sans végétation et sans grâce. Au bord de la mer, la *Marine*, rangée de maisons grises avec des estacades en bois; à un kilomètre en arrière, la ville de Larnaka, signalée par quelques clochers à figure italienne sous leur crépi de chaux oriental et ponctuée de rares palmiers. Nous descendons à terre, et nous nous rendons au consulat : on nous dit à la chancellerie que notre agent est à sa maison de Larnaka. Les rues et le bazar de la Marine sont assez vivants; nous y trouvons un grand mouvement de grains, de vins et de cotons.

En revanche, Larnaka est la ville des Sept Dormants. Rien de triste comme ces maisons en cailloux et en torchis, grises, carrées et plates, au bord de ces rues désertes. Dans quelques-unes cependant, habitations des consuls ou des riches négociants, on trouve, en franchissant ces murs silencieux, une sorte de *patio* à l'arabe, en forme de cloître, entourant d'arcades latérales une grande cour, tout ombreuse et parfumée de lauriers, de grenadiers, d'orangers et de myrtes. A la maison consulaire, une vieille Grecque, à figure d'oiseau de proie en cire blanche, nous annonce que son maître est parti pour le port; nous y retournons entre de maigres jardins de nopals et de lauriers-roses, et des labours poudreux qui rappellent la Champagne Pouilleuse. Tout ce que nous voyons, murs, maisons, végétaux, sol des rues, semble s'émietter en poussière blanche sous l'action d'une inexorable sécheresse : les cataractes du ciel s'effondreraient sur l'île sans éteindre les ardeurs de cette terre altérée depuis le commencement des siècles.

Le consul nous reçoit, et nous causons de l'état de l'île. On m'apporte des « antiquités ». J'achète pour quelques piastres des têtes et des bustes, les uns frustes et hiératiques, produits monstrueux de l'art phénicien, les autres délicats et charmants, drapés avec toute la science et la noblesse attiques, fils légitimes du génie grec.

Je ne sais point d'étude plus curieuse que celle de l'art chypriote, plus propre à éclairer les origines et la formation de l'art grec. A sa lumière, on acquiert la conviction que les arts de la Grèce lui sont venus non pas, comme on l'a tant dit, d'Égypte ou d'Asie Mineure, mais surtout de Phénicie et d'Assyrie, par les îles de la Méditerranée, ces étapes intermédiaires où se sont rencontrées les deux races. Les colonies asiatiques apportaient là, avec leurs procédés de travail primitifs et imparfaits, leur idéal religieux, conventionnel et barbare; le génie hellène, naturaliste, souple et fin, s'emparait de ces rudiments et les rapportait chez lui transformés et perfectionnés. Entrez dans notre salle chypriote au Louvre et suivez attentivement cette série de têtes, de bustes, de fragments, de vases, si ingénieusement disposés à l'appui de la thèse que je viens d'énoncer : une gradation insensible vous mènera de faces informes, grotesques, ouvrages des potiers phéniciens, assyriens peut-être, jusqu'aux purs et nobles profils du siècle de Phidias. Sans sortir de cette chambre, il semble qu'on suive avec un guide certain l'essor du génie humain descendant des plaines de la Mésopotamie aux côtes de la Grèce, pour rayonner de là sur tout l'Occident. Le consul d'Amérique, M. Cesnola, vient de découvrir à Golgos, dans des temples enfouis, des statues de grandeur naturelle, des fragments d'architecture, des tombeaux, des restes de tout genre et d'un haut intérêt, destinés à appuyer ces idées par des arguments nouveaux.

On nous apporte aussi de ces verreries délicates, aux reflets irisés, que tout le monde connaît. Ces jeux de lumière sont dus à la lente décomposition des couches supérieures du verre. Ces fragiles objets, qu'on trouve dans l'île en très-grand nombre, sont bien la plus écrasante ironie que je sache. De ces races fortes et puissantes entre toutes, Phéniciens, Égyptiens, Grecs, Romains, qui ont passé là avec leurs civilisations, leurs monuments, leurs littératures, leurs religions, leurs arts, le meilleur et plus complet témoin qui nous reste, c'est une feuille de verre tombant en poussière sous le doigt. Peut-être qu'un grand ancien, un conquérant, un orateur ou un poëte, a tenu ce verre que voilà, croyant qu'il lui servirait une heure et escomptant pour lui-même l'immortalité : or le nom de l'homme est perdu depuis des milliers d'années, et le verre est là entier dans ma main! Éternelle vanité des efforts de l'homme pour se survivre à lui-même. Le vieux Montaigne a raison, qui « loue une vie glissante, sombre et muette ».

Nous visitons l'église grecque, de construction franque, à lourds piliers percés d'espèces de portes cintrées et supportant des arcatures romanes. On y montre dans une crypte le tombeau de saint Lazare; je n'ai pas d'objections à y faire; pourtant, je croyais que le vrai, le seul bon saint Lazare était celui de notre Provence. Les villes curieuses qu'il faudrait voir sont Nicosie et Famagouste : cette dernière surtout est restée, paraît-il, figée dans la désolation du premier jour de la conquête. Les mêmes canons sont braqués dans les mêmes embrasures, et il n'a pas été dérangé une pierre aux brèches depuis l'assaut des soldats de Sélim.

Nous revenons nous embarquer à travers de grands magasins de blé, qui me rappellent la naïve admiration de Joinville devant les approvisionnements faits dans l'île pour les croisés : « les fourmens et les orges mis par monciaux emmi les champs, et quand on les véoit, il sembloit que ce feussent montaignes. » Cette terre est toute pleine des souvenirs de saint Louis, qui y passa l'hiver de 1248-1249. Que d'autres souvenirs encore de l'épopée chrétienne dans l'île renégate : les barons français et les patriciennes de Venise, Guy de Lusignan et Catherine Cornaro !

Nous achetons du « vin de commanderie », âgé de cinquante ans, à ce que prétend le propriétaire de la cave ; il nous fait goûter ses divers crus, et, comme j'élève des doutes sur la sécurité d'une pareille étude pour des gens à juen : *Kamni kalo to proï*, me dit-il avec assurance, « cela fait du bien le matin. »

Nous partons à la nuit tombante, guidés par le feu du mont Sainte-Croix, l'ancien mont de Vénus. Les bons pèlerins du moyen âge croyaient que la terrible déesse habitait encore ce sommet en fort joyeuse compagnie, et particulièrement avec le héros souabe à qui Richard Wagner a fait une retentissante notoriété. Écoutez plutôt le récit du cordelier d'Ulm dans son *Evagatorium* : « Le bruit court parmi le peuple, en Allemagne, qu'un noble de Souabe, appelé Danhuser, de Danhusen, ville près de Dünkelspückel, vécut quelque temps sur cette montagne avec Vénus. Pressé par le remords, il vint se confesser au pape; mais l'absolution lui étant refusée, il retourna sur la montagne et ne reparut plus; il y vit, dit-on, dans les délices, jusqu'au jour du jugement... Pourtant Vénus est morte et damnée, sans aucun doute. »

Tandis que je relis les adorables récits et le latin baroque du frère Faber, pèlerin de la fin du quinzième siècle, qui a écrit sur la Palestine, en 1483, la plus curieuse peut-être des relations que nous possédions, un orage balaye le ciel, la pluie fouette les hublots, et le vent fait rage : patience, demain nous serons en Syrie !

Beyrouth, 7-11 novembre.

Quand les bons pèlerins allemands, dit encore le frère Faber, arrivèrent à l'aurore en vue des côtes de Syrie, ils furent éveillés par ces cris de la vigie : « O seigneurs pèlerins, levez-vous et montez, voici apparaître la terre que vous avez tant désiré voir, la Terre sainte, la terre de Chanaan, la terre glorieuse ! » Si les mousses de la *Minerva* ne nous ont pas donné ce pieux éveil, le nôtre a été pourtant touchant et singulier en son genre. En ouvrant les yeux au bruit de la chaîne d'ancre grinçant sur les écubiers, je reconnais la diane sonnée par des clairons français; je saute sur le pont et j'aperçois, mouillés tout autour de nous, les quatre bâtiments de l'escadre arrivée d'hier en rade de Beyrouth, la *Gauloise*, la *Reine-Blanche*, la *Thétis* et le *Desaix*. Ils saluent le soleil levant en hissant à leur corne les couleurs nationales, bien douces à voir si loin du pays. C'est justice et plaisir d'apercevoir pour la première fois à travers des mâts français cette terre où nous allons retrouver à chaque pas les vestiges de notre sollicitude séculaire, des trophées, des pierres, des idées qui crient notre nom.

Cette première émotion donnée à l'apparition imprévue de la patrie, nous embrassons d'un regard Beyrouth, la plage et les sommets du Liban. Eh bien ! faut-il l'avouer ? la première impression a été médiocre, comme celle de tout rêve ardemment caressé qui se réalise, c'est-à-dire qui meurt. Le ciel est chargé de pluie, de lourds nuages voilent, sur notre gauche, la longue chaîne du Liban, de Beyrouth à Batroun. En face, la ville, adossée à une colline, vient baigner ses dernières maisons dans la mer; mais ces maisons européennes, à toits de tuiles, ont un aspect trop civilisé. Je ne peux comparer Beyrouth, vue du large, qu'à Hyères, Cannes ou toute autre station d'hiver de la Méditerranée. Quant à la fertile végétation des campagnes, mes yeux, que le désert n'a pas encore rendus indulgents, la trouvent bien maigre.

Nous débarquons à l'abri d'un petit brise-lames, qui s'appuie aux assises rocheuses d'une grosse tour, reste des fortifications de l'émir Fakhr-ed-Din. Les drogmans des hôtels nous entourent depuis le pont du paquebot et se disputent nos effets et nos personnes. Ce sont tous de jeunes Maronites, de mine fière et intelligente, portant avec recherche l'élégant costume syrien, la veste courte et les pantalons bouffants. Ils parlent notre langue avec aisance, et rien ne rappelle chez eux la servilité basse et l'affreux baragouin des Grecs ou des Juifs qui servent de drogmans dans les autres échelles d'Orient.

Un guide plus persuasif que ses confrères nous pousse dans l'*Hôtel de l'Europe ;* nous trouvons là quelques compatriotes, entre autres M. de G..., de la mission française des haras. A peine installé, je cours chez l'excellent M. Péretié, gérant du consulat de France : nous passons la matinée à causer de ce pays qu'il possède à fond. Il nous montre sa riche collection d'objets d'art, ses cuivres persans à légendes koufiques, ses bronzes égyptiens et ses terres cuites phéniciennes, ses faïences mauresques aux armes des princes croisés, ses délicieuses statuettes antiques et ses médailles des Séleucides, ses bas-reliefs palmyréens et ses amulettes gnostiques aux mystérieux symboles, tout un petit monde oriental et antique de pierre, de bronze et de terre, mais un monde qui ne serait vu que par ses plus beaux côtés.

M. de G... nous promène par la ville en nous

parlant de la Syrie et de la Palestine, qu'il parcourt depuis huit mois et qu'il connaît fort bien. Les bazars ont un aspect plus *oriental* que ceux de Constantinople ou de Smyrne, en donnant à ce mot le sens qu'il a chez nous en peinture depuis Decamps et Marilhat : ruelles étroites, enserrées de hautes maisons, voûtes, arcades, jeux de lumière et d'ombre à travers les *tendidos* de nattes, percées capricieuses et noires sous des pâtés de constructions, terminées par une flaque de soleil dans une cour. Le long de ces coulées de pierre, sur d'étroites et sombres échoppes de bois vermoulu, s'étalent les commerces pittoresques du Levant : montagnes de fruits disposés avec symétrie pour le plaisir des yeux, épices et aromates qui s'annoncent de loin par leurs étranges parfums, devantures pavoisées de *kouffiehs*, mouchoirs de soie aux couleurs vives que les Arabes drapent sur leur tête, et qu'ils y fixent avec des tresses de laine ou de poil de chameau; harnais et selles de cuir rouge aux housses éclatantes, aux larges étriers de fer. Ce commerce est à peu près restreint aux nécessités premières de la vie arabe, des vivres, des vêtements pour le cavalier et des harnais pour le cheval. Voici cependant des joailliers qui enchâssent assez gracieusement des turquoises dans leurs bijoux de filigrane, des lapidaires qui gravent en caractères anciens sur l'onyx ou la cornaline quelque pieux verset du Coran. En dehors des bazars, les rues proprement dites sont larges, droites, à l'européenne, bordées de maisons neuves d'un style franco-arabe assez bâtard, entremêlées de figuiers, de cactus, d'acacias et de grenadiers.

Ce qui nous frappe ici, ce sont les types humains. Sous ce rapport, la différence d'aspect entre la ville turque et la ville arabe est absolue. On retrouve partout, sous ces costumes variés et fantaisistes, avec quelques modifications de famille et de tribu, la haute et maigre stature, les muscles d'acier, le front large et saillant du Sémite. Voici des Druses noblement drapés dans leurs *abayes*, des cheiks damasquins, des Bédouins plus chétifs et sordides, des Grecs (on appelle improprement de ce nom en Syrie les Arabes de religion orthodoxe), des gens de la Montagne et du désert; mais l'élément maronite est celui qui domine dans le commerce.

Les musulmanes et les jeunes filles chrétiennes sont entièrement voilées, les mères de famille décolletées d'une façon qui, j'en appelle à tous les voyageurs en Syrie, n'offre rien d'attrayant. En traversant le quartier juif, nous rencontrons quelques jeunes filles d'une beauté caractéristique. Mieux que dans la hideuse juiverie constantinopolitaine, ces femmes ont gardé avec une fidélité merveilleuse le galbe et l'expression de visage connus sous le nom de type juif; tel les plus anciens documents nous le font connaître, tel la tradition l'a fixé dans les modèles des vieux maîtres, tel je le retrouve ici : grands yeux, sombres et doux, ovale fin et mat, grâce impérieuse et sauvage; ainsi devait être Esther affrontant le jugement d'Assuérus.

A la tombée de la nuit, nous allons nous asseoir devant un petit café sur la grande place de Beyrouth : de nombreux oisifs, gens du peuple, moukres, chameliers, marchands, attendent comme des statues, le narghilé tout chargé à la main, le coucher du soleil. Nous sommes en Ramazan, le carême mahométan, et la loi sévère du prophète défend toute nourriture ainsi que la fumée du tabac avant la fin du jour. Le musulman observe rigoureusement ces prescriptions : tous les Orientaux, à quelque religion qu'ils appartiennent, sont les fidèles gardiens des pratiques extérieures et matérielles. Dès que le coup de canon libérateur a retenti, les pauvres croyants aspirent voluptueusement une bouffée de *tombéki;* même après ce jeûne de quatorze heures, le besoin de tabac est plus fort chez eux que celui de la nourriture.

Tandis que nous quittions le café au milieu d'un nuage de fumée digne des dieux d'Homère, un bon coche jaune, comme ceux de notre enfance, avec un conducteur qui sonnait de la trompe, déboucha sur la place : c'était la diligence de Damas, dont l'arrivée est l'événement quotidien de

Beyrouth. Grâce à l'industrie de quelques Français, une excellente route, la meilleure de l'empire sans contredit, relie les deux grands centres de la Syrie; de confortables diligences font en quatorze heures le trajet de Beyrouth à Damas. Il est piquant de retrouver aux portes du désert les traditions perdues de Laffite et Caillard.

Tous ces jours-ci, nous avons parcouru la ville, visité les Pins, triste et monotone promenade où de longs pins écimés sortent seuls du sable rougeâtre, dormi le soir au bruit aimé de la mer déferlant contre les assises de la tour de Fakhr-ed-Din, organisé notre caravane, rendu visite à ces amis de quelques jours qui nous ont si cordialement accueilli à Beyrouth. La plupart des Maronites d'une certaine classe sont sortis du collége des Lazaristes à Antoura ou de nos écoles européennes; je ne saurais dire combien j'ai été charmé par leur distinction d'idées et de manières, par cet heureux mariage de la culture occidentale et de la noblesse naturelle aux races arabes.

Le peuple maronite est, de tous les éléments qui composent la société syrienne, celui qui s'impose tout d'abord à l'étranger par la séduction de ses qualités et même de ses défauts. Ils rappellent par bien des côtés le génie grec, ces Arabes, jouets d'une imagination qui grossit toutes choses, avides de merveilleux, d'histoires et d'aventures prestigieuses, se plaisant aux manifestations théâtrales et aux ovations tumultueuses, crédules à toute parole ardente, faciles à toute apothéose, amoureux de toutes les luttes, surtout de celles des armes, impatients de tout joug et soucieux de changement. Surtout le trait distinctif des Maronites, comme de toutes les races chrétiennes de Syrie et de Palestine, ce qui les sépare des musulmans et me fait les comparer aux Grecs, c'est une personnalité débordante, une conviction sincère que le monde a les yeux fixés sur leurs moindres faits et gestes, les oreilles tendues à leurs moindres récriminations, et qu'un coup de fusil tiré dans la Montagne fait autant de bruit en Europe que le canon de Sébastopol ou de Sadowa. Ils puisent dans cette foi naïve l'obstination que la vanité ajoute toujours aux passions humaines chez les peuples comme chez les individus.

La force et le danger de ce peuple, c'est que nul instrument n'est mieux adapté à l'action religieuse, dont tout procède en Syrie. On se rendrait difficilement compte, dans notre vieille Europe, où le sentiment religieux tient une place de plus en plus restreinte, de la façon dont il vous saisit et vous pénètre dans cet autre monde moral. C'est l'air ambiant; sous ses formes diverses, il est mêlé à toutes les manifestations de la vie sociale, il résume les aspirations nationales de ces groupes si nombreux et si tranchés qui composent la société orientale, et comme il est la seule formule ostensible de leurs regrets, de leurs impatiences et de leurs ambitions, sa force intrinsèque se double de ces forces redoutables. L'histoire des dissensions qui ont ensanglanté la Syrie est assez récente pour que ces considérations puissent se passer de commentaires ; on sait quels furent les mobiles de l'explosion de 1860, de la prise d'armes de 1863 ; on se rappelle la sauvage et héroïque figure de l'évêque Tobie, menant ses ouailles au combat ; après lui, Joseph Karam ne puisa son audace et sa popularité que dans les encouragements d'un clergé qui avait lu, je le crains, les Machabées plus volontiers que l'Évangile.

La pacification qui a suivi les déplorables événements de 1860 n'a pu étouffer toutes les étincelles qui couvent dans ce foyer mal assoupi. Les haines et les défiances veillent encore toutes chaudes : à la cause la plus légère, à la moindre rixe, on sent passer dans la Montagne des frissons de colère et de terreur. Il faut voir comme toutes ces têtes ardentes fermentent et flambent. Le voyageur européen qui apporte ici nos idées modérées et rassises se croit tout d'abord dans une maison d'aliénés. Je me prends à penser parfois, dans ce milieu si nouveau, que telle devait être l'atmosphère de notre seizième siècle et de nos guerres de religion ; en assistant aux emportements provoqués par les mêmes mobiles, je comprends mieux tout ce qui m'étonnait dans les récits fiévreux de Montluc ou de d'Aubigné. Tels sont l'attrait et le bénéfice des voyages, de nous donner souvent dans le présent la leçon du passé; et tant il est vrai que le temps ne coule pas d'une façon uniforme, qu'il se distribue inégalement dans l'espace, et qu'on peut retrouver chez les races primitives ou stationnaires les types exacts des métamorphoses qu'ont subies leurs aînées dans ce cycle éternel où tourne l'histoire.

D'ailleurs il ne faut pas trop prendre au tragique toutes ces effervescences, et ne pas donner un sens trop absolu à l'emphase des mots. Dans ce pays, on appelle volontiers « guerre » un coup de fusil et « massacre » un coup de couteau. La louable attitude du patriarche maronite, les sages exhortations des agents étrangers, la proverbiale tolérance des Turcs, feront beaucoup pour l'apaisement momentané, sinon pour la paix définitive que des causes trop profondes de dissentiment ne permettent guère d'espérer de sitôt.

On peut se figurer combien est pénible et délicate la situation de nos représentants vis-à-vis de cette clientèle exigeante et séduisante, gâtée en d'autres temps par les absolutions qu'une partie de l'opinion et de la presse donnait chez nous à toutes ses folies, et sachant à merveille enguirlander les récriminations les moins fondées sous des chatteries et des caresses, exagération de son réel attachement pour la France. Plus malheureux encore est le gouverneur général; calomnié par les uns, exploité par les autres, mal jugé par tous, Franco-Pacha vaut mieux que tout ce qu'on a dit de lui et n'a péché que par irrésolution et par faiblesse. Nature impressionnable et inquiète, il s'est usé à sa tâche ardue. Il avait apporté en Syrie une maladie de cœur que les dernières agitations, très-douloureusement ressenties par lui, n'ont pas peu contribué à aviver : assombri par le présent, anxieux de l'avenir, il s'éteint à cette heure à Beït-Eddin. J'avais vivement désiré voir l'ancien et pittoresque séjour des émirs druses, résidence actuelle du gouverneur du Liban. Tous ces jours-ci, j'ai attendu de meilleures nouvelles : elles n'arrivent pas ; on me fait savoir que le malade est hors d'état de recevoir une visite, et nous nous décidons à regret à partir en prenant par la côte [1].

[1] Quelques jours après que ces lignes étaient écrites, la mort simultanée de Franco-Pacha et du patriarche latin de Jérusalem, Mgr Valerga, venait, en privant le Liban des deux hommes qui ont le plus fait pour lui, assurer par une singulière contradiction son calme momentané. La première éteignait bien des rancunes et ouvrait la porte aux espérances d'amélioration et de justice que tout changement de pouvoir fait miroiter aux yeux du peuple ; la seconde enlevait aux chrétiens les conseils élevés, mais parfois trop énergiques, d'un prélat apparenté de génie

Djébeil, 12-13 novembre.

Enfin notre caravane est organisée. Un matin que le soleil sourit, chassant les nuages noirs qui se réfugient dans les hautes gorges du Sannîn comme une meute que le maître rappelle, nous sortons de Beyrouth par la Quarantaine, sur de bons chevaux chargés de nos fontes et de nos armes, pour aller coucher à Djébeil et de là remonter dans le Kesrouan. Nous traversons le Nahr-Beyrouth sur le pont de Fakhr-ed-Din, au milieu de roseaux et de lauriers-roses rabougris, avant de gagner la grève. Fière et délicieuse sensation : le fer des chevaux fait crier le beau sable doré ; à intervalles égaux, la barre de houle vient les battre avec une plainte rhythmée et les éclabousse jusqu'au poitrail de son écume mousseuse. Nous marchons ainsi tout le jour en contournant le golfe, dans le sable humide, jouant avec la lame qui fuit ou court sur nous comme un jeune chat en gaieté. Je ne sais pas de plus libre impression de bien-être physique et moral que celle ressentie à galoper ainsi, au début d'un voyage, dans un triple bain d'air, de lumière et d'eau, légèrement ébloui par le rayonnement de la mer, bercé dans ses pensées par sa plainte mono-

aux princes batailleurs de l'ancienne Église italienne, et qui laissait passer sous sa robe un bout de la cuirasse des della Rovere et des Colonna.

tone. On sent qu'à chaque pas du cheval on secoue derrière soi un des soucis, un des chagrins, une des misères de cette vie civilisée, compliquée et inquiète, dont on a vécu jusque-là, et qu'on entre dans la vie errante et libre de l'homme des premiers jours, exempte de devoirs et de préocupations factices, mesurée à la force et à l'audace de chacun, rude au corps, mais sereine à l'âme.

De loin en loin nous croisons sur la plage de petites caravanes : des cultivateurs de la côte qui viennent sur leurs ânes porter les cannes à sucre et les fruits à Beyrouth, un prêtre de Tripoli escorté d'un *cawas* aux vêtements éclatants, un long troupeau de chamelles que deux Arabes mènent vendre au Caire : ils feront vingt jours de route en longeant la côte et le désert d'El-Arisch.

Avant d'arriver au charmant vallon du Nahr-el-Kelb (le fleuve du Chien), on quitte un moment la grève au pied des montagnes; on gravit une étroite corniche taillée dans le rocher, surplombant la mer, sauvage et ardue, où bâille un pavé de dalles antiques, disjointes et brisées. C'est un reste de la voie romaine ; elle continuait elle-même une route bien plus ancienne, la route de l'invasion, par où les armées asiatiques venaient se reposer de leurs fatigues au soleil de ces belles plages, qui exerçaient sur elles la même fascination que les vallées italiennes sur les hordes barbares du moyen âge.

Toute l'antiquité armée a passé là, comme en font foi les archives de cette curieuse route, conservée sur les rochers dans lesquels elle est taillée : des stèles creusées l'une à côté de l'autre dans la paroi de pierre offrent des restes d'inscriptions de toutes langues et des emblèmes de tous les conquérants qui ont fait halte entre deux batailles dans le vallon du Nahr-el-Kelb. Comme dans les auberges les voyageurs écrivent leurs noms sur un livre, tous ces terribles touristes ont eu la fantaisie d'inscrire le leur sur ce rocher. Voici d'abord les aînés des maîtres du monde, les Pharaons antérieurs à Moïse, déjà vainqueurs de la vieille Phénicie ; les cartouches des Touthmès et des Rhamsès sont encore visibles, depuis trente ou quarante siècles que le bât des chameaux use en passant leurs hiéroglyphes ; puis les conquérants assyriens venus de l'Euphrate, les Téglat-Phalasar et les Nabuchodonosor, figures hiératiques, reconnaissables à la mitre et à la longue robe des rois de Ninive. Après eux viennent les Romains avec leurs pompeuses épigraphes ; Marc-Aurèle, un sage pourtant, parle de lui sur une pierre au milieu de tous ces soldats. Les premiers califes arabes ont signé aussi de leur vieille écriture koufique sur cette mémorable page ; enfin une inscription datée de 1860 rappelle le passage de l'armée française, venue, elle, pour une cause de civilisation et de justice.

Après avoir traversé le fleuve du Chien sur un pont d'une seule arche, nous reprenons la plage, au pied des éminences qui portent les villages de Ghazir et d'Antoura, jusqu'au Nahr-Ibrahim, le fleuve d'Adonis, et nous atteignons Djébeil à la nuit tombante, tandis que la lune se lève sur les mers d'Égypte avec cette belle et douce couleur de vieux vermeil qu'elle prend au crépuscule.

A gauche du petit village, près de la mer, deux formes blanches luttent avec l'ombre; ce sont nos tentes, et nous éprouvons pour la première fois cette sensation de repos et de sécurité, récompense d'une journée de fatigue, qui nous deviendra si familière et que connaissent bien tous ceux qui ont voyagé de même, quand l'œil cherche avec impatience et discerne avec joie dans la nuit le cône blanc de la maison qui fuit chaquejour devant vous. Aujourd'hui la tente du voyageur en Syrie est devenue un confortable logis, plein de petites recherches; notre drogman jouit du coup de théâtre qu'il nous a préparé, et nous faisons honneur à son dîner en riant de bon cœur de son luxe inattendu et de la chute de nos illusions sur la vie arabe; mais bientôt, par un amer et naturel retour, notre nouvelle demeure nous rappelle une autre tente, frêle et glacial abri durant les nuit pluvieuses des Vosges, faite non plus pour les joies du voyage, mais pour les souffrances, les périls, les lourdes angoisses, et qu'avait trop tôt cessé d'habiter l'espérance.

Je sors après dîner et vais m'asseoir au clair de lune sur la plage, dans l'ancien port de la ville phénicienne. Voilà donc la divine Byblos, le sanctuaire mystérieux de l'ancien monde, où l'une des aînées des races humaines, sœur de celles d'Égypte et d'Assyrie, a incarné l'idée religieuse sous cette forme naturaliste dont s'est contentée d'abord l'enfance des peuples. Il est malaisé à la conscience moderne, affinée et spiritualisée par le labeur incessant des âges, développée et purifiée par des transformations séculaires, de juger équitablement les conceptions de ces époques reculées. Il semble qu'à force d'avoir vécu, chez l'espèce comme chez l'individu, l'âme ait usé son enveloppe et s'en soit quelque peu dégagée ; elle était autrement emprisonnée dans ses robustes liens de chair parmi ces hommes primitifs. Jetés, dans la jeunesse du monde, sur une terre brûlée de soleil, ivre, comme une adolescente, de ses séves nouvelles et de ses forces premières, éblouis et écrasés par la vie universelle qui tourbillonnait en eux et autour d'eux, doués d'organisations violentes, exempts de nos défaillances et de nos atténuations physiques comme de nos raffinements de pensée, ces hommes obéissaient avec une pieuse ferveur à tous les appels de la nature, à tous les râles de la matière. Sans doute sous ces mystères, mal connus de nous, par lesquels ils attestaient les Puissances élémentaires, se cachaient, du moins pour les meilleurs, des réminiscences ou des divinations d'un idéal supérieur; mais la masse adorait simplement les manifestations des phénomènes cosmiques et les forces créatrices immédiates. Sait-on bien que sur cette terre de Chanaan, toute vieille et désolée que l'aient faite le refroidissement des siècles et les fureurs des hommes, la nature ambiante vous trouble d'une étreinte autrement puissante que dans nos climats tempérés!

Voici que dans cette nuit aux ombres légères, sur cette grève embrasée qui implore la caresse attiédie des flots, la pensée évoque tout naturellement ce passé lointain sur la scène qui n'a pas changé. C'est l'heure des mystères et de la prière due aux déesses nocturnes : la Vierge lunaire, dont la calme majesté s'irradie devant moi sur les flots, qui parcourt lentement ses domaines de Tyr à Batroun et s'arrête amoureusement sur Gébal; — Astarté, la sombre déesse des puissances hostiles et immaîtrisées, la Mort, les Ténèbres, la Mer; — Aschera, la Vie communiquée, la Volupté souveraine, qui cherche Tammouz pour l'arracher au tombeau et le ranimer d'un baiser; Aschera, dont l'haleine ardente descend comme un frisson des gorges du Liban, fait frémir dans les entrailles de la montagne les lourds Cabires, gardiens des métaux, ressuscite la ville ensevelie et appelle hors de ces hypogées dont est criblée la plaine les populations qui l'ont adorée. Elle est celle à qui rien ne résiste, et les sépulcres lui rendront leur proie. Voici venir les longues théories des hiérodules sous les mitres et les bandelettes; voici, conduit par les Galles encore tout sanglants de leur immolation, le chœur affolé des femmes pleurant Tammouz et s'offrant au dieu mort. Tandis que la flûte pleureuse, les cris et les râles de l'orgie sainte meurent dans la nuit, guidant le peuple de Byblos aux eaux pourprées du fleuve où a saigné la blessure divine, les bruits d'une grande cité descendent de la colline, les temples, construits de monolithes gigantesques, s'élèvent sur les pilastres trapus, masqués par des pylônes à l'égyptienne; les palais projettent sur les rues les saillies des poutres en bois de cèdre; dans ce port, tout à l'heure désert, où ne se balançait même pas une barque de pêcheur, les galères de Tyr et de Sidon se pressent contre les larges jetées, les flottes de Carthage et d'Égypte enflent leurs voiles; les bazars s'éclairent et s'emplissent de toutes les races mercantiles du vieil Orient, des caravanes de Mésopotamie et de Chaldée, des esclaves de Nubie et de Mauritanie; sur les comptoirs des changeurs, les statères phéniciennes ruissellent, prêtes à payer les armes persanes, les baumes de Judée et d'Arabie, la pourpre des îles, l'ivoire du Gange, les moissons du Nil, les gemmes et les bijoux de Saba et d'Assur; les lampes des verriers brillent dans la nuit, les maçons recherchés des princes étrangers partent pour se louer aux rois d'Israël, les mages et les astronomes de Babylone apportent dans les chaires de Gébal les sciences de l'Euphrate, les enseignements de Baal; de la magnifique et colossale cité, il sort un cri de plaisir, de travail et de richesse, le sourd bourdonnement des capitales la nuit; mais voici qu'un Juif sordide passe, qui la maudit au nom de son Dieu jaloux et dit : « J'exterminerai jusqu'à sa poussière, *radam pulverem ejus de ea.* » Je regarde autour de moi, et dans le silence et la solitude, sous les débris accumulés par d'autres races, je ne retrouve même pas, en vérité, un peu de la poussière de ces âges merveilleux. Seule, la vague obstinée revient mourir à sa place ancienne; seule, la lune poursuit sa route immuable, propice et compatissante aux souvenirs du passé. Où sont ces races bruyantes et disparues? Ces choses qui ne pensent pas et qui restent, la mer, les astres, les montagnes, sont donc plus fortes que nous, qui pensons et passons!

En rentrant me coucher dans ma tente, j'entends longtemps encore, à travers la cloison légère, les bruits de la nuit, le chant des cigales, les grelots de nos mules, et surtout la sourdine plaintive de la mer battant contre les rochers, comme un écho demeuré des gémissements d'Astarté pleurant son divin amant.

Le jour naissant n'a rien laissé debout de nos rêves. Il nous a montré quelques pauvres cabanes de pêcheurs groupées autour de la petite crique, au pied d'un haut donjon carré, construction arabe entée sur de belles assises de grandes pierres à refends qu'on a longtemps appelées cyclopéennes ou phéniciennes, mais qui, d'après les derniers arrêts de l'archéologie contemporaine, paraissent devoir être restituées simplement aux Romains. Nulle inscription ne trahit leur secret et ne vient faire concurrence aux légendes humoristiques et aux croquis gaulois laissés par nos troupiers sur le crépi de chaux des chambres de la tour. Quelques soldats libanais fort déguenillés et instruits à la française par un sous-officier gardent ces remparts, ces cabanes, une vieille église ruinée d'origine franque et les tombeaux épars dans la plaine. Pour témoigner, au milieu de toute cette misère, des splendeurs du passé, des tronçons de colonnes de marbre, de porphyre, de granit de Syène, se sont gauchement laissé prendre à tous les pans de murs, dans le torchis de boue et de rocaille, et y font la piteuse figure d'un os de géant dans le squelette rachitique d'un nain.

Les Cèdres, Ainétha, 17 novembre.

Tous ces jours-ci nous avons traversé la partie de la montagne qu'on appelle le Kesrouan, en contournant le pic central du Sannîn. A partir d'Antoura, où nous avons laissé les tièdes brises de la côte dans les orangers du couvent, nous nous sommes élevés par des plateaux désolés et inhabités, et nous avons essuyé les nuits glaciales des sommets. Les Métualis d'Aphkâ nous ont reçus dans un site incomparable, où le fleuve d'Adonis, le Nahr-Ibrahim, sort brusquement d'une muraille de rochers, entre les ruines du temple de Vénus, comme notre fontaine de Vaucluse. Des noyers, des figuiers, des plantes grimpantes enlacent les colonnes de porphyre couchées sur le sol et couvrent le lit invisible du torrent, encaissé dans une gorge profonde et tourmentée. Dès l'antiquité la plus reculée, ce vallon mystérieux et charmant, avec ses eaux vives jaillissant du rocher, était le sanctuaire le plus vénéré de toute la Syrie; ces échos chastes et sauvages s'étonnaient aux lamentations des bacchantes. Les arasements du temple enfouis sous les arbustes et les ronces datent de l'époque romaine : sous des noms nouveaux, symboles du même principe, Vénus avait succédé à Aschera, Adonis à Tammouz. Suivant une loi religieuse sans exceptions, le culte se transformait, les générations successives en subissaient les variations, mais le lien sacré restait le même : elles venaient porter avec la même ferveur leur foi nouvelle et leur prière modifiée à la solitude dont l'horreur divine s'était d'abord emparée.

Ainsi, dans ce site grandiose, des peuples policés et intelligents, fascinés par la puissance créatrice de la nature, attirés par l'abîme irrésistible du panthéisme, ont rendu un culte monstrueux aux forces de la matière. Ces rites obscènes, qui révoltent aujourd'hui tous nos instincts moraux, ont satisfait la dévotion de nombre d'âmes ardentes et leur ont paru le dernier mot de la piété. Qu'on ne s'y trompe pas, en effet; s'ils n'étaient, pour quelques sceptiques, que l'assouvissement commode des plus tristes instincts, ils répondaient nécessairement pour d'autres à cette somme d'idéal religieux éparse dans toute société, et qui doit trouver dans le dogme existant sa plus haute satisfaction. Quels démentis ces faits historiques infligent aux affirmations de la conscience humaine sur l'infaillibilité de ses lumières !

Aujourd'hui une tribu de Métualis, sauvages fanatiques chez la plupart desquels l'idée religieuse est bien obscure, habite le vallon d'Aphkâ et fait tourner ses moulins aux cascades du fleuve d'Adonis. On sait bien peu de chose de cette famille curieuse, répandue dans tout le nord de la montagne et dans la Bkâa, sans être apparentée à aucune des populations qui l'habitent, reste sans doute des vieilles races syriennes. Ces hommes aux longs cheveux, au nez en bec d'aigle, à la physionomie féroce, impénétrables et rebelles à tout commerce avec l'étranger, brisant le plat ou la coupe dans lesquels il a mangé et bu, sont officiellement musulmans : mais on aurait bien de la peine à saisir dans leurs villages le moindre vestige d'un culte quelconque [1].

Des hauteurs d'Aphkâ et du Sannîn, nous sommes descendus par des sentiers de chèvres, où nos petits chevaux faisaient la plus brave contenance, dans la célèbre vallée de Kadischâ. Au hameau perdu d'Akourâ, un pauvre épileptique nous a donné un vivant commentaire des récits évangéliques en nous demandant une consultation, suivant l'usage des Orientaux qui prêtent aux Européens toutes les sciences, surtout celle de la médecine. Ainsi faisaient les « possédés » qui se roulaient aux pieds

[1] Plus curieuses encore sont les tribus absolument païennes des Ansahriehs, que nous n'avons pas eu occasion de rencontrer. M. Pestalozza, drogman du consulat d'Italie à Jérusalem, nous racontait qu'étant attaché au pacha de Damas, dans une campagne dirigée par celui-ci contre les Ansahriehs qui refusaient de payer l'impôt, il avait trouvé dans une tente ennemie, après une escarmouche, un rituel décrivant des cérémonies analogues aux mystères antiques. — Ainsi, il est permis de penser qu'aujourd'hui encore, dans quelque gorge perdue du Liban, la déesse sidonienne est adorée suivant les formules prescrites par les prêtres de Chanaan et dans toute la monstruosité de l'ancien rite.

de Jésus, en proie à ces attaques du haut mal si fréquentes en ces pays. — Nous retrouvons dans la Kadischâ de gros et riches villages : Kanobîn, résisidence d'hiver du patriarche maronite; Dimân, Bcherreh, où nous avons couché hier.

Ce matin, nous quittons le village maronite pour monter aux cèdres de Salomon, à pied, par un sentier hasardeux, serpentant aux flancs de la gorge étroite et profonde qui descend du col du Liban à la mer, vers Tripoli. Nous nous arrêtons d'abord à un ermitage bâti sous une voûte de rochers. Un moine italien, qui l'habite depuis sept ans, nous questionne avec empressement sur la guerre de 1870 et l'attitude de l'Italie. Ah ! padre Antonio, est-ce bien la peine de se faire ermite et de s'ensevelir dans la gorge de Kadischâ pour parler politique aux voyageurs? L'homme ne quittera-t-il donc jamais le misérable souci des choses passagères?

A mesure que nous nous élevons, notre guide nous montre du doigt des points blancs au-dessus de notre tête; nous regardons, croyant apercevoir des nids d'oiseaux de proie : ce sont des ermitages. Dans ces vertigineuses demeures, dérobées aux aigles, des solitaires ont maçonné leurs cellules entre les fissures du roc. En voici plusieurs, toutes plus inaccessibles; les anachorètes de cette nouvelle Thébaïde y vivent des aumônes en nature que les fidèles leur font passer de temps en temps. Si l'homme peut parvenir à dépouiller sa chair et son cœur pour devenir pur esprit, ce doit être dans un pareil site, qui tient à peine à la terre par ses horizons les plus désolés et qui touche de si près au ciel. Chacun de ces ermites a sa petite clocle qu'il sonne à l'heure de la prière : le tintement lointain nous en arrive, grêle et argentin, comme celui des clochettes des troupeaux dans les pâturages des Alpes.

Après avoir gravi pendant une heure les rudes lacets du sentier, nous débouchons subitement sur le plateau des Cèdres; à quelques pas de nous, sur un tertre isolé, enseveli sous la neige les trois quarts de l'année, d'où la végétation est absente à ce point que même les maigres hôtes des sommets, les chardons du Liban dont parle le livre des *Chroniques*, n'y viennent plus, se dressent les arbres solennels, comme un défi aux lois de la nature. Ils sont une centaine, relativement jeunes pour la plupart; six ou huit énormes troncs, pelés, écorchés, écimés par la foudre et mutilés par les tempêtes, conservent seuls encore, s'il faut en croire la tradition, le souvenir vivant des âges bibliques. Certaines facilités d'exploitation, absentes dans le reste de la montagne, pouvaient en effet désigner ce lieu aux ouvriers d'Hiram : le torrent que nous venons de remonter devait rouler les arbres jusqu'à la mer. Toujours est-il que c'est aujourd'hui le seul point du Liban où cette belle essence se soit maintenue; l'excommunication, prononcée par le patriarche maronite contre celui qui porterait la main sur les arbres vénérés, les défend de la cupidité des bûcherons.

Suivant un touchant usage, le curé de Bcherreh est monté pour dire la messe aux voyageurs. Le père nous attend dans une petite chapelle de pierres sèches, élevée au milieu du bois, bien nue et bien froide : il a apporté deux chandeliers de fer et un crucifix, seuls ornements de son modeste autel, construit, comme l'arche de Salomon, de cèdres équarris, *cedris tabulatis;* mais, grand désarroi, son clerc n'a oublié que l'Évangile, et il faudrait deux heures pour l'aller chercher. Nous ne trouvons qu'un moyen de sortir d'embarras. Je prends ma Bible latine, et je traduis en français la leçon du jour, que le drogman transcrit aussitôt en arabe. Le récit de l'Apôtre sera sorti sans doute fort altéré de ces transformations; mais quelle éloquence lui prête la scène du sacrifice ! La prière monte d'elle-même au cœur, grossie de pensées intraduisibles, à cette messe célébrée sur la montagne, dans une chapelle des catacombes, sous le dôme de ces arbres presque saints, entre les branches desquels brille à l'horizon l'éblouissant azur de la mer de Syrie !

Comme nous déjeunons autour d'un feu de branches odorantes, rendu nécessaire par le voisinage des neiges, un grand émoi se fait parmi nos gens; c'est, me dit-on, le neveu de Karam, Essad-Bey, qui vient nous saluer, suivi de tous les hommes d'Éden. Voilà certes la plus heureuse fortune de pittoresque que j'aie jamais rencontrée dans mes voyages, et je renonce à en traduire l'effet. Entre les petits monticules où se pressent les cèdres, une file de deux cents cavaliers au moins, vêtus de costumes gracieux et éclatants, montés sur de superbes chevaux et brandissant leurs armes, se déroule successivement à nos regards. En tête marche le jeune cheik, moins désigné encore par la richesse de son costume, éblouissant de fines broderies de soie et d'or, que par l'étonnante noblesse de ses traits, qui révèlent une haute et vieille race. Essad-Bey Karam vient à ma rencontre, me serre cordialement la main et m'adresse la parole en français avec une assurance et une netteté surprenantes. Je le fais asseoir à notre feu, tandis que ses hommes entravent leurs chevaux, mettent leurs armes en faisceaux et se groupent en cercle autour de nous derrière les énormes troncs, attentifs et curieux. Quel peintre arrangera jamais un plus merveilleux tableau !

Le bey me parle longuement, avec effusion, des affaires et des sentiments de son peuple, de Karam le proscrit, de son inaltérable dévouement pour la

France. Il faut croire qu'il dit vrai, car les grands yeux et les figures loyales de tous les assistants expriment le même sentiment de vive sympathie. Nous sommes profondément touchés de retrouver dans ces montagnes perdues le nom de notre malheureuse patrie si honoré et si béni. Le cheik nous supplie d'accepter l'hospitalité chez lui, à Éden, dans cette populaire maison de Karam, ouverte, comme autrefois nos demeures féodales, à tous les hommes de la nation. Des motifs de réserve me forcent, hélas! de refuser cette occasion si intéressante d'études.

Tandis que je me promène avec mon noble visiteur sous les cèdres et que le jeune fils du Liban me montre avec orgueil les gloires de sa montagne, ses compagnons forment une immense ronde et dansent en chantant des refrains arabes, entremêlés de couplets en l'honneur de la France. Les vestes bleues, écarlates, étincelantes d'or, les amples charwals et les tarbouchs passent et repassent dans la sombre verdure du bois, encadrant ces figures énergiques et intelligentes; les chevaux hennissent et piaffent dans leurs entraves en faisant bruire les ornements de métal de leurs housses multicolores, les armes damasquinées pendent aux maîtresses branches. Je doute qu'on puisse placer une apparition plus pittoresque, une plus complète incarnation de la couleur et de la poésie orientales dans un lieu mieux fait pour être le théâtre de scènes extraordinaires. Nous croyons rêver. Nous nous arrachons enfin à ces amis inconnus, qui saluent notre départ par des hourras frénétiques, des cris de « Vive la France ! » et des salves de coups de fusil. Nous nous éloignons, touchés plus que je ne saurais dire de cette affection reconnaissante qui a gardé la vénération du nom français, de ces mœurs nobles et guerrières, et de la grâce fière du jeune chef qui est venu de si loin, avec toute sa tribu, pour saluer un humble voyageur. Pauvre et brave peuple, qui a les défauts de l'enfant, il est vrai, l'imprévoyance et la témérité, mais qui a aussi ses qualités, ses surprises de cœur, ses effusions affectueuses.

A peine échappés à ces fêtes féeriques des yeux et du sentiment, une autre émotion saisissante nous attend. Nous gravissons la dernière rampe du col du Liban, que la neige couvre déjà d'un léger duvet blanc, et à un dernier bond de nos chevaux, qui nous transporte sur l'étroite arête, nous poussons un de ces cris d'admiration qu'arrache à l'homme la brusque rencontre du sublime dans la création. Deux panoramas distincts, tels que je n'en ai jamais contemplé, s'étendent l'un derrière l'autre devant nous. Là, c'est celui que nous allons quitter, les sites grandioses que nous venons de parcourir, le mont des Cèdres, les pics du Saunîn, la gorge de

Kadischâ comme une raie d'ombre éclairée çà et là par les miroirs de ses cascades, descendant de gouffre en gouffre, entre ses parois de rochers peuplées de monastères, aux sables de la côte, où blanchissent Batroun, Tripoli et Tortose; à l'horizon, la mer, toujours l'étincelante et chaude mer de Syrie, jusqu'aux limites où l'œil indécis la confond avec le ciel.

Ici, devant nous, aussi soudainement que si l'on tirait une toile de théâtre, se déroulent les larges plaines de la Bkaâ, les ruines de Baalbeck, adossées à la chaîne massive et tourmentée de l'Anti-Liban, à droite le sommet de l'Hermon, masquant le bassin du haut Jourdain, et, au delà des montagnes, un ciel lumineux et doux, le ciel de Damas.

Après deux heures d'une rapide et pénible descente, nous trouvons nos tentes au village d'Ainétha, à mi-côte entre le col et la Bkaâ. Après dîner, nous sommes attirés par un vacarme assourdissant de darboukas et de flûtes : ce sont des Bédouins Navarris qui reviennent d'accompagner une noce à Bcherreh ; ils dansent aux sons de cet étrange orchestre sur un rhythme bizarre, qui n'est pas sans grâce. A notre prière, quelques jeunes femmes maronites exécutent après eux une danse de la montagne avec des cambrures de corps et des gestes harmonieux. Le curé préside à ces divertissements innocents en fumant son long tchibouk et entretient avec sollicitude la lampe fumeuse, seul lustre de ce spectacle improvisé, dont les clartés vacillantes tirent çà et là des ténèbres les figures et les guenilles pittoresques des spectateurs et des acteurs. Le tout se termine par la distribution de quelques piastres partagées aux cris de « Vive la France ! »

La musique barbare retentit encore, tandis que nous nous endormons écrasés de fatigue et d'émotions, mais heureux d'avoir ajouté une journée radieuse à cette épargne de souvenirs qui s'amasse dans la mémoire pour consoler sur le tard les heures que la vie fait volontiers vides et sombres.

Baalbeck, 19-20 novembre.

En quittant Ainéthâ, on descend encore pendant plusieurs heures jusqu'à Déir-el-Akhmar. A partir de ce village commence la plaine de la Bkâa, plate, nue, d'une terre rougeâtre, fertile sans doute et pleine de promesses, mais à peine écorchée çà et là par les charrues primitives des Arabes. Hier nous marchions dans la neige ; aujourd'hui le soleil nous brûle, dans ces landes désertes où pas un arbre ne s'aventure. Des troupeaux de chameaux et de moutons errent mélancoliquement à la recherche des herbes desséchées, gardés par des bergers druses ou métualis ; un effet de mirage nous fait apercevoir à notre droite, au pied de l'Hermon, les nappes d'eau de lacs absents.

Les proportions colossales des monuments de Baalbeck, qui ferment l'horizon, nous trompent sur la distance qui nous en sépare : il semble qu'on les touche, et en réalité il faut quatre ou cinq heures pour les atteindre. Nous entrons enfin dans l'îlot de verdure que la ville doit à sa petite rivière, nous tournons quelques minutes entre des restes de murs romains, et nous nous engageons dans un des immenses et ténébreux souterrains, entrée actuelle de l'Acropole, pour déboucher sur la plate-forme des temples, éblouis et stupéfaits des merveilles qui nous entourent.

Je ne veux même pas essayer, à la suite de tant d'autres voyageurs plus autorisés, de donner une description détaillée de ces ruines si connues : je veux seulement, après quelques courtes indications nécessaires à l'intelligence des lieux dans leur état actuel, noter les conjectures qu'ils me suggèrent et les impressions ineffaçables que j'y ai recueillies.

L'acropole où s'élèvent les temples est une sorte de montagne artificielle, édifiée dans la plaine au pied de l'Anti-Liban. Trois races distinctes ont patiemment accru les murailles extérieures qui lui servent de soutenement. Les assises sont ces prodigieuses pierres, dites phéniciennes ou cyclopéennes (l'une des appellations n'est probablement pas plus exacte que l'autre), dont l'origine a lassé la sagacité des archéologues. Il faut avoir vu ces blocs de plus de soixante pieds de longueur sur quinze ou vingt de largeur et d'épaisseur, soulevés à la hauteur de plusieurs assises, pour y croire. Au-dessus commencent les murailles romaines, de ce bel appareil que l'on connaît, bâties elles-mêmes de matériaux énormes, mais écrasés par la proximité des premiers. Enfin les Arabes ont couronné le tout de murs crénelés et de tours, construits avec les débris des monuments, monnayant ces lingots magnifiques qu'ils n'avaient plus les moyens de remuer. Ainsi les murs de Baalbeck semblent un défi ironique jeté à nos théories sur le progrès de l'humanité : chaque race nouvelle a apporté sa pierre plus petite et plus éphémère.

Pour nous rendre un compte exact de ce qu'était l'Acropole aux jours où elle dominait, intacte et couronnée de ses monuments, les plaines de la Célésyrie, suivons un adorateur du soleil, se dirigeant de la ville, située au nord-est, vers les temples. Il montait par de larges escaliers aux propylées, flanquées de deux ailes, contenant des chambres richement ornées : de là, il traversait une première cour polygonale et une seconde rectangulaire, beaucoup plus vaste ; toutes deux étaient entourées de niches curieusement fouillées, occupées par des statues, surmontées d'attiques, reliées par des frises aux motifs variés et charmants. La dernière cour donnait sur le temple périptère du soleil, entouré de ses cinquante-quatre colonnes. Une voie qui prenait à gauche sur la grande cour menait au temple de Jupiter ou Petit-Temple, appellation d'une exactitude toute relative, car ce monument, humilié par le voisinage de son gigantesque aîné, a des proportions doubles de celles du grand temple de Jupiter Olympien à Athènes.

Aujourd'hui l'on peut encore admirer la plupart des édicules et des ornements de l'enceinte des cours, la cella et une partie de la colonnade du Petit-Temple, avec ses caissons puissamment sculptés, les six colonnes restées debout du temple du Soleil, avec leurs chapiteaux, leur architrave et leur frise. Je me hâte d'ajouter qu'il ne faut pas entendre par ces mots de cours, chambres, colonnes, ce que nous avons l'habitude d'appeler de ces noms, mais d'immenses espaces de cent mètres de long et de large, des fûts hauts comme les deux tiers de la colonne Vendôme, des chapiteaux dont un homme debout et les bras étendus n'atteint pas le sommet.

Je ne chercherai même pas à donner des mesures exactes, qu'on trouvera dans les ouvrages spéciaux ; je ne ferai pas d'arides calculs de mètres et de distances qui disent peu de chose à l'esprit : pour savoir jusqu'où l'imagination des hommes, servie par des forces inconnues, a pu se hausser, il faut aller à

Baalbeck, ramper entre les débris fabuleux qui jonchent le sol, y attacher ses chevaux, y voir errer les chameaux chargés de pierres, que les Arabes viennent emprunter à cette inépuisable carrière. On sentira par la comparaison ce qu'ont d'écrasant pour nous ces restes de géants. Il faut surtout contempler les six colonnes encore debout du temple du Soleil, ces arbres de pierre uniques au monde, entre lesquels nos peupliers et nos chênes paraîtraient d'humbles pariétaires, qui coupent par moitié la voûte du firmament et semblent la porter : il faut les voir de loin dominant la plaine, se détachant sur le ciel pur de la Célésyrie; il faut se dire qu'elles sont faites en tout et pour tout, soubassements, fûts, chapiteaux, architraves, d'une trentaine de blocs, pour savoir ce dont l'antiquité a été capable. Les architectes avaient à triompher de cette difficulté : élever des monuments dans une plaine étroite et basse entre deux chaînes de hautes montagnes, sans que leur effet fût diminué par ce redoutable voisinage : ils y ont si bien réussi que les montagnes, entrevues à travers les colonnades, apparaissent rapetissées et que, de quelque côté qu'il regarde, le spectateur aperçoit toujours le ciel entre les frises et les plafonds.

Et quand on a parcouru en tous sens cette aire féconde en étonnements, il faut encore descendre dans le monde souterrain qui la supporte,

Colonnade de Baalbeck (grand temple).

sous ses voûtes, démesurées comme tout le reste, qui s'embranchent les unes sur les autres et s'étendent à perte de vue, appuyées sur des substructions colossalés, donnant accès aux chambres des mystères, pour épuiser la stupéfaction jusqu'aux limites où elle se change en terreur vague.

Qui étaient-ils donc ces architectes à qui revient l'honneur d'une telle entreprise? — Si Baalbeck est un des plus étonnants et plus magnifiques témoins des civilisations disparues, c'est aussi un des plus obscurs problèmes qu'elles aient légués aux générations qui les ont suivies. Longtemps, comme l'imagination des Arabes campés à l'ombre de ces ruines, celle des voyageurs et des archéologues, échauffée par le défi qu'elles jettent à la raison, leur a fait une légende fabuleuse. Salomon, Hiram, la reine de Saba, toutes les figures mystiques du passé oriental y avaient mis leur pierre : la critique la plus sévère les restituait volontiers à quelqu'une de ces races antérieures dont la main du temps a biffé l'histoire et le nom sur le registre de l'humanité; tout au moins on en attribuait le mérite aux vieux maçons phéniciens. Ce dont l'homme ne se sent plus capable, il le recule, pour se déguiser à lui-même sa dégénérescence. Aujourd'hui, la science, mieux instruite, a rapproché tous ces lointains. Sans doute, les cultes solaires remontent à une haute antiquité dans les plaines de la Célésyrie, et le dieu oriental, qui éclairait ses autels de l'Euphrate à la Méditerranée, fut adoré de bonne heure au pied du Liban. A ses fidèles primitifs revient l'idée d'avoir élevé, pour exhausser ses temples, cette montagne artificielle dont les premières assises portent leur signature inconnue. De ce côté encore un champ assez large est ouvert aux fantaisies de l'imagination. Mais le monde gréco-romain subjugue le monde oriental, s'empare de ses dogmes et de ses cités, et, sans modifier le fond des uns ni changer l'emplacement des autres, il se les assimile, les habille à sa manière, les traduit dans sa langue : Hélios relève en fils pieux les autels de Baal; avec les matériaux de Baalbeck, les nouveaux venus bâtissent Héliopolis d'après le canon de Vitruve. Pourtant la vieille pierre syrienne, rebelle à ces lois étrangères, garde malgré elles quelque chose de sa personnalité; on a beau la façonner suivant l'ordonnance classique, la ciseler et l'orner avec la profusion de l'ornement corinthien, tailler dans ses flancs le relief des figures impériales qui regardent encore le voyageur du haut des plafonds de la colonnade, elle proteste, par ses dimensions au moins et par la magnificence exagérée qu'elle impose à ses ouvriers, d'une extraction plus noble et plus ancienne.

Ce qui fait l'originalité de Baalbeck, c'est la fusion de l'art gréco-romain, de ses procédés consommés de construction et de décoration, avec le goût oriental du gigantesque, la tradition architectonique assyrienne et égyptienne, servie par des forces incompréhensibles dans sa lutte contre les résistances de la matière. L'équilibre s'est fait dans une heureuse proportion entre la tradition locale et la règle étrangère; les splendeurs de Baalbeck et de Palmyre doivent leur naissance à cette association féconde. On ne peut guère reculer les monuments encore debout, tout ce qui sort du sol aujourd'hui à Héliopolis, au-delà du troisième ou du deuxième siècle de notre ère. Une partie au moins date des Antonins, les inscriptions des propylées en l'honneur d'Adrien ne laissent pas de doute à cet égard; peut-être furent-ils achevés et embellis sous le règne de Zénobie. On sait avec quelle passion la magnifique reine du désert avait adopté toutes les élégances et toutes les pratiques de la civilisation, de l'art, de la politique des Césars. Les ouvriers de Rome apportaient leur ciseau exercé et découpaient en dentelles de pierre les blocs énormes que les maçons de Palmyre avaient su élever sur les pilastres, disposer en corniches et en caissons. Comment ne pas être frappé de l'identité d'inspiration qui a présidé aux constructions de Baalbeck et de Palmyre, et ne pas les restituer à la même période, aux mêmes auteurs? — Je sais quelles objections soulève cette hypothèse; mais en présence des incertitudes de la science, le voyageur peut se permettre une conjecture hasardée.

Nos tentes sont dressées dans la cour du grand temple, chétif abri d'un passant appuyé à cette majesté demeurée tout le long des siècles. Après la journée, employée à parcourir les ruines, à mesurer les débris et à étudier les sculptures, je vais m'asseoir de préférence, la nuit venue, sur le soubassement d'une des grandes colonnes.

La lune encore pleine monte doucement entre les fûts, comme l'autre jour entre les pins d'Antoura, laissant ruisseler sur l'or mat de la pierre cette lumière harmonieuse qui donne leur véritable valeur aux formes architecturales et permet d'en mieux saisir l'ensemble et les proportions. De pareilles heures apportent avec elles trop de poésie pour qu'on s'y puisse défendre contre les rêves infinis qui vous envahissent. Ce n'est pas chose neuve, je le sais, un clair de lune à Baalbeck : le thème est usé et banal : qu'importe? S'il faut quitter aujourd'hui l'espoir égoïste de trouver dans le voyage des émotions vierges, si la science et la curiosité n'ont plus rien à glaner sur les routes lointaines, il est un champ toujours ancien et toujours nouveau : celui de l'âme humaine. Soumise à un petit nombre d'idées premières et de sentiments simples qui agissent uniformément sur elle, fatalement impressionnée de même par des objets et dans des circonstances identiques, toutes ses larmes sont de la même eau, tous ses sourires du même rayon, et pourtant elle est le livre mystérieux où l'analyse s'exerce depuis l'aurore de la pensée, sans en avoir trouvé le fond : chaque fois qu'elle ressent une émotion vraiment humaine, par là même générale et commune à des milliers d'autres âmes, si elle en transmet l'écho sincère, la leçon sera toujours bonne et utile à quelqu'une de ses sœurs.

Il me plaît au contraire de penser qu'à cette même place, bien d'autres ont subi avant moi l'influence de ces maîtres éternels de toute méditation et de toute poésie : le passé, la nuit, le silence, l'effort vers l'idéal; il me plaît qu'ils aient épuisé, eux aussi, l'enthousiasme, l'inquiétude et la tristesse, les enchantements et les misères que font naître les heures de grand trouble. Il me semble qu'accru de leurs forces et en communion avec eux, mon esprit portera plus vaillamment le poids de ce passé et fera meilleure contenance aux problèmes que soulèvent en nous les grandes synthèses historiques. C'est qu'ici l'épreuve est lourde! S'il est vrai que toute civilisation soit harmonique et se développe avec une égale puissance dans toutes les directions, que les forces matérielles ne soient que la résultante des forces intellectuelles et morales, que sommes-nous, grand Dieu! en comparaison de ces aïeux, et qu'est-ce de notre progrès prétendu? La vapeur, l'électricité, tous agents mécaniques que nous supposons nouveaux et dont nous sommes si fiers, que nous appliquons uniquement aux conquêtes industrielles, les avons-nous jamais mis au service de l'art et de la pensée religieuse avec une pareille puissance, leur avons-nous jamais demandé les efforts que ces peuples réalisaient avec des instruments inconnus et sans doute moins parfaits? De même que nos arts dégénérés ont déchu de cet art magnifique, l'intelligence qui concevait ces prodiges et la volonté qui les exécutait ont-elles diminué dans nos sociétés énervées?

Et aussitôt l'irritante question de se poser avec toutes ses angoisses : si ces efforts physiques prodigieux étaient en raison directe de la dynamique morale, de la foi qui les soutenait, cette foi n'était-elle pas plus solide et plus vive que les nôtres? — Repeuplons par la pensée, à la faveur de ces ombres complaisantes aux fantômes d'autrefois, repeuplons ces cours et ces temples de la foule de leurs fidèles. Les prêtres du Soleil montent des propylées, offrent le sacrifice aux premiers rayons tombant sur l'autel, et s'enfoncent dans les chambres souterraines pour consommer les mystères. Le pontife, du haut de cette chaire colossale, amoncelée pierre à pierre par les générations sans nombre, laisse tomber la parole de la sagesse sur la plaine attentive ; et les peuples dociles, ici comme à Palmyre, comme au fond de la Médie, comme dans la moitié du vieux monde, adorent sous des noms divers, avec la même pieuse ferveur que nous portons à nos autels, la Force fécondante, la Lumière incréée. Traiterons-nous d'enfants aveugles les races puissantes qui nous ont laissé ces témoignages de leur grandeur ? Non certes ; mais alors qu'advient-il de nos certitudes, devant ces splendeurs importunes ? Que de défis et de mystères dans leur ironie muette ; progrès et dégénérescence de l'humanité, vérité relative ou absolue de ses conceptions successives, problèmes dont chaque génération s'épuise désespérément à chercher le mot et qu'elle emporte en derniers recours au tombeau, qui le sait et ne nous le dit pas !

Après le trouble que ces méditations font naître, vient par bonheur l'apaisement qu'engendre la majesté religieuse de l'heure, du lieu, des souvenirs. La lune tourne lentement autour des six colonnes géantes, replongeant dans l'ombre ou bleuissant de sa clarté liquide chacune de leurs faces. Ainsi la vérité doit poursuivre sa route dans le temps autour de l'esprit humain, illuminant tour à tour ses faces multiples ; les formes passent, reviennent, disparaissent : Dieu reste, gardant sa paix aux hommes de bonne volonté. Ces témoins merveilleux des anciens jours du monde ne pèsent pas plus dans son éternité que ce misérable lambeau de toile à travers lequel transparaît mon flambeau ; il veille sur tous deux du fond de l'infini, et plus encore sur cette pauvre maison de chair qui laisse aussi filtrer une lumière céleste, la lumière que les hommes se passent les uns aux autres, et qui brillera encore, vacillante et inextinguible, quand ces chefs-d'œuvre prodigieux ne seront plus qu'une poussière tourbillonnant au gré du vent du désert.

Damas, 21-26. novembre.

Après avoir vu encore une fois le soleil levant rentrer dans ses temples abandonnés et dorer comme un jet de feu la pierre aux tons de bronze clair des grands piliers, nous nous enfonçons dans la gueule noire du souterrain qui conduit hors de l'Acropole. En sortant de Baalbeck, on côtoie les carrières, où une dernière surprise nous attend : c'est un bloc effrayant, pareil aux trois plus gros que nous avons admirés dans les substructions cyclopéennes, tout taillé et prêt à mettre en œuvre, n'attendant plus que la force inconcevable qui devait le transporter aux murailles, à un kilomètre d'ici. Il mesure soixante-dix pieds de long sur quinze de haut et de large! M. de Saulcy a calculé que cette petite montagne, qui abrite à son ombre nos hommes et nos chevaux, pesait quinze cent mille kilogrammes, et qu'il faudrait quarante mille hommes pour l'ébranler!

Nous avons perdu de vue les ruines en gravissant les contre-forts de l'Anti-Liban. Après une nuit passée dans la vallée centrale de Zebedâny, toute riante de ses beaux arbres et de ses belles cultures, nous avons redescendu sur l'autre versant de la chaîne le Nahr-Barada, depuis sa source jusqu'à la plaine de Damas. Au delà de Souk-Wadi-Barada, le torrent bouillonne profondément sous un vert rideau de saules et de peupliers, entre d'âpres parois de rochers troués à une grande hauteur de nombreuses chambres sépulcrales. Ce sont les tombeaux de l'antique Abila. Un troupeau de chèvres noires grimpe par le sentier étroit qui y mène, et se blottit frileusement au soleil dans les cellules de cette nécropole aérienne.

La rivière rejoint la grande route à une dizaine de kilomètres de Damas. Déjà les vergers d'abricotiers se pressent des deux côtés du chemin et les maisons de campagne des riches Damasquins animent la gorge encore étranglée, riantes et pimpantes, tout agrémentées de terrasses, de vérandas, peintes en détrempe à l'extérieur de la façon la plus réjouissante : bateaux à vapeur, chemins de fer, monstres apocalyptiques, oiseaux inconnus aux naturalistes, se mêlent fraternellement sur le crépi blanchâtre des murs. La route se couvre de piétons, de cavaliers drapés dans leurs *mach'las* éblouissants de broderies d'or, de jeunes effendis dressant d'admirables chevaux. Enfin le Barada franchit une dernière et haute brèche où de grands vautours planent sur leurs aires ; la vallée s'élargit subitement, les jardins et les vergers s'étendent au large comme un flot trop contenu, et une première gerbe de minarets nous annonce la ville, dont le tracé trop savant de la nouvelle route ne nous a pas permis d'avoir le panorama d'ensemble. Cette entrée de Damas ne ressemble à rien : des douanes, des mosquées, des casernes bariolées de larges raies bleues ou blanches, puis un fouillis de misérables masures en torchis et en pisé; nous nous y perdons quelques minutes, nous entrons en nous courbant sous une petite porte, pratiquée cauteleusement comme une poterne de citadelle, et nous nous trouvons dans la cour de la locandah, pavée de marbre blanc et noir, ombragée par des citronniers pliant sous les fruits et rafraîchie par une source vive reçue dans une large vasque.

Une de nos premières excursions a été l'ascension de la colline qui domine le faubourg nord-ouest de Salahiyeh, par où arrivait l'ancienne route, et d'où l'on a la vue générale et trompeuse de la ville. De là l'effet est féerique : il n'en faudrait jamais descendre. Damas, avec son faubourg allongé du Meïdan, qui lui prête la forme d'une masse d'armes, apparaît comme une blanche tache de lait au centre de sa verte oasis, de ses forêts d'abricotiers et de peupliers. Les coupoles de la grande mosquée dessinent un renflement au cœur de la ville ; sur tous les points, des minarets partent comme des flèches du milieu des toits en terrasse, dont le crépi de chaux donne à la cité arabe, vue d'en haut, ce ton d'uniforme blancheur ; mais le trait, incomparable en Syrie, de ce paysage, c'est la zone opaque de verdure, de deux à trois lieues de largeur, qui du côté des montagnes enserre la ville à l'étouffer et de l'autre vient expirer à la limite du désert. Ce vaste échiquier de jardins, séparés par des murs de clôture, de petits chemins et par les mille canaux du Barada, qui y portent avec leurs eaux murmurantes la fertilité et la vie, tout ombreux de platanes, de peupliers, de saules, de cyprès, d'arbres fruitiers, meurt brusquement là où les eaux lui manquent : la stérilité et la désolation ressaisissent la plaine. A droite, les neiges de l'Hermon ; au sud-ouest, les sommets bleuâtres du Hauran et du Ledjâh ; au nord, les contre-forts de l'Anti-Liban, courant dans la direction de Palmyre ; en face de nous, l'étendue, plate, vague, nue, affirmée à peine par quelques ondulations de terrain : c'est le désert. Là devant, à quarante jours de marche, se trouve Bagdad. O féerie des souvenirs! prestige de l'imagination ! je ne sais quoi fait battre le cœur d'un fou désir à ce nom qui évoque les merveilleuses histoires contées par le bon M. Galland à notre enfance songeuse, et cependant Bagdad n'est plus qu'une misérable bourgade, cent fois plus misérable que Damas.

C'est pourtant difficile. Un amas de maisons de boue et de paille hachée, trapues, bossuées, lépreuses, perdues dans un labyrinthe de ruelles infectes, se pressant autour de mosquées aux trois quarts ruinées; — de grands bazars, c'est-à-dire des échoppes de bois vermoulu le long d'allées couvertes en planches, où quelques joyaux de prix et quelques tissus précieux se cachent au milieu de loques sordides derrière une avalanche de cotonnades et d'indiennes; — une population nombreuse et bruyante, mais grossière, malpropre, moins variée de types et de costumes que celle de Stamboul; — absence complète de vie sociale, de lieux de réunion; existence matérielle difficile : voilà pour l'Européen Damas, le paradis où, selon la légende musulmane, Mahomet n'a pas voulu entrer de peur de se voir refuser la porte de l'autre.

Est-ce à dire que les hyperboles arabes qui ont préparé à notre crédulité cette rude déception ne soient qu'un amas de faussetés? En aucune façon. Le point de vue de l'Arabe est vrai pour lui, puisqu'il répond à sa mesure; il est faux pour nous, si nous le jugeons avec la nôtre. Pour le marchand de Bagdad, le pèlerin de la Mecque, le chamelier du Nedjed, qui ont parcouru durant de longs mois l'affreuse solitude du désert, subi les privations et les souffrances, rêvé l'ombre d'un arbuste et imploré la volupté d'un verre d'eau, pour la moitié des Asiatiques, dont l'incurie a fait de la terre une marâtre hostile, l'apparition soudaine de cette grande ville, de cette luxuriante verdure, de l'eau surtout, de l'eau, cette nécessité première et cette préoccupation suprême de l'Oriental, distribuée ici avec une folle profusion, la réalisation du mirage dont le soleil les a leurrés tant de fois, semblent une vision de l'Éden et justifient l'enthousiasme. Pour des gens habitués au plus absolu dénûment, dont tout l'horizon de désirs se borne à la satisfaction facile des exigences les plus élémentaires, aux consolations spirituelles de la mosquée, aux raffinements d'une vie passée à l'ombre, au bord de l'eau, entre une tasse de café noir et un narghilé, les bazars de Damas, abondamment fournis de viandes, d'armes, d'étoffes, de tabac, les *tékés* (couvents) de derviches et les cours des grandes mosquées, les intérieurs voluptueux des maisons, représentent à peu de frais le dernier mot du bien-être. Comment en serait-il de même pour nous autres Européens, à qui une nature clémente, sollicitée par un labeur séculaire, a prodigué toutes ses richesses, et qu'une civilisation avancée a initiés à toutes ses délicatesses? Chacune de nos grandes cités a une banlieue de jardins et de forêts et se mire dans une rivière que Damas pourrait envier; nos plus petites villes de province réunissent plus de ressources, de confort intelligent et d'élégance extérieure que la reine du désert. Comment ce qui est richesse, luxe et superflu pour l'Arabe ne nous paraîtrait-il pas misère et absence du nécessaire? La majeure partie des Orientaux retarde de trois ou quatre siècles sur nous au cadran de l'humanité, et vit dans un horizon intellectuel et social sous beaucoup de rapports comparable à celui de nos aïeux du moyen âge. Quand nous lisons dans les vieilles chroniques les naïves admirations de nos pères pour des idées, des inventions, des œuvres ou des plaisirs qui n'éveillent aujourd'hui que notre sourire, nous tâchons de redevenir enfants pour les comprendre et voir comme eux; faisons de même pour l'Arabe. Cette mise au point de vue est la préparation la plus indispensable à l'étude de l'Orient moderne, comme à celle de l'Orient ancien, de l'Orient sacré.

Il ne faut pas rechercher ici de monuments antiques. En dehors de quelques restes d'arcs de triomphe et de colonnades encastrés dans les maisons de la *rue Droite*, qui partagent la ville dans l'axe de l'ancienne *via Recta* avec la fidélité obstinée, instinctive, que l'Oriental garde aux rues et aux chemins où ont passé ses pères, il ne subsiste rien des splendeurs d'autrefois. Pourtant Damas n'est pas une parvenue; elle a ses titres de noblesse dans la *Genèse*, et depuis lors l'histoire ne l'a jamais perdue de vue. Rabelais appelait Chinon « ville insigne, ville noble, ville antique, voire première du monde, selon le jugement et assertion des plus doctes massorets ». — Les « massorets » donneraient encore le pas à Damas; mais, si la vieille capitale syrienne n'a rien retenu de son brillant passé, c'est qu'elle ne compte plus ses sacs, ses incendies et ses ruines. Le beau fruit de l'oasis a tenté tous les conquérants affamés du désert; depuis le temps où les cheiks amorrhéens y poursuivaient Chodorlahomor, Assyriens, Mèdes, Égyptiens, Romains, Sarrasins, Turcs, y ont assez promené leurs armes pour éviter à l'archéologue la peine de glaner après eux. Seuls les Croisés n'ont pu en forcer les portes; aussi Damas est-elle restée de ce chef l'une des villes saintes de l'islam.

Nous entrons dans la grande mosquée, où le ghiaour est aujourd'hui admis, sans trop de peine, sous la protection d'un *cawas* du consulat. On la prend généralement pour une ancienne basilique chrétienne; cette opinion ne saurait subsister devant la comparaison avec les mosquées-types du Caire. Voici bien la cour en forme de carré long, entourée sur trois côtés d'un cloître à un rang d'arcades, et, sur le côté orienté, d'un vaisseau à trois nefs. Les colonnes, presque toutes de marbres précieux, à lourds chapiteaux byzantins, qui supportent ces nefs, proviennent seules de l'ancienne basilique, vraisemblablement bâtie sur le même emplacement. Au centre des trois nefs, une coupole protége une fontaine. Une petite chapelle à grillages curieusement ouvragés, surmontée d'un dôme cannelé, renferme, selon les habitants de Damas, le tombeau de saint Jean-Baptiste. L'église chrétienne était en effet dédiée au précurseur. Dans l'immense parvis, nous remarquons, sur un édicule en forme de baptistère, et sur le mur même de la mosquée, des mosaïques fort anciennes et bien conservées. On en voit également à la mosquée de Malek-Daher. Les minarets des quatre angles, indépendants de l'œuvre principale, sont originaux, sobrement décorés de rosaces déliées, d'arabesques, de stalactites et de culs-de-four. Le tout est bâti par assises alternées de pierres blanches et noires, comme la cathédrale de San-Lorenzo à Gênes.

Il me souvient à ce propos d'une merveilleuse chapelle, morceau de marbre orfévré par le Sansovino, dédiée à saint Jean, dont les reliques auraient été apportées de Palestine à Gênes, et placée dans le vieux vaisseau gothique comme celle de Damas dans la mosquée. N'y a-t-il pas dans ces analogies la trace d'un souvenir immédiat, rapporté par quelque croisé de la ville des Califes à celle des Doges? Il y a encore à San-Lorenzo, perdu dans l'ombre et la solitude du chœur, où j'ai confondu parfois le soir sa vivante et fervente figure avec les femmes en prière qui l'entouraient, un vieux moine de pierre, agenouillé dans sa robe blanche sur la table de son tombeau ; je me rappelle avoir songé longtemps auprès de ce personnage mystérieux, qui me retenait comme s'il avait quelque chose à me dire ; n'était-ce pas un apôtre des Sarrasins qui me voulait faire à mon insu la première révélation de cet Orient où je devais être appelé à vivre un jour?

Le grand attrait et la grande originalité de Damas, le seul côté de la ville qui puisse défier sans péril les caprices de l'imagination, ce sont les intérieurs des maisons. Extérieurement, je l'ai dit, toutes les habitations se ressemblent par une pauvreté égale. On y pénètre par quelque porte basse, par quelque couloir borgne et timide ; les gens de ce pays, les chrétiens et les juifs surtout, sont payés pour nourrir toutes les craintes et cacher leurs richesses sous une enveloppe misérable, comme dans nos ghettos du moyen âge. En franchissant le seuil, on ne sait jamais si l'on tombera dans une cabane ou dans un palais. Grâce à notre aimable guide, M. Robin, gérant de notre consulat, nous ne frappons qu'aux meilleures portes.

La disposition intérieure de ces habitations est à peu près la même partout : une cour rectangulaire, pavée de marbre, avec un bassin d'eau vive au milieu ; des orangers, des citronniers, des grenadiers, sortent des dalles précieuses, ombragent la vasque limpide et emplissent la cour du parfum de leurs fleurs et de l'éclat de leurs fruits. Tout autour règnent des galeries ou des appartements de plain-pied ; sur un des côtés, le *sélamlik*, salon de parade, parqueté, dallé de marbre, ou simplement tapissé de nattes, partagé en deux par un degré qui exhausse la moitié honorable de la pièce. Ici encore une fontaine alimentée souvent par un ou plusieurs jets d'eau. Le Barada, débité par mille conduits dans toute la ville, fournit abondamment aux maisons riches ce luxe suprême de l'Orient ; des contrats séculaires, qui constituent souvent la plus grande valeur de l'immeuble, assurent à chacun la part qui lui revient. Un divan circulaire, recouvert de soie brochée d'argent et d'or, des tabourets à incrustations de nacre meublent la pièce ; des niches revêtues de marbre, de marqueterie, de carreaux de faïence, supportent des porcelaines et de l'argenterie ; nous nous extasions surtout devant les boiseries et les plafonds, d'une grâce et d'un éclat incomparables, tantôt à poutrelles saillantes, peintes et dorées, tantôt à caissons évidés où les habiles menuisiers d'autrefois ont découpé dans le cèdre et le sycomore toute une végétation luxuriante de rosaces, d'arabesques, de fleurs, aux nuances sobres et éteintes, relevées par les tons d'or. La peinture et l'aquarelle pourraient seules rendre l'impression de ces plafonds damasquins, dignes de lutter, dans un genre plus léger et plus éclatant, avec les stalles de chœur et les bois sculptés de notre Renaissance.

Dans ces grands appartements, isolés par leurs cours du bruit de la rue, protégés contre l'été par leurs arbres, leurs fontaines, leurs pavés, tout est fraîcheur, silence et plaisir des yeux; accroupi sur le divan, distrait, puis assoupi par le murmure perpétuel de l'eau dans la vasque, on laisse son imagination voguer à plein gré dans les royaumes de la reine Mab, jusqu'au moment où l'on se sent envahi par le dieu oriental que tout implore ici, le *kief*, c'est-à-dire l'inaction parfaite, consciente et voluptueuse de l'âme et du corps.

Les maîtres de ces palais nous reçoivent avec l'affabilité courtoise qu'on ne saurait refuser aux mœurs de l'Orient; ils nous en font modestement les honneurs, comme à des amis attendus; sans nous importuner du flux de paroles dont un Européen se mettrait en frais pour accueillir ses hôtes, ils nous laissent contempler silencieusement leurs richesses, en dégustant le café, les confitures de roses, les sorbets et les narghilés que les serviteurs nous présentent, une main posée sur leur cœur.

Je dois ajouter maintenant, pour être véridique, que cet ensemble harmonieux et complet ne se retrouve plus à Damas que chez deux ou trois privilégiés. Presque partout, la morsure du temps, la ruine des familles, ont causé des dommages irréparables; plus souvent encore leur fortune a porté le dernier coup à la vieille demeure par l'envahissement du meuble européen. Dans les constructions modernes, le plan traditionnel est respecté, mais tout est décadence lourde et bête. Devant l'insouciance des musulmans et la terreur des chrétiens, les juifs enrichis sont les seuls à bâtir. Ils demandent à l'architecture les travestissements les plus grotesques. Chez l'un d'eux, nous avons admiré une fontaine portée sur des lions sculptés par un plâtrier italien, et des panneaux ornés de palmiers de marbre, au feuillage en relief, avec des serins empaillés posés entre les branches. C'est le dernier mot du goût israélite. Un autre fait peindre des médaillons par un badigeonneur de passage, et, nous prenant à témoin de ses sentiments français, il nous montre sur le mur, entre un *railway* et un *steamboat*... la maison de M. Thiers! Le bon Damasquin était à Paris pour son négoce à l'époque de la Commune; justement indigné de la destruction de l'hôtel du président, il l'a fait reproduire dans sa galerie.

La plus luxueuse de ces constructions récentes est la maison d'Ambhar, un juif millionnaire, dont la fortune ressemble à une histoire des *Mille et une Nuits*. Parti, il y a quelque vingt ans, pour les Indes comme domestique, il en est revenu, nous dit-on, « avec son fez plein de diamants ». On sait que les Orientaux affectionnent pour leur épargne ce placement solide, mobile et facile à dissimuler. Rien n'a été oublié, excepté le goût, dans ce temple qu'il pourrait dédier, comme les anciens, à la Fortune Lointaine. Un heureux hasard nous y fait pénétrer pendant une solennelle réunion de famille, un tableau saisissant, que Véronèse eût intitulé *les Relevailles de l'accouchée*. Tout, jusqu'à la prédominance des tons jaunes dans les toilettes des femmes, fait penser aux grandes toiles du maître. L'accouchée est assise sur son lit de parade, dans des flots de dentelle, magnifiquement ornée, peinte comme Judith allant séduire Holopherne. Des femmes, en costumes éclatants et criards, chargées de joyaux et de diadèmes, fardées, les sourcils rasés, entourent le chevet du lit. Les amis, les enfants juchés sur des patins de bois ou d'ivoire, perdus dans leurs grandes robes lilas, cerise, vert-pomme, sont réunis autour des tabourets de nacre, couverts de raisins et de pistaches. Le maître se promène au milieu de tout ce monde en *gombaz* de soie jaune à ramages, noué par une ceinture de cachemire. Quelques-unes de ces Juives ont de grands yeux expressifs, avivés encore par le *kohl;* mais le reste du visage est caché sous une triple couche de céruse et d'antimoine.

Cette scène de vie antique prise sur le fait, si colorée et si neuve pour nous, nous retient aussi longtemps que les bienséances le permettent. En sortant de chez Ambhar, nous passons devant un autre tableau, tout posé pour Rembrandt, celui-là. Dans une sorte de petite chapelle isolée, au fond d'une niche en bois curieusement peint et fouillé, merveilleusement éclairé par un rayon oblique dans une place d'ombre, un vieil Arabe, vêtu et coiffé de vert, dont la longue et opulente barbe blanche balaye la ceinture, est accroupi sur un volumineux Coran. Il penche et relève avec un balancement rhythmé son large front, orné d'énormes besicles, sur le texte sacré, dont il bourdonne à mi-voix les versets. C'est avec la palette et la brosse qu'il faudrait rendre ces motifs originaux, ces bonnes fortunes du regard, qu'on rencontre fréquemment ici et qui tiennent lieu de bien des satisfactions absentes.

Nous parcourons les bazars, dont une foule compacte monte et descend sans interruption les artères étroites. Pour nos yeux, faits au spectacle du pont de Galata, cette lanterne magique où passe et repasse tout l'Orient, le mouvement de Damas manque un peu de variété et d'imprévu. Sauf quelques Persans et quelques Juifs, c'est toujours le type arabe dans son immuabilité traditionnelle, petit et chétif sous le haillon de poil de chèvre du Bédouin, noble et majestueux sous l'abaye tissée d'or du cheik druse. Les marchands de Bagdad, les chameaux chargés de tapis, s'engouffrent sous la haute porte ogivale de ce beau kan Assad-Pacha, bâti au dix-septième siècle dans le plus pur goût moresque. Les chrétiens, grecs ou maronites, tiennent boutique d'étoffes européennes, hélas! pour la plupart; les musulmans vendent des conserves d'abricots, des meubles en marqueterie, des harnais, des pelleteries, des armes.

Le soir, nous suivons la foule dans les cafés, où elle se presse pendant les nuits de Ramazan. Ce sont de larges salles sous des voûtes écrasées, éclairées par les lampes fumeuses qui pendent aux nervures. Sur la terre battue, des nattes et des tabourets attendent les gens du commun, tandis que les délicats et les personnages en place se hissent sur une banquette circulaire qui règne à deux ou trois pieds du sol. Tous aspirent silencieusement le *calioun,* composé de deux tiges de roseau emmanchées à angle aigu dans un œuf de métal ou de bois noir, et l'arrosent d'innombrables tasses de café. Les amateurs de spectacle suivent les faits et gestes cyniques, commentés par des plaisanteries risquées, de plusieurs *karagheuz* installés aux angles de la salle; les mélomanes écoutent un orchestre uniformément composé d'une *darbouka,* d'une espèce de rebec et d'une série de cordes tendues sur une table de bois, qui recommence éternellement l'unique mélopée arabe ; des chanteurs l'accompagnent avec ces gammes de tête dont les Orientaux ont le secret, et racontent sur le rhythme mélancolique les amours, les combats, les drames du désert.

Nous avons rendu visite à Abd-el-Kader. L'émir, strict observateur des prescriptions religieuses, se cloître durant tout le Ramazan dans un village à quelques lieues de Damas. Il a bien voulu sortir pour nous de ses habitudes et venir nous recevoir dans la maison très-simple et très-modeste où nous le trouvons. Abd-el-Kader a une belle tête, grave et douce, mais susceptible de s'illuminer sous une impression religieuse ou belliqueuse. Grâce à ses cheveux, qu'il teint soigneusement, il paraît beaucoup plus jeune que son âge. Nous recevons de lui un accueil cordial : il s'informe avec empressement des affaires de France, de la politique européenne, et nous demande de nous intéresser à son fils, qui a obtenu l'*aman* après avoir été compromis dans la dernière insurrection. Abd-el-Kader jouit d'une autorité incontestée sur ses compatriotes algériens, fort nombreux en Syrie. Cet ascendant lui a permis de rendre, pendant les massacres de 1860, de tardifs, mais sérieux services. Aussitôt après les sanglantes journées, l'émir s'enferma durant deux mois dans la grande mosquée pour se purifier de la souillure contractée aux yeux des croyants en sauvant des têtes infidèles.

Il faut entendre avec quelle épouvante les survivants parlent de cette triste époque. Longtemps avant le signal de la Saint-Barthélemy musulmane, les projets qui se tramaient n'étaient un mystère pour personne ; mais loin d'inspirer aux raïas des mesures de précaution ou de défense, ces prévisions ne firent que redoubler la terreur et le désarroi des Damasquins. Au dire de tous les témoins oculaires, les chrétiens se laissèrent partout égorger comme un troupeau : ils fuyaient par centaines devant de petites bandes d'assassins ou tendaient le cou aux yatagans des Druses sans même chercher à échapper. Cet affolement de toute une ville, mise à sac par une horde de fanatiques, s'explique par la crainte insurmontable, l'anéantissement séculaire du raïa devant ses maîtres; il n'est d'ailleurs pas besoin, nous le savons trop, d'aller en terre de servitude pour rencontrer ces défaillances de l'esprit public. L'attitude des autorités et des troupes turques durant cette période, le degré de connivence d'une partie d'entre elles dans les massacres, restent un des problèmes les plus délicats de l'histoire contemporaine : nous ne nous flattons pas de l'éclaircir. — Toujours est-il que les pillards, sinon les assassins, trouvèrent à la citadelle des recéleurs complaisants ;

un acteur de cette tragédie me racontait qu'un officier d'Ahmed Pacha, en voulant charger un de ses canons, le trouva bourré jusqu'à la gueule de bijoux. Je tiens de la même personne le récit des épisodes dramatiques dont les riches villages chrétiens d'Hasbeya et de Rascheya, au nord de l'Hermon, furent le théâtre. Les débris de la population valide s'étaient réfugiés dans l'église; sous l'empire de ce sanglant cauchemar, une folie contagieuse s'était emparée de ces malheureux : groupés sur la terrasse du bâtiment, ils regardaient avec des rires frénétiques flamber leurs maisons incendiées. — En revenant de la Montagne, mon auteur avait trouvé à la porte de la ville une jeune femme de Hasbeya; prise dans le sérail de ce village, elle y avait vu tuer son mari et son fils; elle s'était échappée avec un enfant à la mamelle et mise en route pour Damas : les égorgeurs le lui avaient arraché et écrasé sur le chemin. Assise à la fontaine du faubourg, stupide et glacée, sans une larme, elle regardait vaguement passer les Druses, n'ayant plus de parole pour leur demander son tour.

La répression fut incomplète, mais violente : elle donna aux rues de Damas une physionomie presque aussi sinistre que l'avait fait le massacre. Fuad Pacha sentait le prix qu'il y avait à ôter à notre armée d'occupation tout prétexte de pousser sa promenade militaire jusqu'à Damas : il frappa vite et fort, sans trop choisir, et put bientôt répondre aux exigences de l'état-major qu'il amusait dans la Montagne : « La besogne est faite [1] ! »

Voici comme elle se faisait. Je copie textuellement cette page, en lui laissant sa libre couleur, dans les notes inédites d'un des fonctionnaires attachés à la Commission européenne.

« On expédiait les condamnés à la potence d'une « manière tout à fait primitive. Le bourreau avisait « un clou au-dessus de la porte d'une boutique ; il « y attachait un bout de corde, qu'il passait autour « du cou de la victime, placée debout sur une chaise ; « puis il tirait la chaise de dessous les pieds du con-« damné, et l'opération était achevée ; le corps se

[1] Rendons au passage un témoignage sincère à la mémoire de cet homme illustre. Ceux-là seuls qui ont suivi attentivement les affaires turques peuvent mesurer l'étendue de son génie. Sans parler du traité de Paris et de vingt autres circonstances de sa carrière, le tour de force accompli par Fuad en Syrie assurerait seul au feu grand vizir un des premiers rangs entre les diplomates de ce siècle. La sagacité, la souplesse, les ressources imprévues de ce merveilleux esprit, sa promptitude à résoudre, l'éloquence et le savoir qui lui permettaient de parler et d'écrire notre langue comme un maître, les plus rares qualités de l'homme d'État, en un mot, le tirent hors du pair des politiques orientaux. Placé sous un jour ingrat, ce portrait n'est pas encore à son lieu dans la galerie des grandes figures contemporaines. Profitons de ce que les langues classiques ne sont pas entendues en Orient pour appliquer à Fuad le vers célèbre, qui ne saurait tomber avec plus d'à-propos :

Si Pergama dextra...

« débattait un instant, et tout était dit.—Un officier « instructeur européen, au service turc, nous conta « le fait suivant dont il avait été témoin oculaire. « L'un des nombreux bourreaux qui fonctionnaient « à ce moment-là était en train d'achever la beso- « gne de la journée; mais le clou se trouva placé « trop haut et la chaise trop bas pour y atteindre; « un vieillard musulman vient à passer, monté sur « un âne et portant un quartier de mouton; l'exécu- « teur des hautes œuvres lui fait signe d'arrêter; il « obéit, descend de sa monture et tend le cou avec « résignation, croyant sa dernière heure venue, lors- « que le bourreau, s'apercevant de sa méprise, lui « fait comprendre qu'il n'a nullement affaire à lui, « mais à son âne. Il saisit la bête, y place le patient, « lui passe la corde au cou, et fouette le baudet, qui « part, laissant son cavalier improvisé suspendu.— « Heureux d'en être quitte à si bon marché, le vieux « mulsulman ramasse son quartier de mouton, re- « monte sur son âne et part au galop. — Le même « jour, un étranger, obligé de traverser le bazar pour « aller jusqu'au sérail, se sent brusquement décoiffé; « levant la tête pour examiner l'objet qui l'a heurté, « il s'aperçoit avec horreur qu'il vient de passer « entre les jambes d'un pendu. Oubliant son cou- « vre-chef et l'affaire qui l'avait fait sortir, il rentre « chez lui en courant pour ne plus bouger de la « semaine. »

Quoi de plus profondément oriental que cette résignation fataliste des victimes, dans la ville qu'elles terrifiaient la veille, cette insouciance naïve des formes de la justice, ce mélange de férocité et de bonhomie, d'horrible et de trivial, ce laisser-aller dans l'atroce qui ne s'étonne de rien et n'étonne personne? Ne croirait-on pas lire une des sombres pages de la vieille histoire juive, un de ces chapitres du livre des Rois où le chroniqueur raconte avec indifférence, en y mêlant des détails familiers, le supplice des fils de Respha, le meurtre d'Absalon ou de Séméi? — Ahmed Pacha mourut de même, en vrai croyant, stoïque, impénétrable, saluant l'ordre de son maître sans surprise, rachetant peut-être par une abnégation héroïque la faiblesse de sa conduite : le gouverneur tomba sous les balles sans desserrer les lèvres : au dire de bien des gens, il n'aurait eu qu'à les ouvrir pour arrêter le peloton d'exécution.

Depuis le drame sanglant de 1860, il plane comme un nuage de terreur sur Damas. A de certains jours, sans raison apparente, un frisson d'épouvante court par la ville, chacun serre à la hâte ses hardes et ses objets précieux et se dispose à fuir à Beyrouth. Les chrétiens, nombreux et armés, ne songent même pas à se défendre, et se laisseraient, aujourd'hui comme alors, égorger sans résistance. Quelques Druses auraient raison de tout le faubourg.

Pourtant nulle population ne paraît plus tranquille et plus facile à conduire que celle-ci, quand un courant de fanatisme ne vient pas l'agiter dans ses couches profondes. Les actes de violence sont fort rares : c'est un étonnement perpétuel pour nous de voir le cawas du consulat, qui nous précède suivant la coutume locale, écarter rudement à coups de courbache cette foule de musulmans armés pour la plupart, intolérants et prévenus contre l'Européen. Voit-on un étranger qui se promènerait sur nos boulevards en faisant cravacher les passants par un sergent! Est-ce que le sentiment de la dignité humaine est moins développé chez eux que chez nous? Pourtant sous bien d'autres rapports ils le portent à un degré inconnu aux classes inférieures de notre société; seulement l'Oriental a le respect passif et absolu de l'autorité sous toutes ses formes : habitué à ne la voir exercer que par ceux qui peuvent l'appuyer sur la force, il n'en raisonne jamais la source et se courbe devant ses manifestations extérieures.

Tout ce peuple est administré, jugé et contenu par une douzaine de fonctionnaires turcs gravement occupés à fumer des cigarettes dans les salles du Konaq (hôtel du gouvernement). Les sentences s'exécutent, et l'impôt rentre. Ceci d'ailleurs cesse d'être toujours vrai en dehors de la banlieue de la ville. Les tribus du Hauran, les villages druses ne payent le *vergui* (impôt foncier) que quand ils y sont contraints, et le percepteur risque de faire maigre recette quand il n'est pas soutenu d'un bataillon. Il faut dire que dans ce dernier cas il se rattrape avec usure. La sécurité n'est pas mieux assurée à deux journées de Damas. Les Bédouins du grand désert poussent leurs razzias jusqu'aux portes. Ces jours-ci, deux de nos commensaux à l'hôtel, officiers italiens en mission de remonte, ont cherché à gagner le Hauran : à quelques heures de la ville, ils ont été dévalisés de leurs chevaux et de leur argent. Dès que les troupes turques cessent de tenir la campagne, les nomades reviennent comme des sauterelles refoulées un instant. En vain a-t-on essayé de les apprivoiser à la charrue en leur livrant des concessions de terre : las de ce travail servile, ils fuient bientôt leur propriété, en poussant devant eux leurs troupeaux de la pointe de leurs lances. Fidèle à la vieille loi que Jéhovah lui a faite, Ismaël retourne « planter ses tentes hors de la région de ses frères; sa main est contre tous, et la main de tous est contre lui ».

Nous aussi, nous nous décidons à reprendre notre course vagabonde et à retourner à nos tentes. Quand on a vécu quelque temps de cette vie active et changeante, où chaque heure apporte son imprévu, chaque soir son logis et son horizon nouveau, il faut qu'une ville ait de bien singuliers attraits pour qu'on se plie sans révolte aux habitudes monotones de l'auberge. D'ailleurs le voyageur est un être inconstant; à peine a-t-il touché le but souhaité que son imagination court devant lui sur le chemin qui reste à faire. Voici les plaines du Jourdain, les monts de Palestine, Jérusalem, qui nous appellent. Rien ne nous retient plus ici. Je comprends que dans ces frais vestibules pavés de marbre, à l'ombre des orangers, au bord de la vasque limpide où, comme dit le poëte,

> Les robinets d'airain chantent en s'égouttant,

dans ces asiles sacrés où tout est repos et silence, excepté le murmure assoupi de la source et le gloussement du narghilé, je comprends qu'on se laisse surprendre un instant par l'anéantissement voluptueux du Turc, le *kief* d'Hassan dans *Namouna;* mais l'homme d'Occident, qui ne peut atteindre à ce haut degré de sagesse animale, secoue bientôt cette torpeur et se lève, poursuivi par la voix qui crie toujours aux fils de Japhet : « Agis et marche! »

II

GALILÉE, SAMARIE, JUDÉE

II

GALILÉE, SAMARIE, JUDÉE

Banias, 27 novembre 1872.

« Et voici que maintenant, enchaîné par l'Esprit, je vais à Jérusalem ; ce qui doit m'y arriver, je l'ignore », dit quelque part l'auteur des *Actes*. Nous aussi, cédant aux sollicitations secrètes de ce nom magique, nous remontons à cheval, par un heureux et lumineux matin, pour gagner à travers le long faubourg de Damas la porte du Pèlerinage, la Bawâbet-Allah. C'est de là que part en grande pompe, à l'ouverture du Ramazan, la caravane de la Mecque. Nous sommes arrivés trop tard pour assister à cet épisode caractéristique de la vie musulmane : j'en ai été témoin en d'autres lieux, à Brousse, au Caire, à Constantinople, où il est l'occasion de cérémonies intéressantes. Le chameau sacré qui doit porter les présents du Sultan au tombeau du Prophète est introduit magnifiquement caparaçonné dans la cour du palais impérial. Sa Hautesse remet elle-même aux ulémas, entre autres dons, un tapis de grand prix destiné au sanctuaire de la Caaba; les pèlerins rapportent en échange celui de l'année précédente, et la précieuse relique est donnée à quelque mosquée en renom. Des derviches vêtus de costumes bizarres et éclatants accompagnent le chameau en chantant, en dansant, en agitant des bannières et des armes anciennes. En Égypte, j'ai vu suivant le vieil usage le cheik de la caravane passer à cheval sur les corps des croyants prosternés en travers de sa route, et, sans me charger d'expliquer le fait, je puis attester que les dévots se relevaient joyeux et intacts après cette périlleuse mortification. La foule s'ébranle derrière ses guides : ce n'est encore que le noyau de la pieuse armée qui parcourt l'Asie, grossissant de ville en ville, et arrive à Damas forte de plusieurs milliers d'hommes, de femmes, d'enfants; de là elle s'enfonce dans le désert, où bien des ossements blanchis marquent la route traditionnelle. De ces pèlerins fatalistes, qui partent comme des oiseaux émigrants, sans bagages, sans vivres assurés, livrés à l'initiative individuelle, plus d'un ne verra jamais le but du saint voyage. Ainsi faisaient d'ailleurs les compagnons de Pierre l'Ermite, ainsi font encore les chrétiens indigènes qui se réunissent à cette même porte, au temps de Pâques, pour s'acheminer vers le saint Sépulcre. Agités par l'Esprit dont parle l'apôtre, ces courants humains se précipitent dans des directions différentes, obéissant à la même impulsion.

Un de nos amis, se rendant à Jérusalem, il y a quelques années, par le Jaulân et le Pont des Enfants de Jacob, rencontra une troupe de 50 à 60 pèlerins de la haute Syrie égarés dans les plaines transjordaniennes, sans cartes, sans armes, sans pain. Ces pauvres gens le supplièrent de leur servir de chef et de guide : touché de leur détresse, il abandonna bravement ses chevaux aux traînards épuisés pour marcher à pied à leur tête, les remit dans la bonne route, les aida à repousser les nomades, qui erraient déjà autour de cette maigre proie, et les conduisit sains et saufs au terme du pèlerinage. Telle est l'influence de l'énergie européenne sur ces natures molles et insouciantes, toutes de premier élan et d'imagination, que les Arabes fanatisés ne voulaient plus se séparer de leur sauveur et l'acclamaient pour leur émir.

Nous passons la porte consacrée en plus modeste équipage. Les chrétiens du faubourg, qui viennent puiser l'eau aux fontaines à grilles de fer ouvragé, nous jettent leurs souhaits de bon voyage jusqu'à la ville sainte. Le chemin serpente durant une heure entre les murs des jardins ; à la limite où ils expirent avec le dernier filet d'eau, il se perd brusquement dans une solitude morne et vague, ancien cimetière où des styles déjetés sortent tristement du sable : c'est le désert qui commence. Longtemps les minarets de Damas dressent leurs têtes curieuses au-dessus de la mer de verdure qui les entoure; puis de légères ondulations de terrain ne nous laissent plus apercevoir que la chaîne bleuâtre du Djebel-Haurân.

Les journées de marche sont monotones dans la plaine nue et aride. Ici, comme dans la vie de mer, l'esprit ennuyé donne aux moindres incidents des proportions démesurées et un intérêt tout relatif que comprendraient difficilement ceux qui n'ont pas essayé de cette rude préparation aux petites joies du hasard. La rencontre d'un chacal, d'une bande de gazelles, sont les gros événements de l'étape. Nous mettons deux jours à contourner les âpres contreforts du Djebel-esch-Cheik, le *Vieillard des monts*, nom que les Arabes donnent à l'Hermon. Pas d'horizon, pas un arbre, pas une âme; la lande, puis un pavé de rocher où le soleil réverbéré flambe comme en plein été.

Vers le soir du second jour, le paysage s'humanise et s'étend. Nous descendons par une rampe abrupte, entre des collines boisées de chênes verts et de beaux oliviers, dans un petit village au pied d'un château gothique dont les ruines paraissent considérables; c'est Banias, l'ancienne Césarée de Philippe, à qui les Arabes ont conservé son nom plus antique de *Panéas*, la ville du dieu Pan, adoré dans ce site pittoresque. Un torrent sort en bouillonnant d'une grotte béante à la base d'une gigantesque paroi de rocher, comme le Nahr-Ibrahim à Aphkâ, et se cache humblement sous les platanes et les lauriers; c'est le Jourdain, appelé à de si illustres destinées. Le fleuve sacré se forme de trois sources: le Nahr-Hasbeya, qui descend du village de ce nom, au nord de l'Hermon; le Nahr-Leddan, qui se joint bientôt au Nahr-Hasbani, sorti de la caverne dont je viens de parler; mais quelle est l'étymologie de ce nom de Jourdain? Le cas n'embarrassait guère le bon Joinville, arrivant comme nous « un soir à l'anuitier devant la cité que en appèle Bélinas, et l'appèle l'Escriture ancienne Cézaire Phelippe. En celle cité sourt une fonteinne que l'on appèle Jour, et emmi les plainnes qui sont devant la cité sourt une autre très bele fonteinne qui est appelée Dan. Or est ainsi que quant ces deux ruz de ces deux fonteinnes viennent ensemble, ce appèle l'en le fleuve de Jourdain, là où Dieu fu bauptizié. »

Les eaux se frayent un passage à travers des amas de décombres antiques, des substructions, des colonnes, des cippes et des stèles dédiés au dieu Pan, à ces forces mystérieuses de la nature qui se révélaient aux anciens, ici comme dans le Liban, par ces sources jaillissant d'une muraille de rocher. Le torrent chrétien culbute tout ce vieux monde païen, disparaît profondément sous un admirable fouillis de végétation où l'on entend à peine gronder ses eaux, s'attarde obscurément dans les marécages, où il s'augmente des sources perdues, s'égare un instant dans les lacs, et en ressort grand fleuve sous le ciel : image sensible du culte baptisé dans ses flots.

Nous le traversons sur une chaussée métamorphosée en aqueduc par l'eau accumulée entre les pierres disjointes : nous avons franchi un peu avant un pont antique et les fossés de la citadelle, dont il ne reste que des substructions de beaux blocs taillés en bossage ; les Romains, ces maçons acharnés, ont passé par là. Durant cette impulsion éphémère de luxe et d'élégance italique qu'Hérode et ses fils imprimèrent à l'immobile Judée, Philippe, tétrarque d'Iturée, bâtit à Césarée des temples, des théâtres et des cirques, à l'heure où tout cela allait mourir ; mais que sont ici les souvenirs classiques ? Cette terre est la première pour nous où se soient posés les pieds de Celui qui venait annoncer la bonne nouvelle ; voilà à quoi nous songeons, tout émus, sous notre tente, en écoutant les chacals aboyer lugubrement dans la montagne.

Je suis sorti un instant pour inspecter notre campement ; il présente ce soir un tableau bien pittoresque. Les tentes ont été dressées sur un tertre au bord du torrent, sous de hauts et sombres oliviers ; les deux grandes formes blanches se détachent fantastiquement dans l'ombre. Quand une lumière s'éveille dans l'une d'elles, une lueur pâle filtre doucement à travers la cloison et fait penser aux beaux vers d'Alfred de Vigny :

> L'œuf d'autruche allumé veille paisiblement,
> Des voyageurs voilés intérieure étoile,
> Et jette longuement deux ombres sur la toile.

Dans les premiers arbres, des silhouettes noires et immobiles s'appuient sur de longs fusils : ce sont des sentinelles druses que le cheik nous a envoyées pour veiller cette nuit; la contrée commence à être moins sûre, les Bédouins pillards sont à craindre. Une clairière au centre des oliviers laisse voir le ciel constellé de clartés : c'est novembre, le mois des étoiles filantes; sous ces climats ardents, des myriades de bolides se croisent sans interruption dans l'espace et font ruisseler sur nous une pluie d'étincelles d'or qui s'éteignent à l'aube, comme les lumières d'un temple après la fête.

Ce matin, avant de quitter Banias, nous avons fait l'ascension du château qui domine le village et que les Arabes appellent Kalat-es-Sobaïbeh. Bâtie, ruinée, rebâtie et augmentée tour à tour par les Templiers et les Sarrasins, la citadelle de Banias est peut-être une des plus fortes, des mieux conservées et des plus intéressantes de toutes celles dont les croisades avaient couronné les montagnes de Palestine. Il faut une heure et demie pour gravir des pieds et des mains le rude sentier qui mène au nid d'aigle abandonné. Plus d'une fois, nous hésitons à la peine, et nous nous prenons à rougir de notre mollesse en pensant que des Croisés, des hommes de langue franque et de cœur chrétien, ont enlevé d'assaut à plusieurs reprises ces escarpements. J'ai relu hier soir dans Joinville le récit de l'expédition que saint Louis y envoya de Tyr. La vue des lieux prête une singulière éloquence et une parfaite clarté à la narration du vaillant sénéchal. Plus heureux que les gens d'armes du comte d'Eu, nous gagnons sans encombre les murailles du château, où les chacals tiennent seuls garnison, et nous pénétrons dans l'enceinte par la poterne d'une des tours. L'eau croupit encore dans les vastes citernes abandonnées qui alimentaient la place; les figuiers et les pariétaires s'accrochent aux escaliers disjoints, grimpent sur les plates-formes des tours et regardent curieusement par les créneaux.

Nous nous asseyons sur le pan de mur le plus élevé, où un admirable panorama nous récompense de nos peines. A nos pieds, très-profondément, le Nahr-Banias jaillit du rocher; le fleuve chaste et sacré s'échappe de la grotte dédiée à Pan, où se célébraient les mystères naturalistes du dieu païen, comme en témoignent encore les inscriptions grecques des niches creusées dans le porche. Le torrent, blotti quelque temps sous les roseaux et les sycomores, serpente dans la vallée, qui s'élargit bientôt et forme les marais de l'Ard-el-Huleh. La vaste plaine nue s'étend jusqu'au lac de Huleh, — les eaux de Mérôm de la Bible, — qui la limite à l'horizon. En face de nous, elle se relève au pied d'une chaîne de montagnes qui court vers Saphed : ce sont les monts de Nephtalim, portant Kédès, la ville lévitique. Par delà le lac et ses collines, voici des vapeurs bleues qui montent de la mer de Génésareth, et ces sommets à peine visibles au dernier plan, ce sont déjà les montagnes de Judée. La Terre promise se déroule pour la première fois sous nos yeux dans toute sa majesté.

Saphed, Tibériade, 1er décembre.

Il ne faut pas moins d'une journée pour traverser les maremmes de Huleh et atteindre le lac. En sortant de Banias, on contourne la colline du Juge, Tell-el-Kadi, petit tertre naturel, d'aspect bizarre et artificiel, où s'élevait Dan, la vieille Laesch sidonienne. Le fleuve est encaissé dans une coulée basaltique, toute feuillue de platanes et de lauriers-roses encore en fleur, qui me rappelle vivement les *potami* de la Grèce : il n'y a que de l'eau en plus. On le quitte bientôt pour se rapprocher des montagnes, au pied desquelles on marche plusieurs heures, laissant à gauche les marécages de la plaine. Une erreur de route serait fatale ici ; on disparaîtrait vite dans la tourbe humide.

L'aspect tout nouveau, le caractère de grandeur primitive du paysage, nous reporte aux âges bibliques. On songe involontairement aux scènes patriarcales des premiers jours du monde. Parmi d'immenses champs de cannes et de roseaux, de nombreux troupeaux paissent en liberté ; les buffles, paresseusement vautrés dans la vase, roulent ces gros yeux blancs qui éclairent si singulièrement leurs mufles noirâtres ; les chameaux lèvent leurs grandes têtes dodelinantes entre les herbes. Des milliers d'oiseaux d'eau de toute espèce volent au-dessus d'eux. Çà et là, l'homme apparaît, sauvage et primitif lui-même au delà de toute expression. Ce sont des Bédouins pasteurs, les premiers que nous ayons rencontrés. Les uns, gardant solitairement leurs troupeaux, se dressent dans les roseaux, appuyés sur leurs longues lances, drapés dans une couverture blanche, immobiles et contemplatifs comme de maigres statues de bronze. Ainsi j'ai vu parfois la silhouette d'un uhlan surgir des taillis des Ardennes. Les autres sont assis ou couchés à l'ombre rare de quelques arbustes ; silencieux et farouches, ils nous regardent passer sans donner un signe d'étonnement, bien que cette route soit en dehors de l'itinéraire habituel des voyageurs et que l'Européen y soit encore une rareté. Des yeux de feu, des dents blanches comme l'ivoire, animent seuls ces figures hâves, amaigries par les privations, tannées par le soleil, contractées par les fièvres paludéennes. Ce sont surtout des Turcomans qui parcourent l'Ard-el-Huleh ; leurs misérables tentes, faites de nattes de jonc ou de peaux de chèvres noires tendues sur un pieu, forment de loin en loin dans le marais des hameaux ambulants. On dirait à peine des demeures humaines, si le feu, attribut de l'homme le plus déshérité, ne flambait devant les portes. Quelques-uns cependant poussent une grossière charrue d'une main inexpérimentée; mais la plupart veillent, oisifs, sur les bestiaux disséminés dans la plaine, jouant avec leurs fusils ou leurs lances et regardant le ciel comme les pâtres de l'antique Chaldée. Ils n'ont pas fait un pas en six mille ans, vivent comme ces premiers hommes, meurent comme eux... et comme nous, me dira-t-on. Que faut-il de plus après tout pour en arriver à ce même dénoûment?

Nous campons à Aïn-Mellaâh, au bord d'une large source, où une de ces tribus de Turcomans entrave ses chevaux devant les tentes de nattes, médiocres voisins qui nous forcent à faire bonne garde la nuit. De là, une heureuse inspiration nous pousse à nous détourner vers l'ouest, au lieu de descendre le fleuve jusqu'au lac de Tibériade, et à gravir les montagnes pour aller coucher à Saphed ; la curieuse petite ville est ignorée des voyageurs; aucun ne devrait pourtant l'omettre dans son itinéraire.

Dans le triangle renversé formé par les sommets de deux collines, Saphed surgit tout à coup, fraîche oasis d'oliviers, de figuiers et de vignes, abritant les terrasses de maisons de coquette apparence, le tout enjambant trois monticules et les ravines qui les séparent, et couronné par les ruines d'un vieux château fort. Ce tableau tout fait est majestueusement encadré par les montagnes que nous découvrons derrière au même instant; les lignes des crêtes se coupent et se mêlent comme les hachures mal tracées d'un croquis, en se dégradant à chaque plan par nuances bleues toujours plus douces, depuis l'indigo sombre du Thabor, plus proche de nous, jusqu'à l'azur douteux des dernières montagnes de Samarie. Tout nous est nouveau et surprenant à mesure que nous pénétrons dans la riante petite ville; elle sent, dirait-on, qu'elle doit se faire pardonner son origine obscure (la Bible n'en parle pas) par sa grâce actuelle. Nous arrêtons nos chevaux à une fontaine en pierres blanches, sous de beaux oliviers, en dehors des portes : de jeunes Juives d'une admirable pureté de type viennent y puiser l'eau à la chute du jour, soutenant de leurs bras repliés leurs grandes amphores posées sur la tête, drapées dans leurs voiles antiques, dans l'attitude classique et sculpturale des canéphores. C'est la

Bible apparue toute vivante et éloquente : les mœurs primitives qu'elle raconte n'ont pas changé ; c'est encore à la fontaine qu'on accueille les étrangers, que se racontent les nouvelles et que se font les mariages, comme au temps de Rébecca et d'Éliézer.

Nous nous engageons en suivant le petit ravin dans la ville ; nous arrivons sur la grand'place, où viennent se joindre, descendant au flanc des trois monticules, les trois quartiers des musulmans, des juifs et des Algériens. Une tribu est venue s'établir ici de notre colonie d'Afrique, il y a quelque douze ans, à la suite d'une insurrection. Nos tentes sont dressées là ; par une coupure qui s'infléchit au sud, une large échappée de vue nous permet d'apercevoir un coin de la mer de Génésareth. Le beau lac révéré dort tranquille entre ses bords escarpés, dans une vasque de rochers aux tons d'or bruni ; la nappe bleue enchante le regard, qui finit par s'altérer d'eau comme la gorge dans ces montagnes brûlées de Palestine. Comment faire comprendre à ceux qui n'ont jamais quitté nos pays, gâtés par la verdure, le charme et la bénédiction de l'eau en Orient ?

Assis devant la tente, nous suivons avec un vif intérêt le mouvement de la place, très-considérable pour un petit bourg arabe perdu dans ces déserts, et très-varié par le mélange de la population. Les juifs, bizarres et malpropres dans leurs souquenilles européennes, croisent humblement le Bédouin, aussi misérable et aussi sale, mais qui du moins marche fièrement, la tête haute. Les cheiks algériens, les soldats du *mutésellim* turc, passent au galop sur de beaux chevaux, — et toujours la procession des canéphores aux voiles blancs, qui vont des fontaines aux maisons. Devant les portes, dans de petits fours coniques en terre battue, de un à deux pieds de haut, les ménagères font cuire sous la cendre la galette plate, sans levain, de farine d'orge. C'est le pain rudimentaire qu'on mange ici depuis les patriarches. Abraham recevant les anges disait à Sarah : « Fais cuire des galettes sous la cendre. » Chaque maison est coquettement blottie sous un olivier ou un caroubier planté à l'angle de la terrasse. Elle nous restera comme une des plus agréables surprises de nos voyages, l'apparition de cette ville gracieuse, que le poëte du *Cantique* eût comparée à un chevreau gambadant sur toutes ses collines et dans tous ses ravins.

Nous venons de visiter le quartier juif, où notre curiosité a été éveillée au plus haut degré. Les fils d'Israël accourent se fixer ici en grand nombre pour y attendre le Messie, qui, d'après la tradition talmudique, naîtra à Tibériade et montera établir son trône à Saphed. Ils y sont couverts par la protection de l'Angleterre et dépendent directement du consul britannique à Jérusalem. — Rarement assemblage d'hommes m'a plus frappé. — Imaginez, des deux côtés d'une longue ruelle, des bouges fétides, hantés par mille menus commerces, dans chacun desquels se tient un vieillard digne de poser pour Rembrandt ou une sorcière du sabbat, sans compter les enfants aux longues boucles pendantes; car ce sont là des Juifs du nord de l'Europe, venus un peu de toutes parts, mais surtout de Pologne, de Russie, de Valachie, et qui ont gardé l'étrange et sordide costume que chacun connaît : lévite noire, graisseuse et rapiécée, chapeau conique, casquette de mougik ou, coiffure bien paradoxale sous ce soleil de plomb, l'immense bonnet de fourrure aux ailes débordant la tête. Quelques vieillards à longue barbe blanche ont encore une certaine majesté; d'autres offrent les types les plus appropriés que puisse rêver un pinceau réaliste pour personnifier l'usure et la rapacité : le nez crochu, les deux boucles en tire-bouchons battant sur les tempes, signe distinctif de la secte caraïte, les yeux rouges, éraillés et clignotants, usés par les maladies mosaïques. Sur ces traits communs à tous, la vulgarité des basses classes européennes où ils ont vécu se marie à une expression de terreur constante, trop justifiée par la répulsion dont ils sont l'objet dans tout l'Orient. Rien ne peut rendre cet extérieur de malpropreté résignée et repoussante qui semble vouloir fléchir le mépris. Tacite les voyait déjà ainsi quand il s'étonnait de leurs « mœurs sordides », *Judæorum mos sordidus*.

Presque tous parlent l'allemand. Ils répondent, avec la défiance inhérente à cette race persécutée, aux questions que nous leur faisons dans cette langue. Ils sont là, nous disent-ils, des Juifs de toutes les parties du monde, établis depuis dix, douze, quinze ans sur la terre de leurs pères, pour y mourir en paix.

Le lieu le plus curieux de ce curieux quartier est la synagogue. Je colle mon regard aux vitres huileuses et troubles, et je ne peux le détacher de ce tableau, bien propre à fasciner l'imagination d'un peintre. La salle, carrée et sombre, a pour tout meuble et ornement quelques lampes d'étain suspendues au plafond, des bancs et des pupitres de forme gothique; sur un rayon, des tomes dépareillés de la Bible, du Talmud, de la Mischna. Devant les pupitres, quatre vieillards sont assis : je renonce à décrire ces figures pharisaïques, noyées dans leurs immenses barbes blanches et dans les ailes de bonnets de fourrure larges comme des parasols; courbés sur le texte hébreu, ils épellent avec une modulation gutturale et un balancement de tête rhythmé les versets des prophètes qui leur promettent le rétablissement de Sion.

Ce spectacle est bien fait pour arrêter la méditation. Voilà donc ces hommes dont la vie n'est d'habitude qu'une course effrénée vers le lucre;

ils ont quitté des commerces florissants peut-être dans des pays où ils étaient libres et protégés, pour venir dans cette pauvre bourgade sans trafic, sans argent, livrés aux insultes égales des chrétiens et des musulmans, qui les traitent avec plus de mépris que les chiens du bazar; ils y endurent sans se plaindre les outrages, la misère, les maladies du climat, pour avoir le droit de pleurer en secret dans le royaume de David, d'y attendre celui qu'ils espèrent, et, s'il ne vient pas, de laisser leurs dépouilles dans la terre d'Abraham. Race étrange et vraiment mystérieuse, ce peuple qui attend, qui se passe de génération en génération son indestructible espérance, comme le flambeau du poëte latin! Patients, parce qu'ils durent depuis quatre mille ans, ces pauvres honnis sourient à on ne sait quelle lumière incertaine, qui recule sans cesse devant leurs yeux; immobiles et préservés, ils ne se mêlent pas aux peuples qui passent et restent au milieu d'eux pour subir l'outrage de tous, comme ces oiseaux de nuit rencontrés de jour que poursuivent tous les oiseaux du ciel; seulement les plus malheureux viennent mourir sous la botte du Turc, près des cercueils de leurs pères. Ému de compassion à la vue de tant de misère et de foi, on est tenté de crier à ces aveugles, qui interrogent les montagnes de Galilée, leur demandant celui qui est venu il y a dix-huit siècles, les paroles de l'ange aux disciples : « Galiléens, qu'attendez-vous à regarder ainsi le ciel[1] ? »

Nous sommes descendus de Saphed au bord du lac par une succession de plateaux sans intérêt. Vue d'en bas, la jolie ville pyramide sur la hauteur avec je ne sais quelle grâce altière et aérienne qui a conduit tout naturellement les rabbins de Tibériade à l'identifier avec la nouvelle Sion, la cité céleste promise par le Voyant, qui brillera sur la montagne à la fin des jours. Sur les pentes que nous laissons à notre gauche, de nombreuses ouvertures, anciennes caves sépulcrales, trouent le rocher; c'étaient les tombeaux déserts où habitaient les « possédés » de l'Évangile : aujourd'hui les bandes de pillards qui désolent la plaine s'y réfugient quand l'autorité turque, bien nominale dans ces contrées, tente une démonstration quelconque pour nettoyer le pays.

Nous rejoignons le lac au hameau d'El-Mejdel, l'ancienne Magdala, la patrie de Marie la Repentie. Nous côtoyons pendant une heure la grève caillouteuse, calme et triste entre ses falaises de rochers

[1] Faut-il ajouter que ces peintures et ces réflexions, inspirées à tous les voyageurs par la singularité des Juifs de Palestine, ne peuvent toucher en rien les nombreux Israélites qui se sont fait par leur industrie, leur intelligence et leur patriotisme une place honorable dans nos sociétés européennes? La plupart d'entre eux seraient les premiers à s'attrister de la déchéance morale et matérielle dans laquelle semblent se complaire leurs coreligionnaires de Syrie, et à plaindre une caste qui s'est volontairement séparée du reste de l'humanité.

sans végétation; au tournant d'un promontoire apparaît l'enceinte de murailles, flanquée de grosses tours, ponctuée par des minarets et des stipes de palmiers, où Cheik-Daher enferma au siècle dernier la petite ville de Tabarieh, corruption arabe du nom de *Tibériade*. C'était un terrible homme que ce Daher. Issu de la puissante tribu des Beni-Ziadneh, il s'était allié aux Druses de la Montagne, et avait pris à sa solde des aventuriers de toute race, Égyptiens, Arnautes, Grecs renégats. A la tête de ces forces, il se tailla un petit royaume qui s'étendait d'Acre à Tibériade, et le maintint durant un demi-siècle, avec des alternatives diverses, contre les lieutenants de la Porte. A quatre-vingt-dix ans, il combattait encore à la tête des cavaliers druses. Enfin, traqué par les mameluks, abandonné et vendu aux Turcs par ses fils, ce roi Lear du désert tomba dans une embuscade de son rival, Djezzâr-Pacha : celui-ci, pour justifier le surnom de Boucher qu'il avait mérité, trancha la tête du vieux rebelle et la fit saler pour l'envoyer à Constantinople.

Le tremblement de terre de 1837 n'a laissé debout à Tibériade que quelques masures où des Juifs attendent le Messie dans des cloaques peu faits pour l'attirer. Des chrétiens grecs et une douzaine de Latins y ont une petite église desservie par un franciscain de la mission de Nazareth. Tout cela est bien peu de chose, et pourtant l'effet général de la ville et des murs, venant mourir dans les vagues de cette belle mer de Génésareth, rayonnante de lumière, solitaire et silencieuse dans sa ceinture de montagnes, est ravissant.

Ce tiède bassin, ces vallées fertiles, abritées de toutes parts, maintenues par la masse d'eau à une température égale, devraient être le jardin de la Syrie. De beaux palmiers égayent par endroits les misérables rues de la bourgade, et nous voyons dans l'enclos du moine italien des bananiers chargés de fruits : le moindre effort serait ici récompensé par tous les trésors d'une terre impatiente de produire; mais nul ne s'inquiète de le tenter. Dans la ville, aucune apparence de commerce, même le plus élémentaire, en dehors des denrées premières. C'est le caractère original et surprenant pour l'Européen de toutes les agglomérations de Palestine : chacun n'y est occupé que du développement de la vie religieuse sous la forme avec laquelle il la conçoit. Longtemps les Juifs ont eu ici une école, célèbre dans tout le moyen âge, qui avait succédé directement à l'autorité du sanhédrin après la ruine de Jérusalem : la synagogue de Tibériade était la Sorbonne du monde israélite, gardienne du dépôt des traditions, interprète officielle du Talmud : dans tous les *ghettos* d'Occident, on recevait avec respect les commentaires et les décrets émanés de ces docteurs illustres, Judas Hakkodech, Akiba et leurs successeurs. Les pauvres rabbins à calottes de fourrure que nous rencontrons n'ont conservé qu'un souvenir lointain de cette forte érudition, de cette dernière activité doctrinale du Vieux Testament.

Nous allons visiter le *padre* qui garde la chapelle bâtie sur l'emplacement de la pêche miraculeuse, à ce qu'il affirme. Il nous raconte, à l'appui des récits évangéliques, que ce bassin, si calme d'appaparence, est bouleversé durant la mauvaise saison par des tempêtes d'une violence incroyable. Le soir, le clapotis de la lame est encore assez fort pour bercer notre sommeil de sa voix sacrée, au fond de nos tentes dressées sur la grève, en dehors des murailles.

Deux barques exploitent seules aujourd'hui ce lac si poissonneux; les successeurs de Pierre et d'André les poussent à l'eau demi-nus, comme c'était l'usage des pêcheurs d'après l'Évangile : *præcinxit se quia erat nudus*. Nous en avons affrété une pour aller à la recherche de Capharnaüm. J'aurais voulu faire le tour entier du lac, qui mesure en chiffres ronds 20 kilomètres de long sur 10 de large; mais il faudrait trois ou quatre jours pour en venir à bout avec les moyens nautiques désespérants dont nous sommes en possession. Nous nous abritons tant bien que mal à l'arrière de la lourde barque, sous un soleil de plomb, sans un souffle d'air pour soulever la voile : à l'avant, deux Arabes battent l'eau nonchalamment avec deux rames informes, en rhythmant leurs mouvements sur ce chant traînant et cadencé dont tous les Orientaux s'accompagnent dans les travaux pénibles : aujourd'hui encore le manœuvre syrien et le fellah d'Égypte soulèvent les pierres avec la même gamme plaintive qui encourageait les captifs de Babylone où de Memphis bâtissant les tours et les pyramides.

Nous mettons plusieurs mortelles heures pour remonter au nord jusqu'à l'endroit où le Jourdain tombe dans la mer de Galilée en tournant une large barre, formée par les atterrissements de sable. De là nous rangeons la rive nord-ouest en revenant vers El-Mejdel. Les gens du pays montrent à Tell-Houm l'emplacement de Capharnaüm ; ainsi le veut la tradition. La critique ne se rend pas aussi facilement à cette attribution : pour les uns, la ville où habita Jésus devrait être placée un peu plus loin, à Aïn-Tabiga ; — pour d'autres, plus loin encore, à Aïn-et-Tin ; Tell-Houm serait cette Chorozaïn contre laquelle le Sauveur lançait l'anathème. L'aspect uniforme des monticules qui circonscrivent au nord le bassin du lac, et l'absence de données plus précises que les vagues indications des évangélistes, rendent ces conjectures bien hasardeuses.

Peu m'importe d'ailleurs, je l'avoue, l'identification de la demeure de Jésus avec telle ou telle colline qui n'en garde plus de trace ; ce qu'il faut se dire, c'est qu'il a foulé tous ces lieux, qu'il a prêché sur toutes ces montagnes la parole nouvelle, que toute cette vallée élue a été le sillon où ont germé ces semences de vie. Chacun de ces champs, de ces flots, de ces ravins, a inspiré une de ces populaires homélies où la doctrine de charité qui n'était encore qu'un thème de philosophie pharisienne, la consolation de quelques docteurs du sanhédrin comme Hillel, de quelques rêveurs esséniens, s'est faite pratique et accessible aux humbles, est devenue l'espoir et la récompense des sueurs secrètes du pauvre, de ses pleurs ignorés. C'est sur une de ces pierres, et cela seul suffirait à les faire à jamais bénies, qu'un disciple bien inspiré a recueilli l'audacieuse et adorable parole : « Heureux ceux qui pleurent ! » Trésor que depuis chacun garde dans la vieille Bible, dont on relit le même passage au courant des douleurs espacées dans la vie ; oubliée aux jours heureux, rouverte aux jours d'angoisse, on y retrouve le verset mouillé plus d'une fois, jalon des misères passées, consolateur immuable de souffrances qui changent, survivant seul aux chimères et aux déceptions qui les ont produites, remède d'une même et éternelle vertu pour guérir des peines diverses et éphémères.

Si vraiment Tell-Houm est l'emplacement où s'éleva Capharnaüm, « la ville exaltée jusqu'au ciel », quel contraste aujourd'hui ! Sur la grève déserte, parmi les roseaux, une douzaine de tentes noires, habitées par des Bédouins fellahins, rampent à demi enfouies sous le fumier des troupeaux. Ces nomades, les plus misérables que nous ayons vus, viennent nous contempler de la plage en nous assourdissant de l'éternel refrain de la mendicité orientale, *bakchich, bakchich!* Les enfants sont nus comme la main, les femmes à peine vêtues de haillons innomés, les hommes assis autour d'une longue lance fichée en terre devant la tente du cheik; tous portent les stigmates dégoûtants de la malpropreté, de la misère volontaire et de l'abrutissement. — *Væ tibi, Chorozaïn!*

Sur ces rives hantées par des pâtres et des bandits, une civilisation florissante a brillé un instant. Une couronne de cités riches et élégantes se mirait dans les flots de cette mer que sillonnaient leurs embarcations : Capharnaüm, Bethsaïda, Chorozaïn, Magdala, Tibérias, et, plus au sud, Gadara, Hippos, Tarichée, Emmaüs, renommée pour ses eaux sulfureuses, où de beaux bains arabes s'élèvent encore sur l'emplacement des thermes d'Hérode, à deux portées de fusil de notre campement : villes de science et de plaisir, vivifiées par l'esprit juif, embellies par le goût romain. La féconde vallée livrait à la culture ses richesses tropicales, une population nombreuse l'habitait. C'était l'heure où la Galilée, séjour préféré des Hérodes, éclipsait presque la fortune de Jérusalem; mais voici qu'un jour la malédiction irritée tombe sur cette Décapole, sourde à la parole de salut; aussitôt la guerre civile et étrangère, la dévastation, le pillage, tous les fléaux se déchainent sur elle, détruisant jusqu'au souvenir de ses splendeurs. La terre maudite refuse désormais de porter des cités et des fruits; le silence et la solitude se sont faits pour les siècles sur la mer de Génésareth; aucun bruit humain ne saurait plus les troubler, rien n'y viendra distraire la méditation du passant, hormis le grondement de la houle aux jours d'orage, demeuré comme un écho de l'anathème. — *Væ tibi, Bethsaïda!*

Nazareth, le Carmel, Esdrelon, 1er-5 décembre.

Nous disons adieu pour quelque temps au Jourdain, que nous retrouverons à son embouchure dans la mer Morte, et nous prenons notre route à l'ouest pour gagner Nazareth, le Carmel et la mer. On s'élève par des plataux superposés au-dessus du lac; le dernier, celui de Kouroun-Hattin, est le champ de bataille où Saladin remporta sur l'armée chrétienne, commandée par Guy de Lusignan, en 1187, la victoire décisive qui mit entre ses mains Jérusalem et toute la Palestine.

Peu après, d'El-Lubbieh, vieux khan en ruine et de fort grand air néanmoins, bâti au seizième siècle pour abriter les marchands qui venaient d'Égypte à Damas, on gagne le pied du Thabor, qui surgit au-dessus de la plaine d'Esdrelon comme un gigantesque autel. Un chemin en lacets, pavé de grandes dalles qui trahissent le ciseau romain, conduit en une heure sur la plate-forme, partagée entre les couvents des deux familles chrétiennes, grecque et latine. Du Thabor, en pressant le pas des chevaux à travers des ondulations de terrain boisées et presque riantes, comparées aux massifs de la Galilée septentrionale, on peut arriver le soir même à Nazareth. Les premières maisons apparaissent dans un pli de terrain, appendues au flanc de leur colline comme des grappes de saxifrage. Je remarque de nouveau ce curieux effet d'optique des villes arabes, dont les terrasses et les murs gris se confondent si bien avec la couleur naturelle du sol qu'on en approche souvent sans les voir. — Nazareth est cependant la bourgade la plus propre et la mieux bâtie que nous ayons rencontrée. Les établissements religieux européens lui donnent une physionomie aisée et considérable.

Nous campons à l'entrée de la ville, sous les oliviers, près de la fontaine. Après la visite des sanctuaires consacrés par de pieuses légendes, c'est à cette fontaine en pierres sèches, où les femmes viennent puiser l'eau, que je vais m'asseoir de préférence. Ici, comme partout en Palestine, c'est dans la physionomie générale des lieux, dans les immuables coutumes locales qu'il faut rechercher les linéaments propres à reconstituer et à faire mieux comprendre le cadre du récit évangélique. Les sources ne changent pas de place, et avec elles les traditions ne risquent pas de s'égarer. Leur rareté, leur importance capitale dans les habitudes de l'Orient, en font les témoins naturels de tous les événements marquants dans la vie de la cité. Lisez la Bible d'un bout à l'autre : tous les établissements primitifs, toutes les scènes patriarcales, viennent se grouper autour d'un puits ou d'une fontaine dont on suit parfois l'histoire à travers les siècles, et qui est aujourd'hui encore le rendez-vous du village arabe, le seul lien assez fort pour rattacher des agglomérations toujours éphémères en dehors de lui : le moindre filet d'eau est un patrimoine que se transmettent précieusement les races et les générations successives, et en même temps le seul dépositaire certain de leurs archives élémentaires. Ici, sans aucun doute, Marie venait chaque matin, une jarre gracieusement posée sur la tête, comme ces belles jeunes filles qui passent devant moi; elle portait leur costume, la longue chemise blanche ouverte sur la poitrine, parlait une langue voisine de la leur et avait les traits de quelqu'une d'entre elles. Ainsi, à regarder le sol où elles sont nées, les touchantes histoires enseignées à notre enfance ressuscitent dans toute leur vigoureuse réalité.

Le lendemain de notre arrivée, nous sommes invités à un déjeuner arabe chez le cheik Abou-Ahmed-Safedi. Ce musulman a escorté M. de Saulcy dans ses voyages, et l'a sauvé un jour dans une attaque de Bédouins. Pour reconnaître ce service, le savant archéologue a fait obtenir à son protégé la croix de la Légion d'honneur; aussi Abou-Ahmed affiche-t-il des sentiments très-français, et se fait-il un devoir d'offrir sa cordiale hospitalité à tous ceux de nos compatriotes qui passent à Nazareth. Il nous sert le classique repas arabe : une multitude de petits plats, de hachis, de légumes, de pâtisseries surtout, se pressent sur une table basse autour d'un colossal *pilaf*, montagne de riz et de mouton bouilli; assis sur ses talons, l'invité, tout en déchiquetant sa galette de seigle, plonge ses doigts à sa fantaisie tantôt dans l'un, tantôt dans l'autre des plats posés devant lui. Parfois le cheik pousse l'amabilité jusqu'à pétrir de sa main une boulette de riz, de viande et de sauce de la grosseur d'un œuf, qu'il vous introduit délicatement dans la bouche; c'est la grande politesse orientale, qu'il serait du dernier goût de refuser. Bah! on passe sur tout cela par amour de la couleur locale.

Le vieil Arabe est accroupi tout le jour sur une natte, dans l'angle d'une salle nue où pendent ses armes; il fume des cigarettes en faisant mijoter sur un *brasero* d'innombrables tasses de café relevé de cumin et d'herbes odoriférantes. Voilà sa vie. Les visites d'ailleurs se succèdent sans interruption, c'est-à-dire qu'un habitant de la ville ou un Bédouin du désert entre, salue le maître de la maison, s'accroupit, allume sa pipe ou sa cigarette, et sort après une demi-heure sans avoir prononcé plus de vingt paroles. Je ne peux m'empêcher d'admirer une fois de plus la décence et l'urbanité de ces réunions. Ces gens-là sont après tout des villageois de petite condition ; quelle différence dans la gravité de leur parole et la noblesse de leur attitude avec la turbulence et le sans gêne de nos populations !

Les deux jours que nous avons passés à Nazareth coïncident avec les fêtes du *baïram*. Cette bonne fortune nous vaut un spectacle pittoresque ; dans l'après-midi, les jeunes gens de la ville se réunissent pour courir le *djérid*. Ce plaisir viril, d'où nous sont venus nos tournois au moyen âge, offre un bien autre intérêt que nos courses de chevaux. Le champ clos est la place pierreuse et poussiéreuse, enceinte de haies de nopals, qui s'étend devant nos tentes. Les jouteurs, revêtus de leurs plus riches costumes, se divisent en deux camps et lancent les uns contre les autres, pour se défier, leurs montures aux flancs ensanglantés par le large et tranchant étrier de fer. Bientôt les cavaliers excités, penchés sur leurs bêtes affolées, se mêlent, se heurtent, cherchent à s'atteindre au moyen de lourds javelots de bois qui se croisent dans l'air, vont frapper dans le dos les fuyards, ou sont saisis au vol par les adroits combattants, aux applaudissements bruyants de la galerie. Un nuage de poussière tourbillonne sous les sabots des chevaux et fait pailleter dans la verdure jaunâtre des figuiers de Barbarie les vestes brodées d'or, les *mach'las* rayés de noir et de blanc, les *kouffiehs* éclatantes et les hautes bottes rouges des coureurs. Une grande affluence de spectateurs se presse autour du petit cirque et complète le tableau. Les femmes disparaissent sous de longs voiles blancs, retombant sur des jupes roses, violettes; bon nombre d'enfants sont des pieds à la tête orange ou vert-pomme. Quand, au coucher du soleil, toute cette foule bigarrée s'écoule par le chemin trop étroit, comme un fleuve qui a rompu ses digues, elle donne à l'œil ébloui la sensation d'une boîte à couleurs renversée dans l'atelier d'un peintre. Tout se disperse en quelques secondes; les femmes attardées à la fontaine restent seules à l'entrée de la ville, se disputant avec force cris la source avare; puis la nuit tombe, tout se tait, et nous n'apercevons plus, à travers le feuillage grêle et délicat des oliviers qui nous abritent, que les écharpes rouges oubliées par le crépuscule dans le ciel, par-dessus les collines qui restreignent le calme horizon de la petite vallée.

On sort de Nazareth par l'étroite crête de la montagne d'où les compatriotes de Jésus voulurent le précipiter; des pentes boisées de chênes verts, d'où l'on commence à voir la mer, conduisent dans les vallées latérales qui prolongent la plaine d'Esdrelon du côté du nord. Elles sont arrosées par le Kison, rivière respectable, pouvue d'eau, que nous passons à gué pour gagner le pied des montagnes du Carmel jusqu'à Caïpha, l'antique Sycaminum des Phéniciens. La ville est insignifiante et a l'aspect de tout petit port du Levant; mais la végétation tropicale qui l'entoure nous charme par sa nouveauté. C'est le point de la côte où les palmiers commencent à se hasarder en nombre pour descendre en augmentant toujours jusqu'aux forêts de Gaza. Tout le long de la plage, les beaux arbres dressent leurs stipes élancés, sur lesquels le vent de la mer fouette bruyamment les bouquets de palmes; des figuiers, encore parés de leurs feuilles sous ce doux climat, des orangers, des nopals, se pressent à leurs pieds; les pépinières de grenadiers qui mêlent leurs têtes jaunes aux blanches forêts d'oliviers donnent çà et là à la campagne l'apparence d'un échiquier d'or et d'argent. En face de Caïpha, de l'autre côté du golfe qui échancre profondément les terres, Saint-Jean-d'Acre sort de l'eau comme une tache brillante, tout rempli des souvenirs de l'héroïsme français, de saint Louis à Bonaparte.

C'est avec ce dernier boulevard de la chrétienté, abandonné par elle et investi par les mameluks de Malek-el-Aschraf, que s'effondra sans retour le royaume latin de Jérusalem le 18 mai 1291. On peut lire dans la relation, récemment publiée, de maître Thadée de Naples (*Planctus pro civitate Acconensi*), le récit des prouesses qui illustrèrent le dénoûment suprême de la lutte engagée depuis deux siècles entre les deux mondes d'Orient et d'Occident : la vaillance des Templiers, le martyre héroïque du patriarche de Jérusalem, la sublime folie de ces deux cents prêtres qui marchèrent sans armes aux Sarrasins et se firent massacrer en chantant des cantiques. On surprend, dans des lamentations du chroniqueur contemporain, l'écho du cri d'effroi et de douleur qu'arracha au monde religieux cet irréparable désastre. Dévouements stériles! la fièvre d'accès qui depuis deux siècles s'était emparée de l'Europe, la jetant à époques fixes sur les plages de Syrie, venait de s'éteindre ; durant deux cents ans, ce coin de Terre Sainte avait fourni un aliment à toutes les ambitions, un idéal à toutes les gloires, un refuge à tous les quêteurs d'aventures, aux romanesques, aux désespérés, un lit à ce courant de vagues inquiétudes qui pousse les audacieux de chaque siècle dans une direction déterminée, répondant à un besoin commun de hasards et d'extraordinaire, et s'appelant tour à tour Croisade, Nouveau Monde, Réforme, Révolution. Les vaillants y venaient chercher la gloire, les princes sans terre des principautés et des fiefs, les prélats des évêchés, les mystiques le martyre, les meurtris de la vie, les victimes de son éternel mensonge, moins bruyants, mais aussi nombreux peut-être alors qu'aujourd'hui, l'oubli et la mort. Enfin l'effort s'usa de lui-même : l'Europe, toute à sa laborieuse constitution intérieure, se désintéressa de la sainte entreprise, comme ces marchands pisans ou vénitiens auxquels maître Thadée reproche avec amertume d'avoir abandonné la ville menacée, «plus soucieux du lucre et des biens terrestres que des célestes ». Quand le châtelain de Coucy, venu en Palestine pour mériter un nom glorieux, l'amour de sa dame et le paradis, se sentit blessé à mort sous les murs de Saint-Jean-d'Acre, il recommanda que son cœur fût envoyé à Gabrielle de Vergy, dame de Fayel; celle-ci reçut le message dans un festin offert par son nouvel amant. — Comme le sire de Coucy, le génie des croisades, expirant sous les murs d'Acre, jeta vainement son cri d'agonie : il ne fut pas entendu d'un monde épris déjà d'une autre chimère.

Un chemin taillé en corniche au-dessus de la mer, dans la roche calcaire blanchâtre et friable dont sont formées toutes ces montagnes, nous conduit en une demi-heure sur la pointe du promontoire où est bâti le couvent du Carmel, gros cube de maçonnerie solide et ramassé sous le dôme de son église, aux façons de château fort avec ses mâchicoulis saillants, ses petites fenêtres grillées de barreaux de fer. Les Carmes déchaux qui l'habitent sont tous Italiens : le supérieur nous reçoit avec une cordialité parfaite et nous offre un gîte. — Le couvent est adossé aux dernières pentes du Carmel, sur un roc élevé de plusieurs centaines de pieds au-dessus de l'abîme. A droite, la vue s'étend sur le golfe, animé par les deux villes opposées de Caïpha et de Saint-Jean-d'Acre, sur les montagnes de Nazareth à Tyr; à l'arrière-plan, les sommets chauves et dorés de l'Hermon et de l'Anti-Liban dominent la scène. — A nos pieds, devant nous, à notre gauche, la pleine mer.

Avec quelle majesté le soleil s'est couché sur ce site merveilleux! Au moment où il descend dans les flots, tous les détails de ce panorama, ville, golfe, mer, cimes dénudées, se colorent de teintes roses et vermeilles; puis, à l'instant précis où l'astre a disparu, pendant le court crépuscule de ces contrées, les hautes crêtes se noient dans un gris doux, tandis que les villes, les brèches calcaires de la montagne, les échancrures de la côte, reprennent pour quelques minutes leur couleur blanche sur le bleu de la nappe d'eau. Après l'heure rose, l'heure blanche.

La nuit se fait, solennelle et imposante, sur la montagne biblique. Dans le cloître, le bruit des vagues monte jusqu'à nous. Entendu à ces hauteurs, il produit un effet singulier. C'est une basse continue, sourde et frémissante, comme la chute d'une cascade lointaine, comme le fracas de milliers de chars passant à distance. Le vent, qui ne cesse jamais de battre ces rochers, qu'il souffle de la terre ou du large, mêle sa note à celle des flots. L'air et les eaux parlent seuls là où les prophètes se sont tus : ces deux grandes voix de Dieu sont plus mystérieuses et plus vénérables encore que les oracles d'Élisée. Nous les écoutons longtemps dans une extase recueillie, appuyés aux grilles de la fenêtre, regardant devant nous cette sombre et sonore immensité ; l'infini vu à travers des barreaux de prison, n'est-ce pas l'acte de toute notre vie ?

Partis ce matin au petit jour du Carmel, nous avons marché jusqu'à la nuit pour traverser la longue et monotone plaine d'Esdrelon. Au printemps, nous dit-on, elle se couvre d'un tapis de verdure et retrouve sa grâce sous la parure des fleurs sauvages, les cyclamens, les lis, les jacinthes et les saponaires ; mais à cette époque, « la fleur du Carmel est desséchée », rien ne vient distraire ou reposer l'œil dans cette vaste étendue de champs pelés aux teintes ocreuses, où se meurent les tiges roussâtres des chardons. Quelques Bédouins, agriculteurs ou pasteurs, suivant la saison, cultivent la plaine par endroits et y font pousser un peu de sésame. La maigre récolte est portée à Caïpha par de longues files de chameaux, « animaux difformes, gibbeux et onérifères », au dire du bon frère Faber.

La rencontre de ces caravanes est aujourd'hui le eul incident de notre route. Je ne sais rien de gauche comme les silhouettes de ces grandes bêtes, vues de profil sur les lointains de l'horizon : on dirait les arches d'un pont ambulant. Ils se suivent sur une seule file, par troupes de quinze, vingt ou trente, séparés par des intervalles égaux, reliés les uns aux autres par une corde qui étreint leur mufle et agitant une clochette ; un petit âne les conduit, très-important et très-affairé. Le chameau de Syrie n'a pas la haute taille, les formes étoffées, le poil fourni, tirant sur le brun noir, de celui d'Asie Mineure : il est généralement étriqué, pelé, calleux, d'un roux blanchâtre; mais gardons-nous de le mépriser : c'est le philosophe des animaux. On le croit inepte, il n'est que résigné. Il a reconnu l'inutilité des révoltes ; soumis à sa rude condition, il dédaigne les emportements stupides du cheval, l'entêtement stérile de l'âne. Il marche insouciamment, tirant sa grande langue, imprimant ses sabots dans le sable de la plaine ou les dalles friables de la montagne, reflétant dans son œil doux et contemplatif l'éternelle uniformité du désert. Il sait l'inanité des désespoirs et des colères contre la fatalité, qui est la plus forte; il la porte avec patience et courage, économisant ainsi des coups et des fatigues de surcroît. Cette acceptation méprisante de la destinée contre laquelle on ne peut rien n'est-elle pas une leçon de philosophie pratique qu'il nous donne à tous?

Les Chameliers.

Le chemin serre de près la chaîne qui rattache le Carmel aux monts de Samarie, belles masses de rochers, bien découpées, séparées par des ravins profonds et sombres, revêtues de robustes forêts de chênes aux aspects alpestres : les aigles y planent en grand nombre, les ours et les sangliers habitent leurs retraites comme au temps d'Élie et d'Élisée.

Singulières figures, celles de ces farouches prophètes, habitants des sommets et des cavernes, d'où ils sortaient inopinément pour aller tancer au fond de leurs palais les rois prévaricateurs ! L'histoire ne nous offre rien de comparable à ce pouvoir de l'éloquence et de l'austérité, qui représentait seul, dans l'absolutisme de l'État hébreu, ce que nous appellerions aujourd'hui le contrôle. Luttant sans relâche pour le maintien de leur influence religieuse et politique contre les compétiteurs qui cherchaient à se substituer à eux, ils étaient sans pitié dans la victoire : le plus fort et le mieux écouté n'avait pas de cesse qu'il n'eût fait massacrer les prophètes rivaux. Aux grandes époques du prophétisme, comme sous Élie et son successeur, ils font et défont les rois, guident les armées, traitent avec l'étranger, jettent des victimes au peuple, ordonnent toutes choses dans l'État, sans jamais essayer de détourner à leur profit l'apparence du pouvoir, dont ils ont la réalité ; puis, leur tâche finie, ils disparaissent soudain, comme ils sont apparus, dans un antre de la montagne, où le peuple enthousiaste cherche vainement leur trace perdue. Une tradition affaiblie de leur audace semble être restée à ces derviches musulmans qui sortaient parfois de leurs *tékés* pour réprimander durement les plus redoutés vizirs et même les califes tout-puissants.

Nous dépassons le champ de bataille historique de Mageddo, où Israël fut écrasé par les masses égyptiennes jetées sur l'Asie par Néchao. La plaine se rétrécit : à notre gauche s'effacent successivement les sommets du Thabor, du Petit-Hermon, de Gelboë et de Galaad, où les jeunes Juives pleuraient la virginité de la fille de Jephté.

Encore une vivante silhouette de Bédouin, cet aventurier que les hasards de la guerre firent juge en Israël. Fils naturel d'une courtisane, repoussé par ses frères de la maison paternelle, il avait été chercher fortune au bout de sa lance dans la Transjordanienne. Vaillant et audacieux, il réunit autour de lui un noyau de nomades et de bandits, *viri inopes et latrocinantes,* qui l'élurent pour chef. Une guerre ayant éclaté entre la tribu de Galaad et les Ammonites, ceux qui l'avaient chassé jadis vinrent le chercher pour son renom de bravoure et tentèrent de l'engager à leur solde. Le cheik posa ses conditions comme un *condottiere* milanais du seizième siècle : il demanda le principat, se le fit décerner et l'affermit par la victoire. Imbu des superstitions étrangères au milieu desquelles s'était écoulée sa jeunesse, il se souvint un jour de bataille des sacrifices de Moloch, et fit un vœu contre nature qui lui coûta son unique enfant. Ainsi le chapitre des Juges, commencé comme une légende guerrière d'Antar, s'achève par la plus touchante des élégies.

Que d'autres noms fameux, que de souvenirs disparates se heurtênt dans cette plaine d'Esdrelon, comme ont fait les armées qui de tout temps l'ont choisie pour champ de bataille : Saül et David, Jézabel et Naboth, le Pharaon de Mageddo, le Christ et ses disciples, Guy de Lusignan et Saladin, enfin Junot, Kléber et Bonaparte ! Que de siècles, de bruit et de sang pour laisser tant de solitude et de silence dans ce vaste désert grisâtre ! A défaut de figures vivantes, ce sont ces figures mortes qui surgissent devant les yeux et viennent rompre l'ennui d'une pénible traite : neuf heures de cheval. Nous saluons avec joie nos tentes, qui nous attendent au village sans intérêt de Djénin. Elles sont dressées à l'entrée du cimetière et de loin se confondent avec les tombes, blanches comme elles sous leur enduit de chaux ; seulement les unes sont là pour une nuit de douze heures et les autres pour la nuit éternelle.

Naplouse, 8 décembre.

La plaine d'Esdrelon marque les limites de la Galilée ; de Djénin à Samarie, où une douzaine de cabanes en pierres sèches et les ruines d'une belle église romane gardent seules le souvenir de la capitale d'Israël, nous cheminons dans des montagnes solitaires ; n'étaient les plantations d'oliviers, rien n'en viendrait sauver la nudité.

Il n'est que la misère pour donner du prix aux pauvres choses : cet arbre au feuillage glauque et terne, qui ennuie et attriste dans nos pays accoutumés aux profusions de la verdure, devient ici, en l'absence d'autre végétation rivale, une gaieté et une parure inappréciables. Nous sommes en décembre, c'est le mois de la récolte ; des enfants aux trois quarts nus, perchés sur les branches, font pleuvoir les olives dans les couffes de paille que des femmes, droites et cambrées dans leurs chemises de cotonnade bleue, leur tendent avec des poses d'une noblesse incomparable. L'âme, qui vague en quête de pensées dans cet horizon vide, se reporte naturellement aux souvenirs du pays, aux scènes familières de la *cueillette* dans les champs aimés de la Provence ; elle se prend à rêver de trouver le soir à l'étape le *calendau*, la bûche de Noël, emplissant de sa flambée superbe l'âtre et la grand'salle où le nougat affriolant attend les ramasseuses revenues des pressoirs.

Une descente nous conduit, par une brusque transition, dans la vallée étroite et ombreuse, toute plantée de beaux arbres et de vergers, égayée par les fraîches chansons d'un ruisseau, qui aboutit à Naplouse, entre les contre-forts des monts Ebal et Garizim. Nous campons dans un jardin, sous un dais de vénérables oliviers, sans apercevoir la ville, située en contre-haut dans les arbres, à l'étranglement du col que forment en se rejoignant les pentes des deux montagnes.

Il y a quatre mille ans, un vieux pâtre de Mésopotamie, poussé par la parole de Jéhovah, est venu planter sa tente de peaux de chèvre au même endroit, à cette place peut-être où s'élèvent les nôtres. Comme tout le reste, les lieux de campement sont fixés par une tradition immuable et fidèle en Orient. Aucune considération, aucune menace, ne pourraient empêcher nos moukres de dresser les tentes là où ils l'ont toujours fait, là où leurs pères leur ont appris à le faire. Chaque fois que nous avons voulu manifester notre préférence en faveur de tel ou tel site, ils nous ont toujours répondu d'un air étonné par cet argument sans réplique : « C'est l'endroit où l'on campe. » — Donc, ici ou près d'ici, sous les térébinthes de Sichem, dans le « Vallon illustre » (*Gen.*, XII, 6), le patriarche, arrivant un soir comme nous, prit possession de la contrée de Chanaan, et entendit la promesse céleste qui l'assignait à sa postérité plus nombreuse que le sable de la mer. Quelle terre pourrait produire de semblables titres de noblesse? Comme on se sent débile et chétif en face de pareils abîmes de temps et de pareils souvenirs !

Avant d'entrer dans la ville, nous sommes montés sur le faîte du Garizim, couvert de curieuses ruines. M. de Saulcy, toujours porté aux attributions reculées et merveilleuses, a voulu y voir les restes du temple bâti par Sanaballète au retour de la captivité ; cette hypothèse semble bien hasardée.

Nous redescendons dans le col où s'abrite Naplouse, et nous entrons par une massive porte voûtée dans la ville, assez considérable pour la Palestine, d'environ 8,000 âmes. De grandes et hautes maisons à plusieurs étages se serrent les unes contre les autres et surplombent les deux ou trois principales rues ; les autres sont un dédale obscur et inextricable, disparaissant sous des voûtes sombres, surbaissées, voies souterraines d'aspect fort original. C'est en nous glissant dans ces couloirs ténébreux que nous arrivons à la synagogue samaritaine, la grande curiosité de Naplouse.

Par elle-même, cette synagogue n'a rien de remarquable : c'est une salle assez petite, blanchie à la chaux, ornée de quatre ou cinq lampes de verre et de quelques tapis ; mais on y montre le fameux *Pentateuque* samaritain, contemporain du schisme, à en croire ses lecteurs. Ce patriarche des livres est un vénérable volume de parchemin, enroulé sur lui-même comme ceux des anciens, plié dans une précieuse étoffe de soie, enfermé dans une boîte de métal curieusement niellée, et couvert de caractères bizarres; ils appartiennent à un des anciens alphabets qui ont tour à tour servi de signes à la langue hébraïque et au dialecte samaritain. En réalité, cette copie d'un texte antérieur à Jésus-Christ remonte aux premiers siècles de notre ère : peu de manuscrits pourraient produire de pareils quartiers.

A côté de la synagogue, dans une petite cave encombrée de livres, habite l'âme de ce lieu, le Quasimodo de ce temple, le pontife de la religion samaritaine. Ce beau vieillard, à opulente barbe blanche, vêtu d'une riche robe de soie jaune sous la lévite de lin que les fidèles endossent avant de prier, est accroupi sur un divan dans son antre, et psalmodie le livre saint; il ferait un superbe pendant au vieux Turc que nous avons aperçu lisant le Coran, dans une maison de Damas. Il faut venir en Orient pour retrouver de ces fantastiques Rembrandt en chair et en os. — Le grand prêtre répond obligeamment aux questions que nous lui faisons sur sa secte par l'intermédiaire de notre drogman.

On sait que les Samaritains ou Couthéens, comme les appelaient les Juifs, sont descendus de ces colons babyloniens de Couth et de Sépharvaïm que Salmanassar envoya en Samarie pour repeupler le pays après la captivité d'Israël. Ils embrassèrent la loi moscïque, tout en y mêlant pendant longtemps le culte de leurs dieux nationaux. Repoussés par les Juifs, lorsqu'ils voulurent s'unir à eux pour rebâtir le temple, ils élevèrent sur le mont Garizim un sanctuaire rival de celui de Sion et rejetèrent tous les livres canoniques à l'exception du Pentateuque. Cette secte, le plus frappant exemple de l'immobilité religieuse, s'est conservée jusqu'à nous telle qu'elle s'est constituée il y a deux mille cinq cents ans. Elle continue à célébrer la Pâque sur la montagne sacrée. Le grand rabbin nous apprend que le pontificat est héréditaire dans sa famille, issue, à l'en croire, du lévite Aaron. On se rappelle quelle a été de tout temps la haine des Juifs contre les Samaritains : l'Évangile en atteste la persistance. Les fidèles que nous voyons prier à la synagogue dans leurs tuniques blanches n'ont aucun des traits caractéristiques de l'immuable type hébreu.

C'est un des faits les plus curieux de l'histoire religieuse, une des exceptions aux lois générales les plus dignes de méditation, que l'intrusion de cet élément étranger dans la famille mosaïque, si fermée et si exclusive. L'aversion des fils légitimes empêchait ces nouveaux venus de se fondre complétement dans le courant hébraïque. On devait s'attendre à voir le dogme s'altérer et se transformer entre leurs mains, suivant la pente de leur esprit national et de leurs croyances antérieures; bien au contraire, ils l'isolent et l'immobilisent avec une fidélité plus jalouse que les gardiens attitrés eux-mêmes. Tandis que chez ces derniers le développement du prophétisme vient compléter l'institution mosaïque, les néophytes limitent toute révélation à la parole du fondateur; pour ces étonnants esprits, l'horloge de l'humanité s'est arrêtée à l'heure du passage du Jourdain, tout le mouvement intellectuel depuis trois mille ans est non avenu. Auprès d'eux et à leur sens, le Juif immobile, figé dans sa doctrine et dans son espérance mortes, est un progressiste et un novateur. Notez qu'il ne s'agit pas ici d'un peuple, si petit qu'on le suppose, chez lequel un ensemble de traditions, d'exigences politiques et sociales, contribue à maintenir le faisceau des institutions religieuses, ni d'une immense fédération d'esprits de même famille, d'une franc-maçonnerie universelle, comme celle des Juifs modernes. La secte couthéenne est une épave : on compte tout au plus aujourd'hui cent cinquante Samaritains à Naplouse. Pourtant ce débris sans raison d'être apparente s'est maintenu réfractaire à toute assimilation avec les forces religieuses qui l'ont englobé, les Perses, qui lui apportaient les séductions d'un culte de famille, les Hébreux, les chrétiens, les musulmans; ceux de nos petits-neveux qui, dans des temps éloignés, passeront ici avec des conceptions sans doute bien différentes des nôtres sur toutes les choses de la pensée, verront encore les mêmes fidèles, inclinés avec les mêmes pratiques sur le même livre aux caractères mystérieux. Pays d'incessantes surprises morales, où tout se plaît à renverser les systèmes laborieusement échafaudés par notre pauvre sagesse !

Un des cheiks nous mène chez lui, dans une petite chambre fort proprette située, suivant la coutume antique, sur la terrasse de la maison. Bien que les femmes de la tribu ne se montrent pas en public, il consent à nous présenter la sienne pour nous faire admirer la toilette traditionnelle et l'opulente coiffure d'amulettes et de sequins, pendants au bout des nattes tressées, dont les Samaritaines ont conservé l'usage. La jeune femme, peinte comme une idole et roide sous tous ses ornements, rit de bon cœur de notre étonnement.

En quittant le quartier de cette secte bizarre, nous remarquons devant la mosquée de Naplouse un portail ogival d'ornementation romane ; le linteau et le tympan portent sur des colonnettes en spirale : c'est le seul reste de l'église des croisés.

A la sortie de la ville ainsi qu'à l'entrée, une foule lamentable et hideuse nous demande l'aumône en nous tendant des mains déformées : ce sont les lépreux. L'horrible maladie biblique s'est perpétuée à Naplouse, à Jérusalem, dans deux ou trois villes de Palestine. Comme dans l'ancienne loi, ces

Lépreux de Naplouse.

pauvres réprouvés errent à la porte des cités, parqués dans des huttes maudites et vivant de charités. Un d'entre eux, un vieillard blanchi et tout rongé par la terrible contagion, tient sur ses genoux une adorable petite fille de six à huit ans. On sait que la lèpre épargne l'enfant et ne se déclare chez lui qu'à son adolescence. C'est un tableau triste à pleurer quand on pense à ce que sera dans dix ans cette ravissante créature. Je remets à l'enfant une piécette d'argent; ses grands yeux, que voilera bientôt une taie sanglante, brillent de plaisir; elle court toute joyeuse au vieil aveugle et frappe dans ses mains en lui criant : *Bakchich! bakchich!* Et de sauter, et de sourire, ignorante et insouciante de l'affreux avenir qui pèse sur elle. Le vieillard, lui aussi, en reprenant sa fille dans ses bras étiques, retrouve un triste sourire sur sa face convulsée, où deux ulcères remplacent les yeux absents.

Nous sortons de Naplouse en nous dirigeant vers le sud, après nous être arrêtés à une demi-lieue de la ville, dans le champ et au puits de Jacob. C'est sur cette margelle de pierre que Jésus s'est assis un jour, à cette heure de midi, las comme nous de la chaleur et de la route, pour enseigner à la Samaritaine comment les races nouvelles devaient adorer en esprit et en vérité.

Jérusalem, Mâr-Saba, 11 décembre.

Il faut deux petites journées de Naplouse pour gagner Jérusalem à travers les montagnes de Judée. Plus on approche, plus la solitude se fait funèbre et lamentable ; il semble qu'une puissance intelligente veuille par de pareils spectacles préparer l'âme au recueillement et à la tristesse. Enfin notre guide nous montre un dernier col de la chaîne. « El-Quouds, El-Quouds », nous dit-il. C'est le nom arabe de Jérusalem. Il me prend un frisson d'impatience et d'émotion. Je lance mon cheval à toute bride dans les pierres trébuchantes en fouillant des éperons les flancs de la pauvre bête ; pantelante et épuisée, elle vient s'arrêter d'elle-même sur la crête.

Au-dessous de moi, dans un entonnoir formé par les montagnes, un plateau inégal, mais régulièrement incliné du sud-ouest au nord-est, descend des hauteurs qui courent vers Jaffa jusqu'au fond du ravin de Cédron et se redresse brusquement par une colline, qui est le mont des Oliviers; il va mourir au sud, dans la gorge d'Hinnôm, qui coupe à angle droit celle du Cédron ou de Josaphat. Au delà, le mont du Scandale se rattache aux élévations de terrain qui bornent l'horizon. Pas d'eau, pas de végétation, aucune trace de vie dans ces vallées poussiéreuses et consternées; seul, le mont des

Oliviers arrête le regard par quelques taches de verdure pâle et sobre, comme il convient à un cimetière. Dans le triangle compris entre les deux ravins, sur les pentes abruptes et les petits monticules du plateau, une ville assombrie, terne et singulière, relevée par quelques dômes noirs, apparaît distinctement dans son enceinte de hautes murailles. L'œil y discerne tout d'abord une large coupole, isolée au milieu d'une plate-forme vide, surplombant le ravin de l'est; c'est la mosquée d'Omar, l'ancien Temple, sur le Moriah. Plus haut, deux dômes inégaux tranchent sur l'uniformité des toits en terrasse : c'est le Saint-Sépulcre. A l'extrémité ouest, sur les hauteurs du mont Sion, la tour massive de David domine l'enceinte.

Mais comment faire comprendre à qui ne l'a pas ressenti le caractère d'indicible tristesse qui relie tous ces détails, comme la note dominante d'un tableau, et saisit dès le premier regard? Chaque pierre de ce paysage sue la tristesse : la ville et ses entours semblent étouffés sous un uniforme linceul gris. Aucun des bruits, des mouvements, des signes de vie qui annoncent l'approche des centres habités ne s'en échappe; on dirait un immense couvent, mieux encore une agglomération de tombeaux, plutôt qu'une réunion d'êtres vivants. On se la figure involontairement bâtie de ruines et de cendres cimentées avec des larmes, on pense à ces

« cités dolentes » veuves d'espérance et de lumière, faites de vaines apparences et d'ombres silencieuses, que Dante a rencontrées dans le voyage infernal, à cette terre effrayante du rêve de Job, « terre obscure et couverte des vapeurs de la mort, terre de misères et de ténèbres, d'où l'ordre est banni, où habitent l'ombre de la mort, le chaos et la sempiternelle horreur ».

Notre petite troupe me rejoint et s'arrête, elle aussi, avec un même cri, comme les guerriers du Tasse :

Gerusalemme unanimi salutano.

Nous descendons la colline et rejoignons à la porte de Damas les murailles, que nous contournons pour aller camper dans un champ contre la route de Jaffa. Je dois confesser ici, pour être véridique, que de rudes désillusions attendent le pèlerin dans ce faubourg. Sa tente est adossée au « Café du Jourdain », où des Grecs jouent au billard et discutent bruyamment la politique locale. Il ne faut rien moins, pour lui faire oublier ce dur rappel au temps présent, que le passage des fidèles venus de tous les points cardinaux, des mougiks descendant de l'hospice russe et traînant au Saint-Sépulcre leurs longues lévites, des lépreux se lamentant en chœur aux portes de la ville.

Cette nuit encore nous resterons sous nos tentes,

et nous aurons le courage de retenir nos curiosités si fortement éveillées : nous voulons profiter du beau temps qui nous favorise, de notre caravane tout organisée, pour faire le petit voyage de la mer Morte, du Jourdain et de Jéricho. Nous avons traité avec le cheik de la tribu de Fellâhins, qui habite la vallée du Jourdain et s'arroge sur ce pays une suzeraineté que les voyageurs doivent reconnaître en s'adjoignant pour escorte, moyennant une modique rétribution, quelques-uns de ses cavaliers. Le cheik nous donne son fils, un jeune homme aux traits fins et doux, mais inintelligents ; il paraît fort épris d'un fusil Lefaucheux de pacotille que lui a donné sa dernière pratique, un principicule allemand. On peut se fier à ces Arabes : le marché passé avec eux est toujours aussi sacré (leur intérêt en est le meilleur garant) que leur autorité sur la tribu est incontestée. Sous leur conduite, nous nous acheminons vers Bethléem, distant d'une heure de Jérusalem, et où nous ne faisons que passer, comptant y revenir à loisir durant notre séjour dans cette ville.

La route qui conduit en une demi-journée du village de la Nativité au couvent grec de Mâr-Saba, où nous allons coucher, est d'une étrangeté lugubre qui annonce les approches de la terre et de la mer de malédiction. Elle court sur des montagnes de calcaire marneux, par des sentiers en corniche au flanc des précipices, et nous livre des échappées de vue plus étendues, à mesure que nous avançons, sur quelque coin du lac Asphaltite. De ce côté du bassin, le regard ne trouve devant lui jusqu'à l'horizon qu'une mer de sable pierreux figée dans quelque tempête terrestre, un chaos de montagnes sans ordre, sans plan, sans stratifications régulières, pyramides inégales épaulées au hasard les unes contre les autres. Ce paysage de vagues solidifiées donne la sensation invincible d'une formation en dehors des lois lentes et habituelles de groupement. Sur toute cette surface bouleversée, pas une place verte, pas un indice de vie végétale ou animale : le « passereau de la solitude » du Psalmiste y mourrait faute d'un brin d'herbe à dévorer. Les arides collines de Judée que nous avons traversées jusqu'ici, avec leurs chardons, leurs broussailles et leurs rares oliviers, étaient des vergers en comparaison des déserts de Mâr-Saba et d'Engaddi. C'est la désolation à son dernier degré d'horreur et de majesté. Le soleil brûle ces mornes avec une telle violence, malgré la saison, que la lumière, cette seule joie des terres arides, y devient presque une souffrance. Ici l'on comprend toute la parole du psaume : *Solem fecit in potestatem diei,* Il a donné au soleil puissance sur le jour. Pour toute distraction, nous apercevons dans un ravin les tentes noires de la tribu de notre cheik, des Bédouins Fellâhins, dignes habitants de ces sinistres domaines.

De l'autre côté de la mer Morte, la ligne horizontale des montagnes transjordaniennes détache durement sur le ciel les arêtes rigoureusement nivelées de sa longue table. La chaîne se déroule comme un ruban sans fin sur le double fond bleu de l'eau et du ciel qu'elle coupe par le bas et par le haut de deux traits parallèles tirés au crayon noir; rien ne ressemble à l'apparition, entre les deux calmes firmaments, de cette bande sombre, âpre, tourmentée, crispée par une main de colère, sillonnée de *wadis* et de fissures, se tordant désespérément entre les deux lignes inflexibles.

Au moment où ce singulier paysage acquiert toute son intensité d'horreur, les tours de Mâr-Saba surgissent dans une gorge au-dessous de nous. Comment rendre l'impression produite par l'apparition de l'étonnant monastère? Dans le ravin profond et tari du Cédron, entre deux hautes tours, restes de quelque forteresse romaine, derrière d'épais remparts, protection nécessaire contre les nomades, s'étage et s'accroche au roc, dont il ne se distingue pas par sa couleur, tout un monde de constructions sans suite, chapelles, chambres, corridors, escaliers, où la bâtisse de pierre s'interrompt sans cesse pour faire place à des grottes, à des cavernes, et reprend pour les continuer. On monte, on descend mille fois dans ce labyrinthe inégal, à travers des jardinets suspendus, des cellules creusées dans le rocher, où les moines sont nichés à diverses hauteurs, comme un vol de pigeons, des chapelles consacrées à de saints ermites, magnifiquement ornées de dons précieux et de vieux icones byzantins. Pas d'autre végétation dans cette vaste enceinte et dans tout son horizon que le célèbre palmier de saint Saba et deux à trois plants de grenadiers venus à grand'peine dans quelques pouces de terre rapportée; partout la pierre, jaune quand le soleil l'illumine, blanche quand il disparaît, comme à cette heure. Entre les deux poternes étroites, aux lourdes portes de fer, qui donnent accès après de longs pourparlers dans la forteresse monacale, une source vive jaillit de cette roche brûlée et alimente le couvent par un miracle dû à la prière du saint fondateur, suivant les caloyers.

Nous nous accoudons sur la grande plate-forme pour embrasser l'ensemble. Devant nous, la montagne opposée, sauvage, déchirée, taillée à pic sur le lit toujours tari du Cédron, qui se creuse à plusieurs centaines de pieds en abîme; derrière nous, des terrasses qui surplombent, sans que le regard puisse jamais rencontrer la dernière, jusqu'au sommet des tours. En levant les yeux, nous apercevons sur nos têtes, à chaque arête de rocher, des moines en prière, d'autres qui travaillent sur leurs portes ou donnent à manger à quelques oiseaux. On croit voir un de ces tableaux des vieux maîtres trécentistes qui rendent les scènes de la vie ascétique dans la Thébaïde. Les lieux et les mœurs se sont en effet conservés tels qu'ils étaient à cette époque florissante du monachisme, quand le fondateur vint installer ici son ordre, vers la fin du cinquième siècle. Saint Saba était un vaillant docteur de l'Église orientale, qui avait passé de longues années à combattre les monophysites et autres hérésiarques. Un jour, las de ces déboires qu'on amasse dans la lutte contre les hommes et contre les idées, il quitta la chaire, se fit ermite, et vint s'établir dans ce désert, entre la fontaine et le palmier surgis à sa prière, avec les lions qui vivaient familièrement près de lui. De nombreux disciples se groupèrent sur le tombeau du pieux solitaire, et leur ordre est resté vivace et vénéré jusqu'à nos jours, où il relève de l'évêque de Pétra.

S'il faut une rare trempe d'âme pour se cloîtrer au Carmel, qui n'est que grand et solennel, qu'est-ce donc de cette Thébaïde, qui réalise l'idéal de l'horreur dans la nature, du sépulcre anticipé? Dire adieu pour toujours même aux arbres, à la verdure, à l'eau, aux innocents dons de Dieu, vivre dans ce creux de rocher au-dessus de l'abîme, dans sa désolation mystérieuse et son vide silencieux! Le vertige vous prend rien que de penser à un aussi effrayant renoncement, à une pareille assimilation de l'homme à la pierre, désormais sa seule compagne et son unique spectacle.

Cependant ces caloyers grecs ne sont que de braves créatures végétatives, rien moins que des ascètes : ils semblent fort dégénérés depuis leur fondateur, qui vivait dans ces grottes avec les lions, depuis leurs prédécesseurs du sixième siècle, qui périrent, lors de l'invasion de Khosroës, en défendant Mâr-Saba contre les Perses, et dont on nous montre dans une chapelle l'ossuaire, gardé par les portraits des vieux igoumènes et les grands saints d'argent relevé de l'iconostase.

Nous campons sur le plateau, derrière le couvent. Ce soir, la lune se lève entre les deux tours, sur les montagnes de la mer Maudite, et éclaire ces solitudes prophétiques de la triste lumière qui leur sied. Le son des cloches nocturnes descend par larges nappes traînantes dans les gorges voisines. Nos Bédouins se chauffent dans une carrière à un grand feu dont la flamme promène des reflets fantastiques sur leurs *abayes* aux raies noires et blanches, sur leurs fronts et leurs membres d'acier bruni.

La mer Morte, le Jourdain, Jéricho, 13 décembre.

Nous avons quitté au jour naissant la gorge de Mâr-Saba et le ravin du Cédron, bien nommé par les Arabes *Nahr-en-Nar*, Torrent du feu. Nous descendons du dernier plateau au bord du lac par le lit desséché d'un *wadi* où la verdure tente un suprême effort pour reparaître : des roseaux, des tamaris, des fougères en fleur d'une variété charmante, aux frissonnantes aigrettes blanches et roses toutes pâles de sel, charment le regard déshabitué de ce luxe. Quelques perdrix rouges partent à tire-d'aile devant nous.

Nous perdons ici un des nôtres, entraîné à leur poursuite. C'est un de ces pauvres chiens errants qui pullulent dans les villes arabes et s'attachent parfois aux caravanes, alléchés par la réjouissante odeur du fourneau. Celui-ci s'était associé à nos destins à Naplouse ; d'humeur aventureuse et d'esprit subtil, il avait sans doute longuement réfléchi sur les misères de son existence passée, comparées aux promesses éblouissantes de notre cantine, avant de prendre un de ces grands partis qui décident de toute une vie. Le matin de notre départ, il avait dit délibérément adieu à la rue natale, et depuis il suivait fidèlement ses maîtres d'adoption, payant nos soins chaque nuit par une garde vigilante. Nous l'avions baptisé du nom de Sichem en souvenir de la ville biblique, et nous tenions beaucoup à garder ce compagnon de hasard. Nous l'appelons en vain ; égaré dans le *wadi*, le pauvre Sichem ne revient pas ; il sera certainement mort de soif près des flots empoisonnés.

A quelques toises du bord, la végétation disparaît. La sérénité du ciel d'airain qui nous éclaire depuis Beyrouth s'est démentie pour la première fois : de lourds nuages courent sur toute la vallée, chassés par un vent violent, et nous crachent au visage des rafales de pluie âcre, pompée dans les vapeurs malsaines du lac. Une véritable tempête balaye le bassin, soulevant à grand'peine les flots pesants et glauques de l'étang de bitume, qui roulent les uns sur les autres une écume terreuse et rejettent à nos pieds les troncs d'arbres apportés par le Jourdain, calcinés et blanchis comme des squelettes végétaux. Derrière nous, une plage de sable, brillant d'une croûte salée et cristalline, court parallèlement au fleuve durant plusieurs kilomètres jusqu'au désert de Juda. Partout, dans la plaine et sur la montagne, le silence, l'absence de vie, la malédiction écrite sur ce coin de terre, je ne sais quoi de pesant, de lépreux, de formidable et d'unique. La Bible l'a bien nommée, la « mer de la Solitude ».

Nous ramassons sur la grève plusieurs de ces cailloux corrodés où le bitume incrusté dans la marne blanche forme de bizarres dessins. Le mauvais temps nous empêche de nous baigner : nous ne pouvons que goûter cette eau viciée pour en constater la saveur caustique et insupportable. L'écume sulfureuse verdit nos bottes et rouille nos armes; sur la peau, elle laisse un enduit gluant qui ne se détache qu'à grand'peine.

Il ne saurait entrer dans le cadre de ces souvenirs, qui vont redisant à leur fantaisie des impressions personnelles, de reproduire ici toutes les observations tant de fois faites et bien faites sur le lac Asphaltite, les propriétés funestes de son eau, l'analyse des parties qui la composent, la constitution géologique de ses rives. Je me hasarderai encore moins à discuter les nombreuses hypothèses mises en avant pour expliquer scientifiquement le phénomène qui a fait de la vallée du Jourdain, peut-être riante et fertile au temps des patriarches, ce lac désolé.

Nous nous éloignons de ce théâtre extraordinaire des vengeances célestes pour aller retrouver au Jourdain des scènes plus douces. Le galop de nos chevaux nous porte en une heure, dans le sable aux efflorescences salines, jusqu'à un gué du fleuve, à quelques kilomètres en amont de son embouchure, où la tradition place le passage des Hébreux et le baptême de Jésus. Le Jourdain, qui serait une rivière de troisième grandeur chez nous, court dans une large tranchée sablonneuse, au milieu d'une oasis de roseaux, de joncs, de tamaris, de saules, de mimosas, d'arbustes aux feuilles élégantes et tendres dont le nom m'est inconnu. Il roule sur un lit peu profond une eau bourbeuse, attiédie et troublée dans les marais de Huleh et le lac de Tibériade, depuis la grotte de Banias où nous l'avons bue à sa source glacée. Il a subi la loi de toute haute destinée, ce ruisseau de Dan que nous avons vu naître là-bas, au pied de l'Hermon, inconnu et sauvage, puisant son eau vierge aux nappes mystérieuses de la montagne. Depuis il a traversé les mers et les campagnes, il s'est fait une histoire illustre et poétique et commande la vénération des hommes ; mais à ce prix le flot bleu qui reflétait les choses du ciel a perdu sa limpidité, il a ramassé dans sa gloire la vase et le limon. Cette boue jaunâtre et attristée, qu'il traîne à regret au gouffre où elle va disparaître, vaut-elle, toute fameuse qu'elle est, la jeune grâce et l'espoir de la source sous les platanes qui se précipitait dans les vallées vers les horizons sans limites ?

Du moins elle arrête la pensée et entraîne le respect. Je ne sais rien de plus mélancolique que tous ces grands et touchants souvenirs oubliés par l'histoire sur ces rives solitaires, dans ces mâquis où habitent seuls les sangliers, dont nous apercevons les foulées récentes sur les roseaux, et les Bédouins pillards qui s'y cachent en descendant des montagnes transjordaniennes. Le Jourdain a eu la fortune de servir de point de ralliement à ces douleurs patriotiques dont le peuple hébreu possède au plus haut degré le sens et l'expression, d'inspirer ces élégies nationales qui sont une des plus hautes branches de la poésie antique. C'est lui, le torrent de la vallée de Juda, qu'Israël exilé pleurait si amèrement au bord des beaux fleuves de Babylone, lui qu'il revoyait sans cesse dans les mirages des sables d'Égypte et de Mésopotamie. En Orient, on pourrait dire l'eau natale, mieux que la terre natale. A l'homme du désert, la terre est partout uniforme et souvent marâtre, l'eau est toujours bienfaisante ; les souvenirs lointains et attristés lui reviennent de préférence avec la mélancolie plus pénétrante qui s'attache à cet élément. En dehors même de la renommée que lui a faite la poésie hébraïque, le Jourdain, dont l'éducation première nous a rendu le nom aussi familier que ceux des fleuves de la patrie, rappelle au voyageur qui l'aborde au terme d'un long pèlerinage bien des émotions associées. Nul ne s'est assis au bord du torrent biblique, en lisant les élégies de la captivité, sans voir bientôt succéder à ces images étrangères des images plus connues, sans voir courir dans quelque chère vallée une petite rivière aux méandres ombreux, dessinés par un dais de brumes bleuâtres ; ces brumes lentement acheminées qui montent de l'eau par les matins d'octobre, toile complaisante où l'imagination a tant de fois incarné les rêves de seize ans. Ainsi l'homme, éternel mécontent, en buvant au fleuve sacré qu'il a tant de fois désiré et qu'il est venu chercher à grand'peine, donne un soupir au flot lointain qui bat la porte désertée.

Nous sortons du lit de verdure pour rentrer dans le désert de Juda. Les palmiers qui couvraient ce jardin de la Syrie, au témoignage des auteurs anciens, de forêts comparables à celles d'Afrique, ont disparu depuis une époque fort reculée. Sur l'emplacement de Jéricho, une tour arabe, haut donjon carré, garde quelques tentes de peaux de chèvre, quelques cabanes de branchages; des *bachi-bozouks* déguenillés, de mine aussi louche que les Bédouins qu'ils surveillent, y tiennent garnison. C'est ici que notre drogman nous dit un mot épique, qui résume les idées de l'Orient en matière de voirie. Comme il fait passer nos bêtes dans un champ d'orge, égaré là par hasard, nous manifestons quelques scrupules de conscience : « Oh ! cela ne fait rien, dit-il, seulement cette année *on a cultivé la route !* »

Nous allons camper à une demi-lieue plus au nord, au bord de la fontaine d'Élisée. Dans ce site gracieux, une petite forêt en miniature d'acacias et d'arbustes épineux, que les Arabes appellent *doums* ou *nabkas*, masque d'un voile riant les solitudes de Juda et de Moab. Le ruisseau qui s'échappe d'un bassin naturel fait aussitôt sourire la verdure, les lianes et les herbes; les mignonnes tourterelles de Syrie, au plumage gris cendré relevé d'un collier brun, l'emplissent de vie et de bruit; à la nuit qui monte dans le ciel redevenu serein, les grillons et les rainettes se mettent à chanter entre les pierres humides, et nous donnent l'illusion du printemps revenu.

Un bivouac de Fellâhins est pittoresquement placé derrière nous, sous les arches ruinées d'un aqueduc qui s'enlève en vigueur à la lueur de leurs foyers. Sur un ordre de notre cheik, une vingtaine de ces nomades viennent danser devant nos tentes le pas du sabre. Les hommes se tiennent par les bras avec des contorsions de hanches et fléchissent sur les jarrets en s'accompagnant d'éclats de voix gutturaux et monotones. Le coryphée brandit un large yatagan affilé et fait reculer ou avancer les danseurs en les menaçant de son arme suivant les figures. Pour nous faire honneur, il court sur nous et nous frôle le visage du fil de sa lame avec des gestes de sauvage : de longues dents blanches, des prunelles de fauve brillent seules dans le rire de cette face basanée, écrasée et bestiale comme celle d'un nègre. Avec ses postures féroces, sa physionomie qui trahit les instincts sanglants réveillés chez lui par ce jeu, mon Bédouin me rappelle l'esclave marocain de Regnault dans cette étrange toile qui a nom *l'Exécution à Tanger*.

Ce ballet improvisé en vaut bien un autre. Les hommes, uniformément drapés dans leurs grands manteaux striés de noir et de blanc, passent et repassent comme des ombres dans la flamme du feu de *doum* qu'ils ont allumé sur la colline. La lune éclaire un décor tel qu'aucune scène n'en montrera jamais, rendant toute leur valeur aux grandes lignes des plans successifs : le lac de verdure de Jéricho, les déserts de Juda et d'Engaddi, le mur sombre des montagnes de Moab fermant tout l'horizon du nord au sud, jusqu'à sa chute dans la mer Asphaltite, dont les reflets métalliques miroitent au loin par intervalles.

Je savoure délicieusement la poésie pénétrante de ces mœurs entrevues, de cette terre mystérieuse, en écoutant l'assourdissant vacarme des chacals rôdant par bandes invisibles dans les halliers de la source. Demain matin, tandis que nous monterons à cheval pour rentrer à Jérusalem, nos *moukres* rouleront nos tentes comme d'habitude, et ce sera pour la dernière fois. Nous ne les regarderons pas faire sans un serrement de cœur. Que de saines joies ensevelies dans les replis de ces pauvres toiles, que nos regards fatigués ne chercheront plus le soir à l'horizon des plaines parcourues !

Hébron, 22-23 décembre.

Après quelques jours de repos à Jérusalem, nous nous laissons tenter par une excursion à Hébron. C'est une longue et fatigante traite de huit heures de cheval; mais nous devons bien cet hommage au tombeau d'Abraham. D'ailleurs cette ville exerce sur l'imagination la double fascination du lointain dans le temps et dans l'espace; placée à l'extrémité de la Palestine et à la limite des solitudes arabiques, comme un port sur le désert, suffisamment préservée du touriste, elle se rattache aux souvenirs les plus reculés de l'histoire, aux premiers vagissements de l'humanité.

Le consul de France, qui veut bien être des nôtres, nous offre le secours de ses tentes et de ses gens; on organise la petite caravane, et nous partons de grand matin pour aller déjeuner au couvent de Bethléem : après une nouvelle visite à la basilique et à la grotte, nous repartons pour nous arrêter aux Vasques de Salomon, à une heure de Bethléem. Ce sont trois immenses réservoirs, étagés dans une vallée en pente, et qui alimentaient d'eau Jérusalem au moyen d'un aqueduc aujourd'hui rompu en maint endroit et hors de service. Une tradition invétérée rattache à ce lieu toutes les légendes poétiques du cycle salomonien qui nous est transmis par le *Cantique des cantiques*, l'*Ecclésiaste* et la *Sagesse*. Ici étaient la « Fontaine scellée », le « Jardin fermé », les vignes et les vergers arrosés par les piscines, les parterres de lis, de safran et de cinnamome que venait respirer la Sulamite en écoutant les conseils languissants des tourterelles, toutes ces retraites mystérieuses et fleuries, tout ce luxe délicat dont le grand roi avait fait, suivant la phrase charmante du *Cantique,* « un tapis d'amour pour les filles de Jérusalem ».

Singulière ironie de la légende, qui est venue placer dans cette gorge des tableaux riants et des images de volupté ! C'est aujourd'hui, comme toute la route de Bethléem à Hébron, le site le plus âpre et le plus sauvage, la solitude la plus désespérée que nous ayons peut-être traversée dans toutes nos courses de Palestine ; à ce point que les sévères montagnes de Moab, vêtues du moins de leur belle lumière rose, et sur lesquelles on a de fréquentes échappées par les échancrures des ravins, font un repoussoir presque riant à ce paysage. Comment croire que ce rocher exaspéré ait jamais porté des moissons et des fleurs ? Faut-il penser que cette terre, qui semble défier aujourd'hui tout effort du travail humain, s'est faite complice de l'abandon céleste, et a totalement modifié ses conditions essentielles ? Ou faut-il plutôt tenir compte des règles d'optique qui doivent toujours nous guider dans l'appréciation des hyperboles orientales ?

A la fin du jour, le paysage s'humanise, la vigne commence à ramper sur des terrasses étagées qu'elle étreint de ses mille bras crochus, des maisons se détachent sur le velours des orges naissantes, des clôtures et de beaux bouquets d'oliviers descendent

jusqu'à la route. Des vrilles de fumée bleuâtre, perçant le fond du ciel envahi par les ombres du crépuscule, nous annoncent la vénérable Hébron, une des rares villes dont l'Écriture poursuit l'histoire jusque dans la nuit des temps fabuleux. Les Enacim, les géants nés du commerce des anges et des filles de Caïn, l'habitaient alors; elle passa ensuite aux Chananéens, qui l'appelèrent Kiriath-Arba. Ils y virent un jour arriver le berger chaldéen qui planta sa tente sous les térébinthes de Mambré, et acheta pour 400 sicles d'argent le double caveau d'Ephron, où il ensevelit sa femme Sara en attendant d'y venir reposer lui-même. Josué constate expréssément qu'Hébron «fut fondée sept ans avant Tanis, ville d'Égypte». Au moyen âge, la croyance générale de l'Église était qu'Adam avait été créé dans un champ de terre rouge, proche du tombeau d'Abraham : les pèlerins venaient admirer ce berceau de l'humanité et recueillir les indulgences qui y étaient attachées en achetant du propriétaire sarrasin un peu du limon dont avait été formé le premier homme. Le frère Faber prend soin de nous avertir à ce propos dans l'*Evagatorium* qu'Adam, dont la création tomba le 25 mars de l'an 1, «était un géant colossal, très-beau, très-docte en tous arts libéraux, nommément en astrologie, géométrie, musique, grammaire et rhétorique». Le digne historiographe nous promène longuement dans la caverne voisine, où le père de la famille humaine aurait mis pour la première fois en pratique le précepte que lui avait donné son Créateur dans l'intérêt de cette famille.

Quoi qu'il en soit des indications lointaines du Pentateuque, grossies de ces naïves légendes, la sépulture des Abrahamides, attestée par une tradition continue et authentique depuis Moïse, est un titre de noblesse suffisant pour Hébron. Aussi l'aïeule des cités juives n'a-t-elle jamais pu se mettre au pas de la civilisation. En dehors de tout mouvement européen, à peine visitée de loin en loin par de rares pèlerins, elle a gardé une physionomie foncièrement orientale, c'est-à-dire, il faut bien se l'avouer, la saleté, la misère, l'absence de tout bien-être, de tout essor industriel. Assez considérable en apparence pour sa population de cinq à six mille âmes, elle se partage en trois quartiers, pittoresquement perchés sur trois collines adjacentes ; du pied des minarets aigus qui pyramident sur ces sommets pendent des grappes de maisons grimpant les unes sur les autres, auxquelles l'absence de toits donne un aspect inachevé et abandonné.

Le seul monument d'Hébron est la mosquée qui renferme la grotte de Macphéla, tombeau d'Abraham et de ses premiers descendants. Cette attribution concorde rigoureusement avec les données, assez sommaires, il est vrai, fournies par la Bible. L'ancienne basilique, sœur de celles d'El-Aksa et de Bethléem, appropriée au culte musulman, est dérobée aux regards profanes par une enceinte rectangulaire de belles murailles de 15 à 20 mètres de haut, d'appareil hérodien comme les soubassements des murs de Jérusalem, à contre-forts saillants et symétriques; mais le voyageur ne peut qu'en faire le tour et admirer dans la disposition de ces matériaux gigantesques un des plus beaux spécimens de cette période architecturale. Le fanatisme musulman ne permet à aucun chrétien l'entrée de la mosquée. Hébron est une ville sainte pour le mahométan, qui révère *El-Khalil*, le patriarche hébreux, presque à l'égal du Prophète; même avec une autorisation du gouvernement turc, on s'exposerait à être mis en pièces par la population, si l'on essayait de pénétrer dans l'intérieur. Le prince de Galles, venu ici il y a quelques années avec un firman en règle, dut renoncer à s'en servir devant l'attitude menaçante des habitants.

On doit donc accepter sous bénéfice d'inventaire les relations conjecturales qui ont décrit la mosquée et la grotte des Tombeaux. Je ne me plains pas pour ma part de cette prohibition; elle permet à l'imagination de parer le sanctuaire, qu'un imam vous fait regarder avec respect par une fente du mur, de toutes les séductions du mystère, de tous les trésors de la légende; du jour où l'on pourrait en franchir le seuil, on n'y trouverait sans doute que la réalité nue et insignifiante des lieux saints de l'islam, qui n'ont en général d'autre merveille qu'un souvenir plus ou moins autorisé.

On nous avait parlé des verreries d'Hébron, où se fabriquent tous les bracelets et les ornements des femmes de la Judée; nous trouvons dans une cave obscure des Arabes qui soufflent au moyen d'un outillage primitif ces grossiers bijoux, torsades de verre rouges, bleues et jaunes entrelacées. Ces hommes se servent certainement des mêmes procédés et des mêmes modèles qui leur furent apportés, il y a trois mille ans, par quelques ouvriers phéniciens de Tyr ou de Sidon. Une autre production d'Hébron est le « vin d'or », qu'on tire des vignes plantées en assez grand nombre sur ces coteaux : d'un beau ton de topaze brûlée et d'une saveur sèche assez agréable, il serait susceptible de devenir exquis avec quelques améliorations de culture et de fabrication; mais c'est évidemment encore la même liqueur qui surprit la raison trop confiante du patriarche Noé; préparé suivant la recette du premier vigneron, on le conserve dans ces grandes jarres de terre poreuses, vieilles comme la soif humaine. Qu'on juge de la décrépitude d'une race qui n'invente rien, n'apprend rien, ne perfectionne rien et sait tout au plus conserver quelques-uns des arts rudimentaires de l'humanité primordiale.

Néanmoins nous ne regrettons pas notre laborieuse expédition. N'est-ce donc rien de planter sa tente, ici comme à Sichem, sur la terre auguste qui porta celles d'Abraham, d'Isaac, de Jacob, et qui garde encore leurs cendres? Ici dorment ces premiers dépositaires, choisis pour transmettre au monde la pure tradition monothéiste. Ici vaguaient les Enacim et les Réphaïm, races de géants, races primitives, qui vivaient sans doute de la vie sauvage dans les forêts que cette terre, soumise à d'autres conditions atmosphériques, nourrissait aux époques mythiques. Ces souvenirs reculés et merveilleux écrasent et exaltent l'imagination, perdue dans les prestiges de ce passé sans pareil : elle ressent quelque chose de cette « horreur grande et ténébreuse qui envahit Abraham au coucher du soleil, tandis que le sommeil tombait sur lui » (*Gen.*, XV, 12).

Nous avons préféré le *home* de notre campement à l'hospitalité peu séduisante que le lazaret offre d'ordinaire aux voyageurs. Je comparais tout à l'heure Hébron à un port sur le désert; ce grand bâtiment de la Quarantaine, posté en avant de la ville comme la Santé dans nos rades, ajoute à la similitude. C'est à Hébron que la caravane du Hadj, au retour du pèlerinage de la Mecque, doit purger les germes de contagion qu'elle est toujours suspecte d'avoir puisés aux villes saintes, ces foyers de cholérique et pestilentielle renommée. Il ne faut que les hardes malpropres d'un derviche pour secouer sur l'Occident les terribles fléaux asiatiques. Ici les caravanes d'Égypte, de la Pétrée et du Nedjed déchargent les chameaux, las des interminables voyages au travers de la mer de sable, et emmagasinent les balles de coton et de café. C'est de là que partirait l'aventureux qui, affrontant le khamsin, le vent du désert, les Bédouins et le pénible roulis du dromadaire, irait toucher les rochers de Moïse aux montagnes sinaïtiques, parcourir les régions inexplorées des Wahabites, ou visiter la merveilleuse Pétra, la Palmyre du sud, gardant dans ses gorges solitaires une ville de palais féeriques, de temples taillés dans le roc par des mains inconnues.

Que de tentations diaboliques et de mirages sur cette route vague qui s'étend devant nous ! Il y faut, hélas ! laisser courir nos rêves et leur tourner le dos pour rentrer dans les limites que nous nous sommes assignées. Nous remontons à cheval et reprenons le chemin de Jérusalem, tandis qu'on abat nos tentes sur les *turbés* du cimetière où nous campions. Ces morts d'hier dorment déjà d'un sommeil aussi sûr et aussi profond que le vieil Abraham dans sa grotte. A mesure que nous nous éloignons, les tombeaux nous dérobent la ville et s'effacent eux-mêmes un par un : n'est-ce pas la frappante image de la vie ?

Des tombes qui d'abord nous cachent toutes choses, qui bientôt restent en arrière, et que viennent sans cesse remplacer de nouvelles.

Nos moukres seraient fort étonnés sans doute des réflexions mélancoliques que nous inspire leur halte de prédilection. On a beau avoir pratiqué l'Oriental, on s'étonne toujours de sa sérénité à l'endroit des choses de la mort, de cette familiarité confiante qui n'est pas de l'indifférence. Les plus avenantes, les seules promenades souvent des grandes villes sont leurs champs des morts. On y cause, on y mange, on y fume, on y *flirte ;* aux jours de fête, c'est dans le jardin mortuaire que les pique-niques installent leurs repas sur l'herbe. Vient-il un convoi, on se dérange un peu, on repousse les enfants, on fait place une minute à celui qui n'aura plus faim. La cérémonie n'est pas longue : après avoir rejeté la terre sur le corps, l'imam, fidèle à une coutume d'un symbolisme superbe, demeure seul sur la tombe et prête un instant l'oreille, comme pour surprendre le secret de l'âme libérée. Après, tout est fini, et le cercle joyeux se reforme. Je me souviens d'un champ de foire installé dans un des cimetières suburbains de Constantinople, un jour de fête grecque : la femme à barbe et la femme géante trônaient sur les tertres herbus, les tréteaux de Polichinelle s'adossaient aux cyprès. Voici qu'on apporta un pauvre diable d'Arménien qui s'était laissé mourir en ce jour de liesse :

deux manœuvres écartèrent les oisifs, et, tout en fumant leur cigarette, eurent bientôt fait de déposer le défunt à fleur de terre. L'instant d'après, j'étais bien le seul songe-creux qui n'eût pas oublié cet incident : à la joie de tous, Polichinelle avait repris sa latte et Bobèche son boniment.

Mais nous voilà loin des tristes montagnes. La pluie nous y surprend, et nous sommes tout heureux, en arrivant aux Vasques de Salomon, de trouver un grand feu allumé par les soldats turcs sous la voûte du Kalat-el-Borak, le « Château de l'Éclair ». C'est un khan abandonné, transformé en forteresse, qui garde la gorge des Réservoirs. Nous nous séchons au milieu des *zaptiés* (gendarmes) pittoresquement groupés, avec leurs armes et leurs guenilles, dans la clarté des flambées de broussailles qui lèchent les vieilles ogives. Nous ne rentrons qu'à la nuit close à Jérusalem, par la porte de Jaffa. La prudente sentinelle nous ouvre la poterne après avoir aussi longuement parlementé que l'eût pu faire le guet de Saladin introduisant dans la place des hérauts de Richard Cœur de lion et flairant quelque stratagème des Francs.

III

JÉRUSALEM

III

JÉRUSALEM

14 décembre.

Voici plusieurs jours que nous tournons autour de la mystérieuse cité, sans en avoir résolûment franchi les portes. N'était-il pas plus logique d'en finir d'abord avec les scènes accessoires de ce grand drame, qui s'appelle « l'Histoire Sainte », avant de venir étudier le théâtre de son dénoûment sanglant ? D'ailleurs le voyageur hésite et se dérobe avec un embarras bien naturel, au moment de s'attaquer de nouveau à cet inépuisable sujet, sur lequel on a tant dit, sur lequel il y a tant à dire. Comment faire pour n'être pas écrasé par son immensité ? Comme j'ai fait jusqu'ici : supposer connus tous ces lieux tant de fois décrits, s'y promener à l'aventure, chercher les impressions personnelles toujours profondes, sinon toujours nouvelles, demander aux hommes d'aujourd'hui le commentaire des choses d'autrefois.

A peine installés à l'auberge, dont le confortable relatif nous paraît du sybaritisme après la rude existence que nous quittons, nous ne perdons pas une minute pour nous assimiler le plus possible de cette ville touffue, où, sous un aspect de mort, la vie intérieure ruisselle, où chaque pierre parle, où mille études sollicitent le voyageur, où les problèmes irritants se dressent à tous les pas devant lui ; chaque coup de pioche donné dans les couches historiques successives que le temps y a accumulées fait jaillir un enseignement nouveau, et des années d'investigation n'épuiseraient pas ce sol fécond. Les choses présentes y sont une source perpétuelle d'étonnements et de leçons : d'abord l'homme de nos jours et de notre monde ne comprend rien à l'activité mystique de cette ruche religieuse ; bientôt il est plongé malgré lui dans cette atmosphère spéciale que se rappelleront tous ceux qui l'ont traversée.

Nos matinées se passent à courir avec le bon frère Liévin, le guide-né du pèlerin. Cet humble frère convers du couvent latin étudie avec passion depuis vingt ans chaque recoin de la Ville Sainte, et s'est fait une érudition archéologique du meilleur aloi qu'il met libéralement au service de tous. Le soir, nous profitons de l'affable hospitalité du consul de France et des relations qu'il nous a bien vite créées avec les patriarches des différents rites, avec tout ce que la petite société hiérosolymitaine compte d'éminent et d'original. Dans ce monde à part, l'étude des hommes complète celle des lieux et apporte son contingent précieux d'informations et de lumières.

Je trouve à grand'peine quelques heures de la veillée pour rassembler ces notes; s'il était besoin d'en excuser les lacunes, je devrais avouer quelle rêverie me faisait les interrompre, quand la splendeur des nuits de Syrie m'attirait à ma fenêtre, et m'y retenait par la séduction d'un mensonge propre aux villes arabes. Sur les terrasses plates de toutes ces maisons blanches, la lumière lunaire produit un singulier effet; on dirait une épaisse couche de neige tombée dans la ville orientale. Sur toutes ces toitures horizontales qui s'étagent au-dessous de moi contre les flancs du mont Sion, la pierre passée au lait de chaux blanchit comme un tapis de frimas, émergeant dans la clarté du sein des ombres environnantes. En face, de l'autre côté de la rue, la Tour de David se dresse sur ses énormes assises, reliant tout le massif de fortifications de la porte de Jaffa et des remparts. Les blocs à bossages rugueux, éclaboussés par la lumière rasante, les créneaux, accusés par une couronne de paillettes comme une légère touche de givre, complètent l'illusion, — illusion si frappante qu'elle me reporte soudain à ces jours, déjà lointains et présents encore, passés dans la dure hospitalité de l'ennemi ; quand, durant les longues nuits de décembre, au milieu des toits ployant sous la neige, l'insomnie nous poussait à nos fenêtres, tout pleins de l'inquiétude de ceux qui vivaient ou mouraient loin de nous. Ces remparts, ces créneaux, ces fossés, n'est-ce pas la forte citadelle qui baigne ses pieds dans l'Elbe, et la muraille saxonne avec son glacis de givre derrière laquelle grelottent nos pauvres compagnons captifs ? Il ne faut rien moins, pour rompre le sortilége, que ce palmier qui se dresse au-dessus des réservoirs d'Ézéchias. Aussi bien ce silence de mort et cette nuit recueillie n'appartiennent qu'à la veuve de Sion. Tandis que dans nos villes les rues populeuses s'emplissent du bruit sourd des voitures et des clameurs douteuses de la nuit, aucun souffle ne trouble le sommeil éternel de Jérusalem, aucun pied n'ébranle ce pavé muet, — tout au plus, de loin en loin, l'aboi d'un chien ou le clairon insolent d'une caserne turque ; les Croisés ne sont plus campés sur les collines d'alentour pour lui donner la réplique « à grand vacarme de timbales et de nacaires ».

Nos premières explorations ont naturellement pour but le Saint-Sépulcre, cœur et raison d'être de la Jérusalem chrétienne, qui se serre autour de la vieille église franque comme la ville musulmane autour de la mosquée d'Omar. Le vaste temple est resté, comme nos cathédrales du moyen âge, une maison commune où la vie religieuse et la vie profane ont leur place; enserré par une triple enceinte de couvents, tantôt il les pénètre de ses chapelles ramifiées, tantôt il se laisse pénétrer par leurs sacristies, leurs cellules, leurs communs. Un système compliqué de couloirs, de dégagements, d'escaliers, de portes, enchevêtre les habitations monacales à la maison de Dieu; les chapelles creusées dans le roc, les chambres des custodes, les divans des gardiens turcs, les dépôts d'huile et de cierges, tout se coudoie dans ce monde de pierre, où Quasimodo aurait pu élever une famille; on comprend les saints personnages qui ont passé vingt et trente années sans sortir de ses murs.

Entrons-y donc un peu au hasard, cherchant les scènes pittoresques, les contrastes douloureux ou touchants dont il est sans cesse le théâtre, les émotions intimes qu'on ne saurait traduire sans en méconnaître la profondeur. En franchissant le seuil du parvis, on se trouve dans le divan des portiers musulmans : triste et nécessaire vestibule de la maison chrétienne. La garde en est confiée à une famille chez qui cette charge est héréditaire; trois ou quatre Turcs, de mine assez débonnaire et dont la grave indolence peut passer pour du respect, fument leurs tchibouqs, accroupis sur des nattes.

On passe, et les premières figures qu'on rencontre annoncent la Babel chrétienne. Tous les types des races humaines se croisent ici, tous les costumes du globe s'y mêlent, toutes les langues y retentissent, tous les rites y déploient leurs cérémonies. Catholiques, Grecs, Arméniens, Coptes, Abyssins, ont leurs autels séparés; les sanctuaires les plus vénérés sont communs à tous, mais chacun n'y peut officier qu'à son heure, rigoureusement déterminée par des règlements anciens. La foule se presse surtout à la porte de l'édicule qui renferme le tombeau; trois visiteurs seulement peuvent y tenir ensemble, fort gênés par le caloyer de garde, qui fait une grosse recette en vendant des cierges : ce remuant personnage tourmente sans relâche, pour les faire sortir, les pèlerins qui nuisent à son commerce en s'attardant dans une méditation trop prolongée. Une femme fellah attend son tour, assise sur les marches en allaitant son enfant; un Albanais prend patience en mordant à belles dents dans son pain; un Circassien prosterné sur le pavé le frappe bruyamment du front; les cordeliers traînent leur robe de bure; les papas orthodoxes s'agitent, nombreux, loquaces et affairés. Une même pensée sort de tous ces cœurs et de toutes ces lèvres, traduite en vingt idiomes, formulée en autant de symboles différents.

Si le philosophe se complaît à l'idée de l'harmonie supérieure faite de toutes ces dissonances, le croyant est douloureusement distrait par les compétitions ardentes des communions rivales, cantonnées dans les différentes parties du monument. Quel voyageur, au spectacle de ces éternelles dissensions, n'a fait le rêve de voir tous les enfants de Jérusalem (dont le nom signifie en hébreu, par une étrange ironie, « l'héritage de la paix ») donner dans le premier temple de la chrétienté l'exemple de la concorde prêchée par leur Maître ? Rêve bien naturel, mais dont les passions humaines au service des choses divines ne permettront jamais la réalisation !

On en peut du moins avoir l'illusion pendant la semaine sainte en entendant prêcher les mystères dans toutes les langues du globe. Le pèlerin qui parcourt alors les divers sanctuaires y rencontre des moines parlant simultanément au peuple en latin, en italien, en français, en grec, en arabe, que sais-je encore ? Les processions des divers rites se développent solennellement dans les détours de l'édifice, les Grecs dans le chœur éclatant d'ornements d'or et de mosaïque, les Latins dans les ténèbres séculaires qui règnent sous les voûtes du nord ; trop souvent les pieuses armées, en se rencontrant, s'irritent, se querellent, se heurtent, leurs bannières pacifiques s'étonnent de les mener au combat, et le sang coule sur ces dalles qui en ont tant bu.

C'est à cette même époque, dans la nuit du samedi saint, qu'on peut assister à la curieuse cérémonie du feu sacré des Grecs. Le patriarche, s'enfermant dans le saint sépulcre, communique par la lucarne à la foule impatiente, qui emplit l'église depuis la veille, le feu nouveau qu'un ange est censé lui apporter du ciel ; chacun se précipite pour allumer des premiers son cierge à la flamme céleste, et s'enfuit aussitôt pour la faire vénérer aux siens. Des cavaliers, venus de districts lointains, attendent, leurs chevaux sellés à la porte, pour rapporter une parcelle du feu sacré dans leur village. Une frénésie furieuse s'empare de cette turbulente foule grecque, des clameurs sauvages ébranlent la voûte : il est rare que cette cérémonie, legs évident du paganisme, s'achève sans accidents graves ; on se souvient de la catastrophe fameuse de 1833, où plus de trois cents personnes périrent étouffées, où Ibrahim lui-même n'échappa qu'à grand'peine à une mort semblable.

La meilleure place, pour voir se dérouler ces curieuses scènes, est dans les galeries supérieures de la rotonde, qui communiquent avec le couvent latin et servent de promenoir aux moines ; les cordeliers espagnols y ont appendu les portraits de plusieurs de leurs rois. J'y trouve un Philippe II, mauvaise copie de la célèbre toile de Velasquez. Partout où le catholicisme pénètre, son jaloux protecteur le suit et s'installe en maître ; il n'a garde de manquer à ce rendez-vous du monde chrétien ; il quitterait plutôt son cher Escurial. Le voilà, livide et l'œil atone, dans son rigoureux costume de deuil,

Pâle en son noir pourpoint, la toison d'or au cou,

tel que chacun l'a vu en Espagne, en Italie ou en Belgique, guettant dans un recoin sombre de quelque église les libertins suspects au tribunal de la foi; mais ici, comme pour narguer le terrible personnage, voici les papas et les archimandrites qui emplissent le chœur, faisant monter jusqu'à lui leurs chants schismatiques, psalmodiés sur un registre monotone. C'est l'heure affectée aux cérémonies orthodoxes, heure impatiemment attendue, jamais devancée, car la moindre infraction au règlement serait le signal de luttes sanglantes. Dès qu'elle est expirée, les Turcs, accomplissant leur humiliant et nécessaire ministère, referment les lourds vantaux du portail en poussant sur le parvis les fidèles attardés, ainsi que des écoliers qui auraient outre-passé le temps de leur récréation. En voyant se développer entre les piliers la procession grecque, je m'esquive comme il sied à un pauvre Latin.

Que de monuments chrétiens nous appellent encore au sortir du « Grand Sépulcre », que de ruines vénérables, sans parler de la savante restauration de l'église Sainte-Anne, due à notre habile architecte M. Mauss! Je les abandonne à de plus autorisés pour remonter la Voie Douloureuse, artère principale de la ville, et les stations qui rappellent les défaillances de Jésus; nous nous arrêtons un peu avant le Saint-Sépulcre, nous franchissons l'enceinte du couvent copte et abyssin, adossé au chevet de la cathédrale. Dans les cactus et les figuiers qui croissent devant leurs cellules misérables, semblables aux cabanes en pisé des bords du Nil, circulent des Fellahs, des Nubiens, des Abyssiniens, descendant toute la gamme des tons noirs, depuis l'olive jusqu'à la suie, que le soleil s'est plu à graduer du Caire à Gondokoro. Il ne tient qu'au voyageur, en pénétrant dans cette cour, de se croire transporté sous le tropique. Les moines coptes, enveloppés dans leurs sarraux de cotonnade bleue, font penser à leurs ancêtres de la Thébaïde. Ces chrétiens de l'Éthiopie et du Soudan, ces religieux à face nègre, ont de temps immémorial leurs autels et leurs privilèges au Saint-Sépulcre, où toutes les formes de la foi doivent être représentées.

16 décembre.

Nos promenades dans les sanctuaires et dans les ruines nous apprennent la ville du passé ; nos visites à leurs habitants nous initient à la Jérusalem actuelle. Une des plus curieuses a été celle que nous avons faite hier au patriarche des Arméniens grégoriens, établi sur le mont Sion, à l'ancienne église de Saint-Jacques-le-Majeur, qui appartient aujourd'hui à sa communauté. Un couvent spacieux et bien construit, une école comme on en trouverait peu dans le reste de la Turquie, pourvue de cartes, de livres européens, de collections et d'instruments de physique, une imprimerie enfin, attestent que cette petite communauté laborieuse et intelligente représente, ici comme dans tout l'empire, une bonne part du mouvement intellectuel. Arrêtés devant les presses, maniées par d'adroits ouvriers qui impriment les Évangiles en arménien, nous ne pouvons nous défendre d'une certaine admiration : la pensée orientale, saisie de l'arme merveilleuse de notre civilisation, s'incarne sur les feuilles humides en caractères bizarres, dans une langue mystérieuse.

Lamartine appelait les Arméniens « les Suisses de l'Orient ». Le mot a du vrai en tant qu'il peint leur probité, leur ténacité, leurs aptitudes exceptionnelles au travail et à l'épargne, ces qualités qui ont fait passer entre leurs mains, dans tous les centres commerciaux du Levant, un tiers au moins de la fortune mobilière. Fils des montagnes, eux aussi, descendus des massifs du Caucase et des plateaux de Van, où fut le berceau de leur race, la destinée les en a étrangement éloignés. Ils sont peut-être le plus frappant exemple de la persistance du lien national, resserré et garanti par le lien religieux, dans les races désagrégées de l'Orient. Dispersés sur toute la surface de cet immense empire et du royaume de Perse, ils ont oublié pour la plupart la langue de leurs pères et n'entendent que celle des populations turques ou arabes auxquelles ils sont mêlés. Néanmoins, partout où le hasard les a groupés, ils se reconnaissent, se réunissent en communauté distincte, s'allient et se soutiennent entre eux, se serrent autour de l'autel en tournant les yeux vers le chef suprême de leur religion, le patriarche demeuré à Eschmiadzin, dans les montagnes natales. Ils savent prouver par ces qualités particulières dont je parlais la constance et l'hérédité chez eux de ce qui constitue un peuple, le caractère national.

Le patriarche de Jérusalem est un homme tout jeune encore, d'une stature de géant, d'une physionomie noble et intelligente. Il a été, le croirait-on ? étudiant en droit à Paris, où il a appris la photographie, qu'il pratique avec succès. Rendu à la vie orientale, il en a retrouvé avec les grandeurs les plus sombres embûches. A la suite d'une cabale formée contre lui, on a tenté par deux fois de l'empoisonner; sauvé par sa robuste constitution, il a fait jeter les coupables dans un *in pace*, mais il n'ose plus manger que des mets préparés de la main de sa sœur. Singulière destinée en vérité que celle de ce pontife, commencée au pays latin et finissant sous la mitre dans un drame des *Mille et une Nuits !*

On nous a précisément montré ce matin, sur le mont des Oliviers, de nombreux vestiges mis à découvert par des travaux récents ; ils attestent l'existence d'une colonie arménienne considérable à une époque reculée, sur le plateau aujourd'hui désert. Les chroniques d'Arménie parlent de princesses de la famille royale retirées à Jérusalem vers le huitième siècle ; faut-il leur attribuer ces restes ? Ce sont des fragments d'architecture, des pavés de mosaïque fort curieux et d'un très-bon style, avec des légendes arméniennes, des tombeaux, des cercueils en plomb timbrés de croix. On trouve de menus objets, de petites lampes en terre cuite enfouies dans les caveaux, suivant la touchante et symbolique coutume léguée par le paganisme aux premiers siècles chrétiens. Dans les sépultures antiques des îles de l'Archipel, le mort est couché une lampe à la main ; on lui a confié une lumière pour descendre dans l'éternité et s'éclairer dans ces redoutables ténèbres. Aujourd'hui l'on retrouve les lampes dans les tombes au milieu d'un peu de poudre : le mort a laissé là sa lumière inutile en ouvrant les yeux au jour éternel.

Ces découvertes sont dues à madame la princesse de la Tour d'Auvergne, qui a bâti sur la sainte montagne tout un petit centre religieux et français.

Le *Pater*, élégant monument sur le modèle du Campo-Santo de Pise, un couvent de carmélites, d'autres constructions encore inachevées entourent le chalet où elle habite. La princesse nous y retient et veut bien se mettre au piano pour nous faire l'aumône de ce dont nous sommes sevrés depuis si longtemps, d'un peu de musique. Tandis que les pensées chantantes de Mozart et de Schubert emplissent la petite maison, je m'assieds à la fenêtre et ne peux détacher mes yeux du spectacle sans pareil qui se déroule devant moi. Il faudrait écrire avec les larmes des prophètes pour peindre tant de beauté dans tant de désolation. D'un côté, Jérusalem tout entière, descendant des hauteurs de Sion dans les profondeurs de la vallée de Josaphat, et au premier plan de la ville la majestueuse mosquée d'Omar, exhaussée sur le mont Moriah, piédestal taillé pour le temple le plus auguste du monde ; de l'autre, les horizons funèbres et solennels dont j'ai parlé dans mes courses antérieures, la vallée du Jourdain, les montagnes de Judée et de Moab enserrant la mer Morte. Suivant les heures du jour, des gammes de couleurs éclatantes ou douces, des dégradations de plans, des oppositions d'ombre et de lumière animent ces sombres et mornes paysages. Quand vient le soir, qui pourrait rendre avec quelques pâles gouttes d'encre le bleu lointain et charmant des monts d'Arabie, l'or rose des collines prochaines d'Engaddi et de Jéricho, l'opale du ciel, les ténèbres descendant dans les gorges, les nuances fluides et douteuses des brumes qui montent de l'eau morte, luisante et lourde comme un miroir de plomb? Et quand on aurait fixé ces insaisissables splendeurs, qui en dirait le silence, l'immobilité, la majesté souveraine et désolée?

Ce matin, le soleil était voilé, le ciel aqueux, un brouillard léger estompait les lignes comme les vagues apparences d'un rêve, comme un mirage sur la mer où dorment les villes ensevelies. Laissant errer mes regards sur les tableaux dont ma langue rebelle n'a pu rendre les éblouissements, dont mon seul souvenir sait la grâce, j'écoutais les harmonies qui s'emparent de toute l'âme à ces heures recueillies; je pensais qu'elle aussi est une mer calme et limpide en apparence, au fond de laquelle dorment ces royaumes engloutis, les illusions, les espérances, les douleurs de la vie passée; la musique est le vent qui la remue et fait remonter à la surface tout ce triste limon. Sans doute, lorsqu'ici même, dans ce jardin de Gethsémani, le Christ voulut porter en une heure suprême tout le poids des douleurs humaines, il dut, pour les sentir plus cuisantes et plus infinies, entendre les cantiques célestes que les anges chantaient à Bethléem la nuit où il naquit.

Nous y sommes entrés en redescendant la colline, dans ce jardin des Oliviers C'est un terrain enclos de murs, au pied de la sainte montagne, en face de la porte Saint-Étienne. Les huit troncs d'oliviers, vénérables arbres que la piété chrétienne fait remonter jusqu'aux jours de Jésus, ne vivent plus que par l'écorce, emplie de cailloux et surmontée de quelques bouquets de feuillage. On pénètre en ce lieu sous l'empire d'une émotion profonde pour y chercher la trace de l'auguste douleur qui l'a consacré ; il est difficile de se défendre d'un sentiment d'exaspération en voyant sous quel travestissement une dévotion inintelligente a déguisé ce sanctuaire. De petits parterres à la française, plantés d'immortelles et de buis, clos par des barrières de bois proprettes, séparent les arbres séculaires : le long du mur en maçonnerie qui ferme le jardin, les stations d'un chemin de la croix étalent leurs baroques puppazzi de cire peinte ; dans un des angles, une tonnelle de vignes grimpantes abrite la maisonnette du frère gardien, qui se promène en arrosant ses fleurs. Ce jardinet de presbytère de campagne n'était certes pas ce qu'on venait chercher dans le retrait solitaire où le Christ se réfugiait pour se préparer à la mort.

En rentrant dans la ville, que nous avons laissée ce matin calme et morte comme à son ordinaire, nous la trouvons tout émue et frémissante de nouvelles agitations religieuses. Un firman apporté de Constantinople a annoncé au patriarche grec, Mgr Cyrille, sa destitution, son rappel et son remplacement provisoire par l'évêque de Gaza. Un drogman du pacha est venu chercher le vieux pontife au couvent et lui a intimé l'ordre de le suivre. La nouvelle s'est répandue avec la rapidité de la foudre dans le quartier chrétien, qui a pris la physionomie des jours d'émeute. Les cloches sonnent le tocsin à toute volée; adversaires et partisans du prélat frappé emplissent les rues de leurs cris de joie ou de leurs imprécations. Des patrouilles de soldats turcs parcourent la ville, bivouaquent les armes en faisceaux dans la rue du Saint-Sépulcre et du patriarcat, dispersent les groupes, font fermer les boutiques et menacent les séditieux de leurs baïonnettes.

Il ne tient qu'à moi de me croire surpris par une de nos émeutes parisiennes sur nos boulevards militairement occupés; mais ici ce ne sont pas des griefs politiques qui poussent le peuple dans la rue : les passions religieuses sont seules assez violentes pour faire oublier au raïa la terreur qu'il a de son maître. C'est bien plutôt dans une de nos villes du seizième siècle, dans Privas ou la Rochelle un jour de sédition huguenote, que je me crois reporté. Ces ruelles tortueuses, ces vieilles maisons ramassées à l'ombre des églises et des cloîtres, ces prêtres conduisant ou retenant la foule, ces cloches sacriléges soufflant la colère, ces figures et ces costumes d'un autre temps, tout ici est le commentaire vivant d'un épisode de nos guerres de religion.

Quant aux causes qui ont amené cette effervescence, elles appelleraient une longue et intéressante étude qui sortirait malheureusement du cadre de ces souvenirs. Cet incident n'est pas isolé et se rattache à tout un ensemble de faits d'une haute portée religieuse, en attendant qu'elle devienne politique. Le monde chrétien d'Orient, comme celui d'Occident, entre dans une phase particulariste très-marquée, où les églises d'une même communion, mais de provinces et de nationalités différentes, tendent de plus en plus à accuser leur individualité, à se détacher du faisceau commun, et à répudier l'autorité centrale pour vivre de leur vie propre. Pour mesurer la force et la ténacité de ce mouvement, il faut savoir qu'au lieu d'être, comme chez nous, la subordonnée de l'état politique, l'église est en Orient la seule représentation actuelle, le seul vêtement avouable, pour ainsi dire, des nationalités soumises, le seul lien officiel qui rattache et perpétue, pour des races géographiquement et politiquement disparues, l'ensemble des traditions et des espérances patriotiques. Il suit de là que le travail latent de ces nationalités et leurs aspirations, qui ne sont un mystère pour personne, doivent avoir leur expression première dans les choses religieuses.

C'est ce qui arrive aujourd'hui. Le vieil édifice de l'Église grecque orthodoxe, pour ne parler que de celui-là, est profondément ébranlé. Au nord, les Bulgares l'ont délibérément quitté, et ont consommé le schisme en se donnant un clergé et des temples séparés. Au midi, les populations gréco-arabes des patriarcats d'Antioche et de Jérusalem, sans aller aussi loin que les races slaves, commencent à supporter impatiemment la domination du clergé hellène, et à attaquer la clef de voûte, l'autorité branlante du Phanar. La scission s'accuse chaque jour entre les fidèles arabes, qui n'entendent pas un mot à la langue liturgique, et le haut clergé venu de Constantinople, les moines de race hellène qui détiennent les richesses des couvents de par l'autorité pontificale et défendent celle-ci en conséquence. Le patriarche Cyrille a eu le tort, aux yeux de ces derniers, de s'associer dans une certaine mesure à l'esprit de ses ouailles et de le porter sur un autre terrain, au synode convoqué à Constantinople lors du schisme bulgare, où il plaida seul la thèse conciliatrice et se prononça contre l'anathème. De là l'indignation du Phanar, qui a demandé à la Porte la destitution du prélat suspect, et l'a obtenue.

On comprend maintenant l'abattement et la colère du peuple en se voyant arracher son pasteur, la joie des caloyers et des archimandrites qui le remplacent par un des leurs : elle se manifeste par des cris, des insultes, des cantiques d'actions de grâces et des carillons de fête. Ce soir, le clergé grec a illuminé la croix de la coupole en signe de réjouissance : triste spectacle d'anarchie religieuse et d'intérêts purement humains déchaînés au nom du Christ contre la paix de son tombeau.

Cette nuit, entendant à une heure avancée un bruit d'armes et de chevaux dans la rue silencieuse qui conduit à la porte de Jaffa, au-dessous de notre hôtel, je me suis mis à la fenêtre : c'était le patriarche Cyrille qu'on emmenait clandestinement pour éviter le tumulte. Le malheureux vieillard est âgé de quatre-vingts ans, et souffre d'une maladie aiguë. Néanmoins les soldats l'ont placé sur un cheval et l'entraînent nuitamment à Jaffa, où on l'embarquera pour Constantinople sur une frégate qui l'attend dans le port. Tandis que les cavaliers s'engouffrent sous la voûte, éclairée par une lanterne, on distingue entre leurs *tarbouchs* le haut bonnet noir et les voiles de deuil du prisonnier. Ce cortége de martyre, passant comme une vision nocturne, rappelle éloquemment à l'esprit le souvenir de l'auguste Passion dont tout parle ici, de cet autre prisonnier qui sortit de la ville par une nuit semblable, traîné du prétoire au Golgotha par les gardes du procurateur romain.

18 décembre.

Nous avons passé cette journée dans les sépulcres. Cette ville groupée autour d'un tombeau est véritablement la capitale de la Mort; elle se vautre en souveraine dans la banlieue de Jérusalem, où la bêche du fossoyeur remplace la charrue absente. Les tombes s'y pressent sans ordre, celles d'aujourd'hui coudoyant celles d'autrefois; les sépultures humiliées des Juifs, enfouies çà et là sous des morceaux de pierre de rebut, se consolent à l'ombre des monuments des ancêtres, riches de souvenirs nationaux et d'enseignements historiques.

Ce sont eux que nous avons parcourus aujourd'hui. Tout le plateau rocheux qui domine Jérusalem au nord n'est qu'une vaste nécropole, doublant une carrière, comme il était d'usage dans l'antiquité. Les villes de l'ancien Orient avaient résolu d'une façon très-pratique le problème si ardu qui s'impose actuellement à nos grands centres. En extrayant du sol les matériaux pour construire les demeures des vivants, elles leur substituaient les restes des morts; les deux villes jumelles s'augmentaient ainsi dans une proportion constante, et chaque maison nouvelle qui s'élevait laissait une place correspondante dans la cité souterraine. M. de Saulcy a minutieusement décrit ces hypogées, dont les plus intéressants sont ceux dits « des Juges » et

« des Rois » ; mais les attributions qu'il en fait aux rois de Juda sont au moins conjecturales : il est peu probable que l'histoire fasse jamais surgir de leurs ténèbres les noms des morts fastueux qui leur ont confié leur secret. Quels qu'ils fussent, ils avaient au plus haut degré le sens des choses funèbres. Il faut convenir que les Égyptiens et les vieux Asiatiques ont seuls su se faire de la mort une idée suffisamment sinistre et solennelle ; ces grandes bouches noires béantes qui dévorent les corps et les oppriment dans la nuit éternelle sous des montagnes de rochers sont tout à la fois le plus grandiose et le plus horrible des modes de sépulture. C'est d'elles que parlait l'Ecclésiaste quand il disait : « L'homme ira dans la maison de son éternité. »

Après une visite rapide à d'autres excavations de moindre intérêt, nous nous dirigeons vers la grotte de Jérémie, à une portée de fusil de l'enceinte. C'est dans cette caverne spacieuse que le prophète, suivant la tradition populaire, aurait été enchaîné et aurait composé ses Lamentations. Malheureusement pour la tradition, il nous dit lui-même (XXXVII, 15-18) qu'il fut jeté en prison par Sédécias dans la maison du scribe Jonathan. Parfois la nuit le roi venait chercher son prisonnier dans sa geôle pour lui demander avec une terreur inquiète : « Ta parole vient-elle de Dieu? » — Aujourd'hui un santon musulman habite la grotte avec son âne, comme Balaam; cet autre faux prophète remplace les élégies du voyant par les psalmodies nasillardes de la prière mahométane.

En tournant l'angle nord-est de la muraille, nous arrivons à la porte Saint-Étienne, d'où l'on descend dans la vallée de Josaphat. Voici le pays des tombes: ce n'est plus l'antique nécropole, déserte et souterraine, des plateaux du nord; c'est le domaine de la mort présente et à fleur de terre. Pourtant au milieu des pierres juives qui envahissent le lit du Cédron et montent comme une armée funèbre à l'assaut de la sainte colline, qu'elles submergeront bientôt tout entière, quelques sépulcres monumentaux de l'ancien Israël émergent çà et là. On ignore l'époque de ces curieux édicules et l'on est conduit à se demander si d'ingénieux ouvriers ne se seraient pas plu à créer une énigme architecturale pour renfermer la grande énigme humaine.

Nous passons devant Siloë, hameau de troglodytes adossé à la montagne, à l'extrémité du ravin où le Cédron se dérobe par un coude sur la gauche; quelques murs de pierres sèches, bouchant les entrées des cavernes funéraires, ont transformé les hypogées en maisons; des mendiants en sortent comme des ombres et nous poursuivent de leurs demandes de *bakchich* dans la gorge d'Hinnôm et jusqu'au mont du Mauvais-Conseil. C'est là que Judas vint se pendre après l'accomplissement de sa trahison.

A mi-côte de cette colline se trouve l'Haceldama, le champ du Sang ou du Potier, que les Arabes appellent encore de son nom sémitique, Hakk-el-Dama. Une tradition ininterrompue et très-autorisée place en ce lieu le terrain acheté par Caïphe avec les trente sicles, prix du sang innocent, et destiné à la sépulture des étrangers. Chose singulière, l'histoire a exécuté avec une fidélité scrupuleuse l'arrêté du sanhédrin. Quand nos croisés assiégèrent Jérusalem, ils firent du champ réprouvé leur cimetière, qu'ils appelèrent le « Charnier de Chaudemar ». Il reste de leurs constructions un édifice carré sous un toit en terrasse; entre les quatre murs, un déblai, pratiqué dans le sol sur une profondeur de plusieurs mètres, renferme encore un monceau d'ossements : c'est le « pourrissoir », comme disaient énergiquement nos pères, qui garde peut-être les reliques des compagnons de Godefroy et d'Amaury. On y descendait les corps par une ouverture pratiquée dans le toit.

Quand le bon frère Faber, le pèlerin de Nuremberg, après avoir rapidement visité les tombeaux d'Israël, « parce qu'il n'y avait là aucune indulgence à gagner », vint à l'Haceldama, il vit par le soupirail, au milieu des os desséchés, cinq cadavres récents. Il se mit à lire ses Heures sur les cinq inconnus, « en souhaitant de tous ses vœux d'être enseveli là avec ses frères ». — Avant de quitter le champ du Potier, il en prend texte pour nous rapporter la curieuse histoire des trente deniers, que je traduis ici, et qu'on lira sans doute avec édification.

« Pour ce qui est des trente deniers, j'en ai lu certaine longue et verbeuse histoire, où il est dit que Tharé, père d'Abraham, les frappa, sur l'ordre du roi Ninus, avec d'autres du même coin. Abraham, les ayant reçus, les apporta en ce pays, d'où ils passèrent à Ismaël dans sa part de succession, sans jamais se séparer les uns des autres. Les Ismaélites les donnèrent aux fils de Jacob, pour prix de Joseph leur frère, quand ceux-ci le vendirent; les frères cependant les portèrent én Égypte, où ils les échangèrent contre du froment. Et d'Égypte ils passèrent dans le pays de Saba pour des marchandises. La reine de Saba les offrit, entre autres munificences, à Salomon, qui les plaça dans le trésor du temple de Dieu. Nabuchodonosor les en tira avec le reste des richesses du temple et les envoya en présent à Godolias, par qui ils arrivèrent dans le royaume de Nubie. Cependant le Seigneur étant né à Bethléem, Melchior, roi de Nubie, les offrit à notredit Seigneur; la benoîte Vierge et Joseph, fuyant avec l'Enfant, les perdirent dans le désert, où un berger les trouva et les garda trente ans. Ledit berger, ayant ouï la renommée des miracles du seigneur Jésus, vint, étant infirme, à Jérusalem; comme la santé lui fut rendue, il porta tous les trente à notredit seigneur Jésus. Lui, ne voulant pas les recevoir, les donna aux prêtres du temple, qui les mirent dans la Corbone. Judas cependant ayant vendu le Seigneur, ils les lui livrèrent; quand, poussé par le remords, il les jeta dans le temple, les prêtres les recueillirent et en achetèrent ce champ. Après ce marché, ils furent dispersés dans tout l'univers; j'en vis un à Rhodes, dont Jehan Tücher de Nuremberg prit l'empreinte; il en fit un modèle en plomb et en fondit de pareils en argent, qu'il distribua à ses amis. En l'an 1485, comme nous étions assemblés à Nuremberg pour tenir le chapitre provincial, ledit personnage donna à chaque frère un de ces deniers. Il y en a autant que de clous à la croix, et sur l'une des faces on voit une figüre d'homme, et sur l'autre est un lis. Il y avait bien une légende, mais on ne peut plus la voir. »

Nous reprenons la vallée d'Hinnòm jusqu'au pied du mont Sion, à l'angle sud-ouest, où elle rejoint la route de Bethléem et le Birket-es-Soultan, grand réservoir arabe vulgairement appelé piscine de Salomon. Tout reste antique porte ici ce nom prestigieux; murs, jardins, réservoirs, aqueducs, tout a été fait par le grand roi; il accapare toutes les splendeurs de la monarchie juive. L'imagination populaire, simple et synthétique, a toujours besoin d'un nom sous lequel elle incarne tous les souvenirs d'une époque. Le fils de Bethsabée a été cet élu de la légende pour la race de David. Elle lui restitue chaque pierre douteuse comme elle lui a attribué toute la littérature de son temps. C'est une loi historique qui semble empruntée aux lois sidérales, cette attraction de quelques grands noms, s'augmentant de sa propre masse incessamment accrue, et absorbant à la longue l'effort lent et composite d'une ou de plusieurs générations, fait de mille efforts obscurs. Il n'y a pas à discuter avec la foule, qui concentre arbitrairement sur quelques têtes radieuses les travaux, les conquêtes et les initiations qui sont l'œuvre collective d'une société.

20 décembre.

Nous avons consacré ces derniers jours à l'étude du Haram-ech-Chérif, le « Sanctuaire auguste », l'enceinte qui a contenu le temple de Jéhovah et qui rassemble aujourd'hui les monuments musulmans; le principal d'entre eux, la mosquée d'Omar, est le chef-d'œuvre le plus accompli de l'art arabe.

On pénètre dans le Haram par la partie occidentale dite Bab-el-Moghreby, la porte des Maugrabins. Sous la voûte et devant la fontaine, décorées avec la fantaisie exquise du goût mauresque, veillaient encore il y a dix ans des noirs féroces, le sabre au poing, prêts à faire tomber la tête du giaour qui eût osé franchir le seuil sacré sans un firman rarement obtenu. Aujourd'hui les nègres ont disparu, les imans gardiens du sanctuaire se sont apprivoisés devant l'affluence croissante des Européens et l'éloquence irrésistible des *bakchichs* qui pleuvent de leurs mains. Cette porte franchie, on se trouve dans le Haram, cité sainte dans la cité commune, dont elle occupe presque un quart en superficie. C'est le sommet du mont Moriah, aplani au nord par des nivellements, prolongé au sud par des remblais; les travaux gigantesques des rois de Juda en ont fait une plate-forme d'environ 500 mètres de long sur 300 de large. Ce quadrilatère est renfermé dans une enceinte de murailles antiques, continuée au sud et à l'est par le mur même de la ville, et se rattachant au nord à la tour Antonia, la vieille citadelle romaine. Au milieu de cette esplanade, une seconde plate-forme entièrement dallée en marbre supporte la mosquée du calife Omar, qui occupe l'emplacement précis du temple d'Israël, et se détache avec une majesté incomparable sur ce piédestal, visible de tous les points de l'horizon de Jérusalem. Au sud du monument, la mosquée El-Aksa, l'ancienne basilique de Justinien, s'appuie au mur d'enceinte. Des restes de portes antiques, aujourd'hui murées, sont encastrés sur divers points; une foule d'édicules auxquels se rattachent mille superstitions musulmanes, fontaines, mimbers, chapelles aux grêles colonnettes supportant un dôme ovoïde en forme de mitre cannelée, sont semés au hasard dans le Haram.

Sur tout le pourtour de cette vaste esplanade, là où un peu de terre végétale s'est amassée sur le roc primitif, des oliviers, des cyprès, un maigre gazon, offrent une promenade solitaire aux méditations des croyants péripatéticiens. Des quodjahs y traînent leurs babouches avec la gravité contemplative de l'Oriental, recueilli en ne pensant à rien. Des soldats montent la garde au pied de la tour Antonia et sur les terrasses des remparts; la barbe et le turban blanc d'un vieux Turc faisant ses ablutions à la fontaine, d'où s'envolent des colombes effarouchées, papillotent entre le feuillage sombre des cyprès. Le plus souvent aucun bruit, aucun mouvement humain ne viennent troubler le silence et la solitude du plateau sacré.

Telle est à peu près la surface du Haram. Le dessous, machiné comme un plancher de théâtre, abrite le système le plus compliqué de substructions, de voûtes, de galeries, de citernes, d'égouts; tout un monde souterrain.

Moins que tout autre, j'ai le droit de toucher à un sujet qui a été épuisé par l'auteur du *Temple de Jérusalem*, et je n'essayerai pas de redire la majestueuse ordonnance de cette belle mosquée d'Omar, les splendeurs de la lumière sur ses parvis, les fêtes toujours nouvelles qu'elle y donne aux yeux.

Tamisée et décomposée par de savantes verrières, tantôt réveillée par les cubes de cristal des mosaïques et les ors des plafonds, tantôt éteinte par l'ombre des colonnes de porphyre et les tapis de Perse, elle atteint une intensité d'effets que lui envieraient nos plus mystérieuses basiliques. Que d'heures émerveillées j'ai passées à suivre ses jeux, en écoutant les légendes que me racontait l'imam sur la pierre de la Sakrah, le vieil autel des holocaustes, quartier de roc fruste et labouré par le temps, qui se dresse dans sa nudité originelle au milieu de tous ces matériaux précieux artistement travaillés! La main de David l'a touché, et il est suspendu sur l'abîme par celle des anges.

La mosquée El-Aksa, bien que fort curieuse pour l'archéologue, mérite moins d'arrêter le visiteur; le hasard nous y fait pourtant rencontrer un sujet d'observations d'un haut intérêt. Toute grande mosquée est encore aujourd'hui dans la ville arabe ce qu'était la cathédrale dans nos villes du moyen âge, un petit centre clérical et hospitalier autour duquel se groupent les logements des desservants, les asiles, les hôpitaux, les écoles; l'enseignement de ces dernières est ordinairement distribué dans le temple. Nous entrons précisément à El-Aksa à l'heure des cours. Les étudiants, vêtus du costume ecclésiastique, cafetan noir et turban blanc, sont accroupis sur leurs genoux, la plume de roseau à la main et l'écritoire de cuivre passée à la ceinture; ils forment des cercles inégaux autour des professeurs, suivant le plus ou moins de notoriété de ceux-ci. Les débutants n'ont que de rares auditeurs; les maîtres renommés, les lumières de l'école, réunissent jusqu'à cinquante et soixante disciples, au pied du petit tréteau où ils sont juchés. Chacun de ces ulémas, quelle que soit la science qu'il professe, a un Coran ouvert devant lui; il lit, en la scandant sur un rhythme monotone, une leçon du texte sacré, qu'il commente ensuite à sa façon. Un d'eux veut bien nous expliquer dans tous ses détails l'organisme de ces universités et la division de l'enseignement qu'on y dispense. Quelle n'est pas notre surprise en y retrouvant les traits originaux, la constitution intérieure, la fidèle reproduction, en un mot, d'une de nos universités du treizième siècle!

Priviléges spéciaux, existence séparée, confusion des études littéraires et ecclésiastiques, découlant toutes ici du Coran comme là de la Bible, rien n'y manque. Les *clercs*, — c'est encore le vrai nom de ces étudiants qui, une fois gradés en droit civil et canon, fournissent indifféremment à la société musulmane le cadi et l'imam, ses magistrats et ses prêtres, — les clercs, habitant généralement un quartier autour de la mosquée, inviolable à l'autorité séculière, couverts par leurs immunités et leurs franchises, ne sont justiciables que du tribunal universitaire. L'enseignement a conservé rigoureusement les grandes divisions de la scolastique : droit canon, droit civil, grammaire, mathématiques, musique. Tout le savoir humain vient se ranger sous ces rubriques, et il procède tout entier du livre révélé. L'autorité juridique de notre vieille Sorbonne se retrouve dans les plus fameuses de ces universités, et il n'est pas jusqu'à son esprit frondeur que leurs docteurs ne semblent tenir d'elle; il m'était facile d'en surprendre la trace dans la parole de celui qui m'initiait à ce côté de la vie musulmane; il laissait percer la conviction qu'en certains cas l'université avait qualité pour interpréter la loi et casser même les arrêts souverains du Commandeur des Croyants.

Ainsi, en errant parmi ces étudiants pelotonnés sur le parvis de la mosquée et prenant des notes sur leurs genoux, je pouvais me croire au milieu des clercs de la rue du Fouarre commentant Aristote, tant il est vrai que cet immobile Orient, je ne me lasse pas de le répéter, garde toujours pour qui veut l'interroger la reproduction vivante, la révélation sincère de notre histoire passée, à nous qui marchons.

Dans le chœur de la mosquée, une chaire élégante est portée par deux colonnes, les colonnes du paradis, entre lesquelles ne peuvent passer que les seuls prédestinés. Les parois intérieures des deux fûts sont sensiblement usées par les efforts séculaires des pèlerins et des effendis obèses qui essayent péniblement leur aptitude au bonheur éternel. On y voit souvent quelque grave et haut fonctionnaire orné de cette rotondité qui est partout l'apanage des gens satisfaits d'eux-mêmes et de la fortune, et qui, chez les Turcs, est presque un uniforme administratif; le malheureux se tourne et se retourne, suant à grosses gouttes, pour suivre dans la porte céleste le jeune mollah dont il envie pour la première fois la pieuse maigreur; d'un air de componction et riant sous cape, l'ecclésiastique tire à deux mains le magistrat essoufflé. Vains efforts! l'Excellence ne passe pas et s'en va un peu honteuse, non sans remettre une libérale offrande à son guide, pour qu'il raconte au public comment elle est sortie victorieuse de l'épreuve imposée aux croyants; il faut bien garder son prestige vis-à-vis de ses administrés.

Nous voudrions encore, en parcourant le Haram, nous attarder à quelques *wélys* (chapelles) aux dômes provocants, en forme de mitres, brodés de sentences de la loi en lettres koufiques, ou étudier les beaux vestiges de la Porte-Dorée, les assises antiques de la tour Antonia; mais les royaumes souterrains nous appellent avec leur fascination mystérieuse.

Nous descendons, par un soupirail de l'angle sud-est, parmi des matériaux gigantesques, debout encore ou gisants sur le flanc, dans l'ombre auguste de ces voûtes, portées par des forêts de piliers semblables à des tours, que l'imagination orientale a peuplées de djinns et de génies malfaisants. C'est Salomon qui les a enchaînés dans cet Érèbe factice : expert aux formules magiques, il les a contraints à mettre en place ces moellons qu'une armée ne remuerait pas, à soutenir ces voûtes qui portent la plate-forme et ses temples, à creuser ce réseau d'aqueducs et de citernes, amenant les eaux des montagnes lointaines ou dégorgeant le sang des hécatombes; puis il les a écroués pour l'éternité aux pierres de leurs piliers. Malheur aux âmes qui s'égareraient dans ces labyrinthes infernaux sans y jeter un petit caillou! Les djinns les saisiraient et se les renverraient dans la nuit éternelle comme une balle ensorcelée.

Hélas! la science lumineuse et impitoyable est descendue, elle aussi, dans ces ténèbres : elle a regardé l'appareil des pierres, la courbe des arcs, la disposition des portiques, si complètement analogue à celle de la Porte-Dorée, et nous voici obligés de confesser que les plus vieilles de ces substructions colossales remontent à l'époque hérodienne, et la majeure partie aux derniers califes. N'importe, si les vaillants ouvriers qui ont de la sorte étayé la montagne sont plus voisins de nous que nous ne l'aurions cru d'abord, ils n'en n'ont pas moins continué et rétabli l'œuvre du Roi magnifique, qui a commencé sans nul doute ces réservoirs et ces palais souterrains. Permis encore à nous d'entendre la voix attristée de l'Ecclésiaste dans ces corridors éternellement silencieux.

Je relisais hier soir dans Josèphe le récit de l'agonie de la nationalité juive, expirant dans ce même Temple dont j'étudie les vestiges, comme la vie qui reflue au cœur avant de s'éteindre. En voyant Israël périr, sa tâche accomplie, on pense involontairement à ces insectes qui rampent durant de longs mois sans se douter qu'ils portent en eux le germe d'une forme meilleure : le jour venu et la métamorphose achevée, la chrysalide abandonnée disparaît, tandis que le nouveau-né monte sur ses ailes radieuses dans la lumière. De même le peuple imprudent qui a livré son âme à des races plus avisées tombe, cadavre lui-même, en défendant le cadavre de son culte. L'anarchie, l'oppression, la misère, ont eu raison des derniers lambeaux de l'organisation hébraïque; parfois un souffle de délivrance passe sur la Judée : un Messie paraît, c'est Lui! On accourt, on le suit, pour le voir finir sur la croix du proconsul. Le joug s'appesantit, et le pauvre peuple retombe, plus faible de son nouvel espoir trompé. Haineux et divisés, comme tous les malheureux et les vaincus, incapables d'un effort commun par suite des suspicions intestines, âpres aux restes chimériques du pouvoir et du sacerdoce, rien ne leur manque de ce qu'il faut pour faire mourir une grande nation. Les purs s'isolent des hésitants ; les derniers tenants de la loi, les zélateurs, à la suite des massacres de Césarée, s'enferment dans la ville, et, la ville prise, dans le Temple. Là, derrière l'autel menacé par Titus, une poignée de sectaires oppose au colosse romain la plus héroïque défense, rendons-leur justice, qu'ait enregistrée l'histoire militaire : « Leur audace était plus grande que leur nombre, et ils redoutaient plus de vivre que de mourir », dit Tacite, un expert en courage.

Il faut lire dans Josèphe, dont l'attitude douteuse entre les deux camps rend l'admiration peu suspecte, les péripéties de cette résistance acharnée : comment, cédant pied à pied la haute ville, la tour Antonia, l'enceinte du Haram, dont les remparts les avaient longtemps protégés, les portiques et les galeries du Temple, les derniers combattants d'Israël vinrent se faire écraser sur le Saint des Saints, sur cette pierre de la Sakrah, où avait ruisselé le sang de tant d'autres holocaustes, — comment la torche d'un légionnaire, jetée sur les lambris de cèdre, réduisit en cendres le monument vénérable, qui ne devait plus se relever.

Tous ceux des Juifs qui ne furent pas vendus

comme esclaves, traînés au triomphe capitolin ou dispersés aux quatre coins du monde pour errer dans un éternel exil, se réfugièrent dans les labyrinthes souterrains du Moriah. Ombres vivantes dans ces cavernes funèbres, ils ne tardèrent pas à y mourir de faim. Quand les soldats romains, qui allaient puiser l'eau aux piscines de Siloë, étonnés d'y voir des cadavres apportés par les sources mystérieuses, se décidèrent à fouiller les entrailles de la montagne, ils n'y trouvèrent plus que quelques agonisants parmi des milliers de squelettes.

L'un de ces derniers survivants, le chef héroïque des défenseurs de la ville, Simon Bar-Gioras, essaya d'échapper à ses ennemis en les terrifiant par une apparition de fantôme. S'étant enveloppé de draperies blanches et revêtu d'un manteau de pourpre, il surgit brusquement par un des soupiraux des galeries, sur la plate-forme du Haram, aux yeux des Romains épouvantés. Ce spectre royal, sortant des cavernes salomoniennes et revenant errer dans les cendres du Temple détruit, c'était tout ce qui restait de la nation de David.

C'est le bénéfice de cet étrange pays que la vie contemporaine y offre sans cesse l'éloquent commentaire de l'histoire passée, l'*illustration* des réflexions que cette histoire inspire. J'en ai eu un nouvel exemple aujourd'hui en allant voir les Juifs pleurer au mur du Temple, curieux spectacle que

Jérusalem réserve tous les vendredis à l'étranger. Une belle gravure de M. Bida l'a popularisé chez nous.

Le mur d'enceinte du Haram qui regarde vers l'ouest, à l'intérieur de la ville et proche du pont des Macchabées, s'est conservé jusqu'à une grande hauteur tel qu'il était aux époques reculées où Israël possédait en paix la ville de David : assises de blocs énormes, à refends et en retraite, d'aspect fruste et vénérable. C'est le débris monumental que la tradition fait remonter avec le plus de vraisemblance au roi Salomon. Un étroit couloir est ménagé entre ce mur et les masures modernes. Les Juifs, à qui l'entrée du parvis sacré est rigoureusement interdite, ont acheté des Turcs, moyennant finance, le droit d'y venir pleurer sur les ruines des monuments de leurs ancêtres.

La tradition est vieille chez eux et date de la dispersion de Titus. Les Romains, les Perses, les croisés, les musulmans, ont tour à tour prélevé sur cette piété nationale un lourd tribut : les avares proscrits l'ont continué à ces maîtres successifs de leur patrimoine, estimant plus que leur or l'ineffable joie de toucher les vestiges de leur grand roi, la porte de l'enceinte paternelle d'où on les chasse. Saint Jérôme témoigne de l'antiquité de cette coutume dans une de ses lettres : « Vous y verrez ce peuple lugubre venir pleurer sur les ruines de son

Temple », écrit-il. — C'est là qu'un philosophe devrait aller méditer sur la vitalité persistante des religions et la réprobation mystérieuse de la famille hébraïque. Au pied de la muraille géante, contre la première assise dont les têtes atteignent à peine le faîte, une foule compacte se presse et couvre les pierres vénérées de baisers, de caresses et de larmes. Quelques-uns ont les vêtements du pays, gombaz de soie aux couleurs éclatantes ; mais la grande majorité, Juifs de Pologne, de Russie, de Valachie, portent cet inénarrable costume qui nous a tant frappés à Saphed, où nous le vîmes pour la première fois. Les femmes, enveloppées dans leurs voiles blancs, se mêlent à ces pieuses douleurs.

Les voilà tous, au nombre de plusieurs centaines, étreignant les pierres de leurs mains crochues, balançant la tête et le corps avec les ondulations rhythmées de la prière orientale, psalmodiant sur une gamme aiguë les lamentations des prophètes ou des litanies en plat allemand. Par moments, le chant et les branlements de tête s'apaisent, puis, au cri d'un coryphée, le long cordon des calottes fourrées, des turbans, des chapeaux européens, recommence à monter et à descendre avec des mouvements de houle en fureur. Beaucoup pleurent réellement sur la muraille sacrée et cruelle qui leur cache la vue du Moriah et du parvis de Salomon. Le musulman qui va prier à la mosquée maudit les parias honnis, les touristes venus en partie de plaisir rient à gorge déployée des détails grotesques de la scène; impassibles sous le mépris et l'insulte, ils jettent en dessous un regard chargé de haine à l'infidèle ; et continuent sans se laisser distraire leur lamentable commémoration.

Une indicible pitié saisit le spectateur à la vue de cette éternelle infortune, de ce patriotisme sans défaillance, quoique sans aliment. Le cœur se serre et la raison est confondue. Quelle évocation historique pourrait lutter d'étrangeté et d'invraisemblance avec ce fait actuel : l'apparition de ce peuple indéfectible, qui revient du fond des siècles mythiques en pleine vie moderne, comme le spectre de Bar-Gioras au milieu des Romains, pour maudire un attentat vieux de deux mille ans, pour prier et pleurer, avec une passion toujours jeune, dans une langue éteinte, sur les ruines d'un temple dédié à un culte mort?

22 décembre.

Nous avons été visiter aujourd'hui les établissements russes, à dix minutes de la porte et sur la route de Jaffa. De quelque point de l'horizon qu'on regarde Jérusalem, l'œil est attiré et préoccupé par cette masse blanche qui couronne la colline de l'ouest et domine la cité allongée à sa base. Qu'on descende des plateaux de Naplouse ou qu'on monte de Jaffa, cette église ceinte de maisons apparaît la première au voyageur comme une sentinelle ou une gardienne de la ville; mieux encore que la croix grecque et le drapeau des tsars, la richesse, l'importance de ces constructions, lui apprennent leur nationalité.

Le consul, logé dans une élégante villa qui fait partie du groupe des bâtiments, nous reçoit avec affabilité et nous montre en détail, avec une satisfaction bien compréhensible, l'œuvre due à la charité et à la sagacité de ses compatriotes. Un hôpital de soixante lits, largement et confortablement installé, une pharmacie, un hospice, au vieux sens du mot, maison disposée pour des pèlerins pauvres, avec des chambres proprettes destinées aux voyageurs plus aisés, une chapelle intérieure, une grande et belle église, des dépendances nombreuses, rien ne manque à la petite cité moscovite. Médecins, pharmaciens, infirmiers, dames hospitalières, attendent les malades et les indigents. Je ne puis m'appesantir sur les mille petits détails qui révèlent une main généreuse autant que prévoyante; ce qu'il faudrait faire comprendre pour restituer aux moindres choses toute leur valeur et leur suprême intérêt, c'est l'impression irrésistible de puissance, de richesse, de persévérance et de vitalité qui se dégage de tout cela. On dit que la Russie a déjà enfoui, je me trompe, semé 4 millions dans ce champ, qui ne restera pas improductif; comparez cette somme aux quelques misérables milliers de francs que les autres puissances envoient à leurs coreligionnaires, et déduisez-en la force de l'action exercée de part et d'autre!

Tout ceci n'est rien encore, ce n'est que le cadre; mais, si l'on observe les singuliers hôtes attendus dans cette demeure, le fleuve dont nous venons de parcourir le lit, on s'étonne, j'allais dire, on s'effraye, de bien autre façon. C'est à Pâques, au grand moment du pèlerinage, qu'il en faudrait faire une étude complète; cependant le mouvement plus restreint que détermine la fête de Noël nous permet d'en saisir la curieuse physionomie. Rien ne peut faire comprendre à notre société, si déshabituée de pareilles impulsions, le courant de dévotion ardente qui jette chaque année 3,000 ou 4,000 pèlerins russes sur les lieux saints. Pour s'expliquer cette croisade pacifique, il faut remonter à nos siècles de foi absolue, aux pionniers de l'Europe catholique en Orient, à ces compagnons de Pierre l'Ermite, ces précurseurs des Croisés, qui arrivaient à pied, le bourdon à la main, du fond des Flandres ou de la Bretagne à Jérusalem. De même rien mieux que ce spectacle ne peut nous aider à restituer ces époques historiques. Sous plus d'un rapport, ce peuple russe en est encore au même âge que nos pères du onzième siècle, au même degré de ferveur et de naïveté puissantes. Aidé par un gouvernement soucieux d'utiliser un pareil levier, il s'ébranle périodiquement au fond de ses steppes comme une migration d'oiseaux du nord. Le paysan de la Petite-Russie, le *mougik* de Moscou, le serf de Sibérie, le Circassien des provinces chrétiennes du Caucase, le Bulgare du Danube, les marchands de Nijni ou d'Arkhangel, se réunissent à Odessa, où des paquebots les prennent presque gratuitement et les transportent à Jaffa. De là ils font à pied, en chantant des cantiques, la longue route qui mène à travers les montagnes jusqu'à Jérusalem, et sont reçus pour la plupart dans la communauté.

Je les ai vus dans l'hospice, dans leur église, et souvent surtout au Saint-Sépulcre; coiffés de la casquette nationale, frileusement pliés dans leurs longues lévites, ils ôtent à l'entrée du sanctuaire leurs grandes bottes rougies par les neiges, se prosternent sur le pavé avec des signes de croix répétés et prient avec ferveur. Et il ne faudrait pas confondre ces démonstrations avec les simagrées machinales du dévot grec : il suffit de regarder ces physionomies où le sentiment se traduit avec la jeunesse et la gaucherie naïve des figures de nos cathédrales gothiques, ces yeux ardents sous ces longs cheveux retombant en boucles sur les épaules, pour y surprendre une flamme de foi véritable et immense. Beaucoup ne croient pas leur pèlerinage achevé à Jérusalem et le continuent jusqu'au Sinaï; ils affrontent les fatigues et les misères de plusieurs mois de marche dans les déserts arabiques, pour aller baiser les rochers touchés par Moïse. On nous a montré une très-curieuse collection de fossiles, de poissons et de coquillages pétrifiés rapportés et augmentés sans cesse par les pèlerins des montagnes saintes. Une anecdote encore qui pourra donner la note de cette dévotion ascétique, digne des temps héroïques du christianisme : Madame Kajevnikof nous fait voir une énorme croix en fer brut pesant au moins dix-huit ou vingt livres. Elle a été trouvée pendue au cou d'une vieille femme morte dans l'hospice; la malheureuse était venue à pied de Jaffa avec ce singulier cilice, qu'elle portait depuis des années!

On conçoit maintenant ce que peut donner une pareille force savamment développée et dirigée. Si l'on ajoute à cet enthousiasme religieux les qualités d'obéissance et de respect qui nous ont frappé chez la plupart de ces hommes, on se dit qu'il n'y a pas de limites à l'action possible d'un bras servi par un aussi merveilleux instrument. Il faudrait vraiment une sagesse surhumaine pour ne pas être tenté d'en abuser. On a quatre mille pèlerins aujourd'hui, on en aura quarante mille demain si l'on veut, si l'on peut les loger et les nourrir. Un peuple entier viendra sur cette colline, soumis, dévoué, ardent : le jour où l'on voudra, sur un mot, sur un signe, il se ruera à la délivrance du saint Sépulcre avec le même entrain, avec la même abnégation que les compagnons de Godefroy de Bouillon; mais j'écarte ces éventualités violentes : l'action lente et intense d'un pareil mouvement moral s'exercera en dépit de tout. Aussi, en parcourant ces belles salles, en admirant les attentions maternelles de la Russie pour ses enfants et les sacrifices qu'elle s'impose, on sent à travers tout cela la fermentation des germes féconds, une expansion irrésistible et forte à briser des roches, comme un frémissement sourd de moissons qui mûrissent.

Des impressions d'un caractère plus profond encore nous attendaient dans la basilique. On connaît la disposition générale des églises russes, en forme de croix grecque surmontée de cinq dômes bulbeux. Celle-ci ne s'en écarte pas. L'intérieur est décoré avec une richesse sobre et délicate à laquelle les édifices consacrés au culte orthodoxe ne nous ont guère habitués.

Sur les panneaux de l'iconostase se déroule la galerie habituelle des *panagia* et des saints dans leurs fonds d'or. J'étais surtout curieux de voir là comment l'art religieux russe a modifié la vieille tradition byzantine, si immobile chez les Grecs, si familière à tous ceux qui ont habité l'Orient. L'épreuve est tout en sa faveur. Cette école, à peine née d'hier, si je suis bien informé, donne déjà des résultats surprenants et nous promet peut-être une rénovation de la peinture religieuse. Elle a su, avec un discernement parfait, garder toutes les qualités des vieux maîtres du mont Athos et des couvents grecs, la naïveté, la douceur, l'éclat, l'expression fervente; elle en a rejeté impitoyablement la gaucherie, la roideur, les incorrections de dessin, les poses conventionnelles; c'est d'un archaïsme bien autrement vrai, bien autrement jeune et religieux que celui de l'école allemande d'Overbeck. L'œil fait à l'immobilité hiératique des types byzantins est tout surpris de voir des saints orthodoxes vivre et se mouvoir dans leur ciel d'or; on applaudit sincèrement à ce jeune art barbare déjà si savant et si ingénieux. Il y a là telle tête de Christ qui est sur la route des nobles et antiques figures que notre grand Flandrin a laissées à Saint-Vincent de Paul et à Saint-Germain des Prés.

Mais ce ne sont pas ces détails qui m'ont tout d'abord frappé; en entrant, je l'avoue, le spectacle que j'avais sous les yeux ne m'a guère laissé la faculté d'observer. C'était la vigile de je ne sais quelle fête orthodoxe, et l'on disait les vêpres du saint. Dans le chœur, une petite table portait un cadre de reliques; ces vieux restes étaient couverts d'une grande couronne de roses naturelles, suivant une touchante coutume de l'Église russe. Un peu plus bas, un évêque assisté de trois diacres lisait le rituel posé sur un pupitre. Les quatre officiants étaient revêtus d'ornements splendides, de lourdes chapes d'or reluisantes d'émaux et de gemmes qui faisaient paraître plus singulière encore leur coiffure de deuil, ce long voile noir retombant tout autour de la tête appelé *kalimafkon.* L'évêque était jeune : sa barbe et ses cheveux blonds encadraient un de ces types slaves si séduisants, rêveurs et mystiques, où il y a de la femme et du barbare ; quand il disait son chant grave, sa voix contenue semblait venir de plus loin que lui. Les trois acolytes, statues immobiles, tenaient un grand cierge allumé à chaque face du pupitre; leur voile noir retombait tristement sur une opulente barbe blanche; leurs paupières ne remuaient pas sur leurs yeux atones, pas un muscle ne bougeait sur leurs faces hiératiques, qu'on eût dites descendues d'une mosaïque. Ces quatre personnages, disparaissant parfois dans un nuage d'encens, bizarrement éclairés par la lumière du couchant décomposée et adoucie à travers les vitraux, n'avaient plus rien de ce monde. Derrière l'iconostase, des chantres invisibles, doués de voix superbes et admirablement dirigées, psalmodiaient les litanies du saint sur un récitatif en plain-chant. Je m'attendais à la mélopée nasillarde des hymnes grecques; au lieu de cela, j'écoutais avec ravissement la musique religieuse la plus symphonique, la plus douce et la plus pénétrante qu'il m'ait jamais été donné d'entendre. Il y avait surtout une basse ample et profonde qui reprenait fréquemment un motet lent et plaintif; j'ignore comment les musiciens nomment la gamme ascendante qui lui servait de thème; mais elle était d'un effet si large et si sûr qu'à chaque reprise on tressaillait involontairement.

Tout cela nous avait cloués à nos places comme une apparition merveilleuse. De cette musique céleste, de ces lumières mourantes du jour, de ces parfums d'encens et de cire, de ces fraîches fleurs sur ces ossements, de ces vieillards éblouissants sous leurs voiles de deuil, se mouvant dans un fond d'or au milieu des icones de saints dont on les distinguait à peine, il se dégageait une poésie si sacrée, une prière si exquise, que nous ne pouvions plus nous dérober à leur charme, à leur émotion communicative. Ces hommes ont vraiment une entente supérieure de la mise en scène religieuse : ils ont retenu les traditions pompeuses de l'ancien Orient. Même à Jérusalem, en face de ces souvenirs écrasants, ils ne sont ni petits ni ridicules.

C'est alors surtout que j'ai senti quelle force s'accumulait sous ces voûtes ; en voyant autour de moi tous ces pèlerins russes, les femmes prosternées, les hommes debout, graves, fervents et recueillis, les réflexions qui m'obsédaient tout à l'heure me sont revenues cent fois justifiées. Cette religion, déjà si vive, est nourrie et comme chauffée à blanc par un clergé qui dispose de tels moyens d'action, qui sait s'emparer de l'homme par tous ses sens pour arriver à son âme, et ce clergé lui-même est un instrument docile dans la main d'un maître ! Ne voilà-t-il pas le levier à soulever le monde ? En m'avouant que l'avenir est à ces hommes, je suis obligé de reconnaître que c'est justice, puisqu'ils sont simples, pieux et bons. Ils ne savent pas au même degré que nous diriger les forces de la matière ou jouer avec les rouages subtils des machines politiques ; mais ils ne connaissent pas nos révoltes, nos doutes. Ils n'ont pas encore toutes nos sciences, nos arts, nos lettres ; mais ils possèdent les trois grandes sciences que nous avons désapprises, la foi, le sacrifice et le respect.

25 décembre.

Noël ! Noël ! C'est à Bethléem qu'il faut aller cette nuit célébrer la joyeuse naissance, c'est à Bethléem que court toute cette foule, revêtue de ses habits de fête, qui s'engouffre sous la porte de Jaffa, à Bethléem que vont ce soir le peuple, les rois et les étoiles. Sur celles-ci pourtant il ne faut pas trop compter. Un ouragan furieux s'est déchaîné cette nuit avec la violence qui appartient aux rares perturbations atmosphériques de ces climats : je ne peux partir que vers le matin, fouetté par des trombes diluviennes, cherchant vainement la route dans la campagne transformée en étang et noire comme une gueule de four ; mon cheval butte jusqu'au poitrail dans les flaques d'eau, et je ne suis guidé dans les ténèbres que par le tintement lointain des cloches de Bethléem, qui carillonnent la bonne nouvelle et le réconfort.

Malgré ces difficultés, une foule effervescente et pittoresque remplit le couvent latin, la basilique et la grotte. On devine quelle affluence une nuit de Noël attire à Bethléem. Il est vraiment providentiel que les Grecs aient conservé l'ancien calendrier ; si les solennités chrétiennes tombaient aux mêmes dates pour toutes ces communions ennemies dans ces sanctuaires contestés, les lieux saints ne seraient qu'un perpétuel champ de bataille. Le pacha a envoyé un bataillon pour sauvegarder l'ordre, non moins que pour faire honneur à la fête ; il n'est pas rare de voir en Turquie les soldats musulmans rehausser de leur présence la pompe des cérémonies chrétiennes, faire cortége aux processions et présenter les armes au dieu étranger. La troupe bivouaque dans les nefs condamnées de la basilique, devenues, depuis que les Grecs les ont séparées du chœur par un mur de clôture, un vestibule banal.

Si le tableau est triste pour l'archéologue et le chrétien, il est sans prix pour le peintre. Des chevaux attachés à la porte, qui font sonner leurs larges étriers de fer et leurs housses toutes frissonnantes d'amulettes de métal, descendent des cavaliers arabes en grand costume, pantalons bouffants, vestes brodées d'or et soutachées de couleurs vives, ceintures de soie rouge laissant passer les crosses damasquinées des pistolets et les manches des poignards, abayes de laine brune traînant à terre comme des chapes, kouffiehs multicolores ou turbans blancs enroulés autour de la tête. Tout ce monde emplit la basilique et se groupe à souhait dans les entre-colonnements, disputant et gesticulant avec les marchands de chapelets, de cierges et de pâtisseries. Les femmes sont en nombre : on sait qu'elles ont conservé un costume particulier au village de Bethléem, et qui doit être à très-peu de chose près le vêtement antique. Il se compose d'une chemise de laine rouge et bleue ouverte sur la poitrine, d'une espèce de cotte de même étoffe, et d'un long voile blanc à parements brodés, gracieusement soutenu par un bonnet à haute forme qui n'est autre que l'ancienne mitre des femmes orientales. Ce bonnet, tressé de laine, de grains de corail, de cercles de cuivre et de pièces de monnaie, est, avec leur collier, une véritable boutique de changeur. Le grand luxe est d'y réunir des centaines de pièces de tout temps et de toute provenance, vieux trésor de la famille : talaris, sequins, piastres, florins, ducats, quelques-uns demeurés là peut-être depuis les Vénitiens et les Génois, sans préjudice des médailles, des breloques, des chaînettes, des bijoux de toute forme, des anneaux soudés aux oreilles, aux coudes, aux poignets, aux chevilles. Toutes bruissantes de cette orfévrerie, les belles Bethléémitaines s'avancent drapées dans leurs voiles avec une grâce et une noblesse incomparables; une existence simple et primitive a conservé aux races orientales ce galbe antique, pur et serein, que nous ont fait perdre l'incessant travail de pensée, l'intensité nerveuse et l'activité inquiète de la vie moderne.

Au milieu de tout ce va-et-vient, les soldats turcs, graves et silencieux, se chauffent en rond autour de feux allumés dans les bas côtés de la nef, près de leurs fusils dressés en faisceau contre les colonnes byzantines. A ce bivouac improvisé, les uns font la cuisine, d'autres fument leurs tchibouqs; les flammes tirent des notes éclatantes de tous ces tarbouchs et montent en spirales réveiller les saints personnages des mosaïques; leurs prestiges rendent une vie fantastique aux sévères docteurs des conciles d'Éphèse et de Nicée, qui semblent se mouvoir sur l'or des murailles et regardent avec scandale, de leurs mornes yeux d'émail, ces armes, ces feux, cette foule; ils ont dû de leur vivant contempler les mêmes scènes, quand le sac de la basilique par les soldats persans de Khosroës vint interrompre leurs subtiles controverses.

Cependant le peuple se précipite dans la grotte

de la Nativité, qui s'étend sous le chœur de l'église; on y descend par deux escaliers demi-circulaires, dont l'un appartient aux Grecs, l'autre aux Latins. C'est un carré long de 10 à 12 mètres sur 5 : le rocher a partout disparu sous les revêtements de marbre, les tapisseries, les lampes de vermeil, tout le pieux trésor dont la chrétienté a enrichi depuis de longs siècles le sanctuaire vénéré; une des lampes, toujours allumées, qui pendent de la voûte a été donnée par le roi Louis XIII. Sur le côté de la grotte qui regarde l'orient, une excavation, en forme de niche dans le rocher, marque la place même de l'enfantement, comme l'atteste cette fameuse étoile d'argent qui a fait un bruit si tragique dans la politique contemporaine; — une autre excavation au sud, la chapelle de la Crèche, est le lieu assigné à l'adoration des Mages. La grotte se continue par un corridor qui prend sur cette pièce principale, serpente dans le rocher, conduit à plusieurs chapelles consacrées par des traditions diverses, et revient déboucher par quelques marches dans le couvent latin.

La foule des fidèles emplit la petite église des franciscains, obstrue l'escalier et se prosterne pieusement dans la crypte, rayonnante de lumières. C'est un spectacle touchant de voir les Bethléémitaines et les vieux Arabes à barbe blanche se précipiter sur la Crèche pour arriver à baiser les marches de l'autel, l'étoile d'argent. Au moment où j'entre à grand'peine dans le sanctuaire, l'officiant lit cette leçon de l'Évangile : *In præsepio reclinaverunt eum*... « Ils le couchèrent dans la crèche. » Frappé de cette coïncidence, pénétré de la solennité du lieu et du souvenir, gagné par la fièvre de ferveur qui s'exhale de tous ces cœurs et de toutes ces lèvres, on se sent envahi par l'émotion commune, on obéit doucement au magnétisme de cette adoration que tout persuade. C'est l'heure où s'épanche la source cachée de la prière, qui toujours filtre goutte à goutte dans quelque fond de l'âme, comme la lumière du ciel dans ce berceau de rocher.

J'ai passé une partie de la nuit à errer dans les détours de la grotte, tantôt perdu dans la foule agenouillée devant la crèche, tantôt m'égarant dans les retraits déserts formés par les élargissements du long boyau souterrain : ce sont des chapelles dédiées aux Innocents, à saint Jérôme, à sainte Paule. Personne ne vient troubler leur solitude : la musique et les chants des fidèles invisibles m'arrivent étouffés et mourants comme dans un couloir des catacombes. L'illusion est complète quand en remontant le corridor j'émerge subitement dans la clarté des lampes d'or et l'assemblée chrétienne. Tout au fond de la grotte, l'oratoire de saint Jérôme m'attire de préférence; c'est là qu'il venait, suivant la tradition, prier et travailler, c'est là que son tombeau dort sous l'autel; j'y vais à plusieurs reprises, cherchant si ce grand esprit n'y a pas laissé son secret de paix et de détachement.

Je remonte dans le cloître latin, où les bons franciscains assaisonnent le déjeuner hospitalier qu'ils m'offrent du récit animé de leurs dernières tribulations. Ce sont des moines italiens et espagnols, aux têtes caractéristiques, dont la plupart m'ont déjà été présentés par Filippo Lippi ou Zurbaran. Un seul est Français; le Père Bernard (qu'il me permette de trahir le nom modeste enseveli par lui dans ce couvent) nous séduit par son instruction étendue, son élévation d'idées, son onction vraiment chrétienne. Il vit dans ce milieu de si peu de ressources pour un esprit comme le sien, isolé, froissé souvent, se consolant avec la bibliothèque, la correspondance de saint Jérôme, les couchers de soleil sur les montagnes d'Idumée et l'espoir de dormir un jour dans ce petit cimetière du cloître, où on le déposera revêtu de sa robe de bure, les mains en croix sur son vaillant cœur, près du berceau d'où sa tombe attend la résurrection.

La pluie me reconduit à Jérusalem : elle s'établit avec une persistance qui semble annoncer le commencement de la « saison des pluies », mot qui a le privilége de faire frissonner le voyageur en Syrie. Il n'a plus qu'à fuir devant elle, s'il ne veut affronter cette démoralisation de l'eau, suffisante pour empoisonner toutes les joies du voyage à cheval. Aussi bien le paquebot passe dans trois jours à Jaffa, et l'Égypte miroite déjà devant nos yeux : il faut nous résoudre à faire nos malles, c'est-à-dire à renfoncer dans les sacoches des mulets nos trois chemises, nos livres et nos cartouches, et à partir demain.

26 décembre.

Je voudrais pourtant, avant de quitter Jérusalem, résumer la physionomie de l'étrange ville et l'impression morale qu'elle laisse. J'ai dit la désolation de son aspect matériel et la tristesse de ses abords; j'ai éprouvé qu'on y vit en quelque sorte d'une vie rétrospective par les débris des âges passés qui racontent son histoire, que le promeneur le moins prévenu, en parcourant cette ville arrêtée dans le temps, se sépare tout naturellement de la pensée contemporaine et commerce familièrement avec les Juifs, les Romains et les Croisés, qui parlent seuls dans le silence présent.

Mais du cadavre qui gît dans ce tombeau, l'âme a survécu. Si tous les bruits de nos villes se taisent dans celle-ci, si leurs conditions essentielles d'existence en sont absentes, il est un des côtés de l'activité humaine qui s'est développé avec une intensité exclusive, qui a confisqué à son profit tout l'effort de pensée des habitants et des hôtes de Jérusalem. Pour faire comprendre comment il vous saisit dans ce milieu au détriment de toute autre préoccupation, il faut demander à l'homme de notre temps un déplacement absolu de ses habitudes, de ses intérêts et de ses points de vue. Cet élément social à qui, chez nous, la place est mesurée chaque jour d'une main plus avare, et qui s'est maintenu à Jérusalem étouffant tous les autres, c'est l'élément religieux.

Le commerce, le luxe, l'industrie, ces grands soucis de toute agglomération d'hommes, n'existent ici que pour les nécessités premières et les objets de piété. L'agriculture est dérisoire, le pays exporte tout au plus quelques sacs d'olives. Le projet, caressé par des ingénieurs européens, d'un chemin de fer reliant Jaffa à Jérusalem est tombé et tombera chaque fois devant l'impossibilité d'alimenter la ligne, non moins que devant une sorte de réprobation esthétique, soulevée par cette association d'idées et de mots qui hurlent ensemble. Tandis que la plus petite bourgade du Levant, dévorée aujourd'hui par le démon de l'agio, a sa bourse dans un café ou dans un khan, Jérusalem n'en a pas; les Grecs et les Juifs y vivent, ô miracle, sans «faire d'affaires». Le plaisir est encore plus sévèrement banni que le travail de la cité sainte : l'hiver dernier, M. le consul de Russie ayant voulu donner un modeste bal, cette idée fut accueillie comme une monstruosité. Chacun garde, sous la pression de l'atmosphère générale, une certaine retenue d'actions et de paroles comme sous le coup d'un deuil commun ; on marche et l'on cause dans la rue comme dans une église, on ne pense même pas aux distractions de nos villes, on s'étonnerait de les rencontrer ici. Il n'y a d'autres intérêts locaux que ceux qui se rattachent aux questions religieuses, d'autres séditions que celles nées au pied de l'autel, d'autres travaux intellectuels que ceux consacrés au prosélytisme et aux recherches théologiques.

Devine-t-on maintenant quelle doit être l'influence de cette atmosphère propre, de cette fermentation générale sur la masse des esprits ? Comme dans tous les milieux particuliers, la vue se fausse, devient sujette à des grossissements d'optique, et aperçoit toutes choses à travers le nuage environnant. Les intelligences attirées ici par la recherche ou la propagation de la vérité et celles qui y viennent remplir des fonctions publiques, utiliser des talents plus pratiques, des aptitudes à l'intrigue, procèdent autrement qu'ailleurs. Les esprits les plus sains y subissent une déviation *sui generis*, percent dans quelque direction baroque, s'adonnent à quelque manie : c'est ce que l'on a appelé la « folie hiérosolymitaine ».

On va peut-être crier à l'exagération ; mais tous ceux qui ont pratiqué l'Orient connaissent bien le mot et la chose et trouveront dans leurs souvenirs, à l'appui de ces assertions, plus de vingt noms que les convenances ne me permettent pas de citer. Chacun a ou croit avoir son idée, toujours pénétrée par l'idée dominante : l'industrialisme lui-même ne se produit ici que teinté de piétisme. Sans parler des nombreux millénaires, recrutés surtout parmi les Juifs et les sectes américaines, qui viennent chercher à Jérusalem la restauration du royaume de Dieu et la régénération de l'humanité, on rencontre à chaque pas des personnalités étranges. Celui-ci fonde une église, cet autre se contente d'un ordre; l'un a eu des visions, un second a son plan tout fait pour le remaniement de la carte d'Orient; un troisième est poursuivi par les embûches des adversaires religieux et politiques que ses fonctions l'ont forcé de combattre durant de longues années; d'autres reconstituent des principautés avitales tombées en déshérence. On n'en finirait pas à énumérer toutes les manifestations de cette influence du milieu. Les plus excellents esprits y sacrifient par quelque côté : un consul d'une grande puissance, homme charmant et de valeur singulière, a bâti de ses deniers un hospice qui doit être la maison mère d'un nouvel ordre d'hospitaliers, destiné à soigner les pèlerins malades, divisé en langues et en bannières; il insiste auprès de nous pour que nous propagions l'idée et lui procurions des recrues prêtes à faire les vœux mineurs, à ressusciter le Temple, dont il sera grand maître. Voilà la note. Le passé est tellement vivant, seul vivant ici, que rien de ce qu'il a produit ne paraît impossible à réaliser à ceux dont l'existence s'écoule en communion avec lui. Combien de bons moines se consolent de leurs déboires en attendant la prochaine croisade !

On comprend, sans que j'insiste davantage, que la seule impression générale, la seule étude fructueuse est celle de l'ordre d'idées exclusif qui engendre ces phénomènes. Si la loi du voyageur moderne est de mettre en lumière le relief particulier de ce qu'il étudie, quiconque veut parler de Jérusalem doit s'attacher au mouvement religieux, qui entraîne d'ailleurs de graves effets politiques. Pour analyser ce mouvement, si complexe et si divisé, il faut faire le départ des principales forces en présence.

Les « Latins », comme on dit ici, c'est-à-dire les catholiques relevant directement de Rome, se présentent d'abord avec l'autorité que leur donnent l'ancienne possession des lieux et le souvenir des flots de sang versés pour la défense de la Palestine. Numériquement ils seraient parmi les plus faibles : un noyau d'indigènes, le mouvement fort peu considérable du pèlerinage européen, les catholiques de rite oriental, Maronites ou Syriens, qui viennent se grouper autour d'eux, tout cela ne constitue pas une église bien considérable. Leur force est dans l'ordre de Saint-François, gardien attitré de la Terre Sainte, qu'il couvre de ses couvents depuis de longs siècles ; il faut reconnaître impartialement que les frères mineurs sont bien supérieurs en moralité et en lumières aux moines grecs, bien autrement respectés des fonctionnaires musulmans. Elle est encore dans le Patriarcat, dirigé par des prélats italiens qui allient à une vie irréprochable le sens politique et les ressources d'esprit que l'on sait, dans le prestige de la grande église catholique, dans la possession de sanctuaires incontestés autrefois, envahis depuis un siècle par les empiétements des Grecs, mais dont les plus augustes appartiennent encore aux héritiers des Croisés, dans la mémoire vivante du royaume latin et des armes franques, dans les témoignages que porte chaque pierre des services rendus et de la gloire acquise.

En face des Latins et en hostilité perpétuelle avec eux, les Grecs luttent pour la primauté. Ils sont représentés par un clergé considérable et remuant, par d'innombrables moines. Ces moines et ce clergé sont moralement inférieurs à leurs compétiteurs : nul n'ignore par quels moyens ils arrivent à supplanter ces derniers; mais ils ont pour eux la richesse, l'intrigue, l'habitude de traiter avec les maîtres du sol et la souplesse qui leur plaît. Ils dirigent un troupeau considérable ; la majeure partie des Arabes chrétiens est de la communion orthodoxe. Ce troupeau est grossi et ses pasteurs enrichis par le mouvement incessant du pèlerinage qui amène à Jérusalem les Grecs des îles, de la Turquie, du royaume hellénique, sans parler des pèlerins russes dont j'ai signalé plus haut l'importance. Surtout ils ont l'immense avantage de tenir au sol par toutes leurs racines, de combattre avec les armes et les langues de l'Orient, de se recruter facilement dans le pays ou dans les contrées avoisinantes, de poursuivre leur développement logique sur un terrain qui est le leur. Grecs de l'Hellade, de l'Archipel et de Syrie, tous en somme sont et seront toujours des Orientaux; leur culte offre à l'Oriental la pompe, l'apparat, les pratiques minutieuses que sa nature réclame, ils puisent dans le sentiment de leur force l'audace et la persévérance qui leur ont permis de déposséder les Latins d'une partie de leurs sanctuaires. A côté de ces avantages, il faut néanmoins se rappeler les causes intérieures de dissolution qui menacent l'église orthodoxe et dont j'ai déjà dit quelques mots.

Après ces deux puissances religieuses, alliés le plus souvent aux Grecs, dont les conquêtes leur ont profité, viennent les Arméniens grégoriens. Ils se sont fait une place enviable dans les principaux sanctuaires; leurs titres sont anciens et respectables, leur communauté intelligente et laborieuse; mais leur nombre insignifiant ne leur permet pas d'aspirer à une prépondérance effective, et ils ne semblent pas y songer. A côté d'eux, je ne citerai que pour mémoire les Coptes, les Abyssins, les Jacobites, débris demeurés là pour compléter de leurs notes originales et exotiques le concert du christianisme universel.

L'élément nouveau que les trente ou quarante dernières années ont introduit à Jérusalem est le protestantisme. Les missionnaires anglicans et américains sont arrivés les premiers, précédés par la cargaison de bibles obligée : pourvus à souhait de zèle et d'argent, ils ont élevé des constructions confortables, un évêché, une chapelle, et semé par la ville des dépôts de bibles. Les luthériens allemands les ont suivis dans les derniers temps : grâce au courant d'émigration propre à leur race, ils forment déjà une petite colonie qui a des établissements et un hospice. L'action protestante est à peu près nulle sur les indigènes : cette compréhension septentrionale du christianisme trouve la nature orientale absolument rebelle. En dehors de quelques convertis juifs, les sectes réformées ne vivent ici que de l'apport étranger. Leur développement matériel progresse pourtant chaque jour. Il faut rendre cette justice au protestantisme que, fidèle jusqu'ici à son principe, il s'est désintéressé de toute intrigue politique; peu soucieux de la possession de fait, dont les anciennes communions sont si jalouses et à laquelle il ne pourrait d'ailleurs produire aucun titre, il ne demande aux lieux saints que le droit commun à la prière, et ne se distingue que par d'importantes recherches scientifiques, des fouilles heureuses et des travaux d'exégèse.

Vis-à-vis de toutes ces branches de la famille chrétienne, comme Ismaël contre ses frères, la tribu juive, haineuse et fermée, végète dans sa misère, malgré quelques établissements dus à la munificence de ses riches coreligionnaires d'Europe. Puis-je redire, sans me répéter, sa foi implacable, son espérance obstinée et vaine, le mystère de son culte, de son existence et de son abaissement? Ignorés et méprisés malgré leur nombre, parqués dans un quartier étouffé et dans des synagogues borgnes, chassés de tous les lieux consacrés par la Bible, l'Évangile ou le Coran, les fils d'Israël nourrissent plus que tous autres des prétentions d'avenir et la persuasion d'une renaissance nationale. Ils arrivent de tous les coins de l'Europe, étranges comme j'ai essayé de les dépeindre, avec la régularité instinctive des oiseaux émigrants, ajouter des tombes à celles de leurs aïeux. Un chiffre donnera une idée de leur importance numérique, si peu en rapport avec leur importance religieuse et politique, qui est nulle : sur toute la population de Jérusalem, qui se monte à 26,000 âmes environ, les Juifs comptent pour plus de moitié, 14,000 âmes.

Le reste se décompose comme il suit : chrétiens 7,000 ou 8,000, musulmans 4,000 ou 5,000. La plupart de ces derniers sont des Bédouins du désert ou des citadins arabes; le surplus est fourni par les Turcs, fonctionnaires et soldats.

Ces derniers planent tranquillement au-dessus des autres groupes, tenant, eux aussi, Jérusalem pour une ville sainte, vénérant le Prophète dans le Haram, appelant les croyants à la prière du haut des clochers transformés en minarets, surveillant les chrétiens dans les sanctuaires qu'ils leur accordent, interposant entre eux leur autorité incontestée : élément pondérateur et nécessaire, clef de voûte qui retient cet assemblage de matériaux hétérogènes et l'empêche de s'effondrer dans l'anarchie et le sang.

Tels sont les principaux acteurs qui se disputent cette étroite scène. Je ne puis entrer dans le détail fastidieux des intrigues, des conflits, des complots qui se nouent et s'enchevêtrent chaque jour sur ce champ de discorde entre ces groupes hostiles; le prosélytisme religieux et les convoitises temporelles les maintiennent dans cet état de fièvre permanente qui surprend si fort l'étranger et s'empare bientôt de lui, s'il n'y prend garde. Redirai-je avec quelle douleur le chrétien assiste à ces mesquines querelles dans le lieu qui devrait être par excellence le temple de la paix et de la charité?

Pourtant, et c'est sur cette idée que je voudrais

terminer cet aperçu et quitter Jérusalem, le penseur qui examine sans parti pris ce spectacle attristant, en appelant à lui le secours d'une philosophie plus haute, peut en dégager une sereine et consolante leçon. Tandis que les sectaires épousent telle ou telle colère, tandis que les âmes simples se révoltent en perdant leurs illusions, il néglige les passions et les petitesses humaines, dont il serait puéril de s'étonner, pour ne retenir que le mobile unique dont elles procèdent : il pardonne à ces soldats aveugles de la même cause de s'entre-tuer pour la couleur de leur drapeau; plus frappé de l'unité fondamentale que des divergences apparentes, il se demande quelle attraction mystérieuse pousse les esprits à ce centre commun de tous les pôles du monde moral comme du globe terrestre; il écarte ou coordonne les formes diverses appropriées aux traditions, au tempérament, à l'état social et intellectuel de chaque race, pour s'arrêter au principe éternel qu'elles revêtent, et qui vient chercher ici la source de la plus haute révélation par laquelle il se soit jamais manifesté; il reconnaît dans ces notes dissemblables l'hymne universel qui monte au ciel du fond de tous les cœurs humains. Indulgent pour des erreurs qui ont leur raison d'être, il comprend tous ces esprits, venus de directions opposées, qui lui veulent donner pour absolus leurs points de vue relatifs; mais il tâche de s'élever assez haut pour embrasser l'ensemble de cette vérité abstraite que chacun d'eux voit sous un angle partiel. Les navigateurs qui suivent des routes contraires sur la haute mer se guident tous sur une même étoile ; elle apparaît à chacun sous une inclinaison différente, les nuages l'interceptent, l'horizon la dérobe, cet infini change d'apparences au gré de leur course vagabonde, et pourtant ils poursuivent avec sécurité le chemin qu'elle a marqué. Ainsi de la lumière éternelle dont un reflet luit sur ce tombeau et y attire les peuples de la terre ; les voiles dont ils l'entourent et les couleurs que leurs yeux prévenus lui prêtent la cachent moins que leurs adorations unanimes ne la découvrent ; c'est à l'évidence de ces dernières qu'on doit d'entrevoir la vérité divine et de sortir d'ici, malgré tout, fortifié, mûri et consolé.

Jaffa, 28 décembre.

Nous avons dit adieu à tous ces amis de quelques jours, qui nous ont rendu si facile et si profitable l'étude de la Ville Sainte, adieu à la triste Sion, non sans un peu de cette émotion mélancolique, monnaie dont le voyageur paye l'hospitalité reçue de ceux qu'il ne reverra jamais. Nous prenons la route de montagne qui mène à Jaffa, sous une pluie torrentielle ; derrière nous Jérusalem s'enfonce et se noie soudain dans des brumes épaisses, rêve du passé évanoui.

Après deux heures de marche, le village de Kolonieh, ancienne colonie romaine, nous montre de belles ruines, coquettement blotties sous un bois d'orangers et de grenadiers. Nous franchissons un col, et la descente nous conduit à Abou-Gosh. Le célèbre cheikh, Fra Diavolo de la Judée, dont les déprédations et les exploits ont si longtemps terrifié le pays, a laissé son nom au village, que les Chrétiens appellent aussi Saint-Jérémie. Ce bandit, dont l'imagination indulgente de Lamartine a fait un prince magnifique et puissant, s'était acquis sur les tribus voisines une sorte de suprématie militaire, que sa forte position dans le défilé de montagnes qui mène à Jérusalem rendait très-dangereuse. Aujourd'hui encore les Arabes d'Abou-Gosh passent pour les plus querelleurs, les plus pillards et les plus déloyaux de la contrée. Nous sommes attirés dans leur misérable hameau, moins par le souvenir du cheikh légendaire que par une superbe église du douzième siècle, l'un des monuments les plus intéressants de l'art franc en Palestine. Semblable, par la disposition générale, aux constructions romanes de Samarie et de Sainte-Anne, elle s'en distingue par une physionomie de terroir plus marquée et plus personnelle, résultant d'emprunts plus nombreux faits aux procédés orientaux. Par un rare bonheur de conservation, il manque à peine quelques pierres à ce précieux monument, bien qu'il soit depuis longtemps abandonné et serve de khân aux chameliers, aux muletiers, dont les animaux couchent sur la litière étendue dans les nefs. Il est navrant de penser que ce document, unique pour l'histoire de notre architecture nationale en Palestine, disparaîtra un jour ou l'autre, faute d'un effort pour le sauver. Combien il serait à souhaiter qu'il fût rendu à une main intelligente, capable de panser à peu de frais ses légères blessures et d'assurer sa conservation[1] !

Après Bab-el-Wady, « la Porte du Ravin », au débouché des montagnes, on entre dans la belle et fertile plaine de Sârons, qui s'étend jusqu'à la mer. Les mois d'automne ont effeuillé ses roses, vantées par l'Écriture ; l'incurie des possesseurs du sol a tari son antique fécondité : pour la première fois pourtant depuis longtemps des cultures ordonnées, sésames, céréales, nous apparaissent çà et là. — Voici Latroun, le village du bon Larron, le tombeau des Macchabées, d'autres restes épars dans cette plaine, de tout temps populeuse et batailleuse, désolée par vingt invasions qui l'ont jalonnée de ruines.

Nous sommes entrés à la tombée de la nuit dans

[1] Ce vœu a été entendu. Le sultan vient de concéder généreusement à la France l'église d'Abou-Gosh : elle n'attend plus que l'habile restauration de M. Mauss pour fournir à Sainte-Anne un magnifique pendant. Un mince crédit suffira à cette œuvre éminemment nationale : espérons qu'il ne se fera pas trop attendre.

Ramleh, l'antique Rama, à qui la Bible a fait une auréole de poésie avec les pleurs de Rachel, la mère inconsolée. La ville se profile dans le brouillard, toute barbelée de minarets et de palmiers, déchirant les voiles humides, comme une cité gothique hérissée de clochers. Par un bizarre effet de la mauvaise humeur du ciel et des caprices de l'atmosphère, ce paysage si complétement oriental s'offre à nous avec les aspects d'un tableau flamand. Pour rendre plus vraisemblable ce brusque voyage des bords du Jourdain à ceux de l'Escaut, nous trouvons notre gîte dans une petite auberge européenne, éclairée et fumante comme un relais de poste saisi par Téniers : des émigrants allemands, attablés dans une salle basse autour d'une cruche de bière, reprennent en chœur un beau chant, grave et guerrier, qui charme involontairement nos oreilles, tout en leur rappelant de sinistres souvenirs.

Ce matin, le soleil a dissipé la brumeuse vision de la veille : il brille gaiement, dans un ciel lavé par la pluie comme un pont de vaisseau, et rend à l'oasis de Ramleh toute sa grâce orientale. Des oliviers hauts et drus, des nabkas qui atteignent la taille de nos chênes, dès sycomores, des dattiers aux stipes élancés, des figuiers couvrent au loin la campagne : les haies de nopals séparent des cultures verdoyantes entre les bois; au centre de l'oasis, sur un îlot de sable, la ville se pelotonne en rond comme une chatte : une ligne accidentée de dômes en ruine, de minarets, de palmiers penchants sur les terrasses, mord vigoureusement le ciel bleu. C'est la cité arabe avec sa magie lointaine, son prestige insaisissable, fait de rayons, de couleurs, de lignes d'ensemble, de promesses enchantées et vaines : souvenons-nous qu'il n'y faut pas entrer, sous peine de le voir s'évanouir comme un mirage et de ne trouver derrière la silhouette féerique que les pauvres maisons en pisé et en torchis.

En dehors de la ville, un curieux ensemble de ruines attire l'attention. C'est une vaste cour enclose de constructions moresques aux dômes en lanternes, dont l'origine et la destination sont fort obscures : une haute tour carrée, à trois étages, dite la Tour des Templiers, est demeurée intacte au milieu de la cour. Si l'appareil des pierres, le style des moulures et l'inscription arabe qui attribue ce singulier monument au calife Mohammed Ibn, Kalaoun, en 710 de l'hégire, ne levaient pas tous les doutes, l'œil le plus exercé se croirait en face d'un clocher roman. Je n'aurais jamais imaginé, avant d'avoir vu la tour de Ramleh, une si intime pénétration des deux styles l'un par l'autre. Quoi qu'il en soit de cette énigme archéologique, son effet pittoresque est merveilleux ce matin. Surgissant des ruines environnantes, ses arêtes aux tons d'or vif se détachent en pleine lumière sur un rideau sombre de cyprès et d'oliviers : à travers les perspectives fuyantes de ces arbres, on voit les ondulations de la verdure se dégrader, relevées par l'éclat des bandes de sable, jusqu'aux lointains bleuâtres des montagnes de Judée. Tout cela baigne dans une clarté chaude et allègre, sue la jeunesse, la sève et la vie : c'est la dernière et la plus complète de ces fêtes des matins de voyage qui vont nous être dérobées; elle étonne et enchante d'autant plus nos yeux attristés longtemps par les horizons pierreux de Jérusalem.

Toute la route, jusqu'à Lydda, que nous allons chercher un peu au nord, à une heure de Ramleh, avant de redescendre sur Jaffa, est de même souriante, entre les bois, les vergers et les blés naissants. A partir d'ici, la plaine de Sârons vaut toute sa renommée : c'est le Paradis de la pauvre Palestine. A un carrefour où se croisent les chemins, encaissés entre des haies de cactus blanches de poussière, une fontaine encadrée d'inscriptions pieuses coule à l'ombre d'un vieux sycomore et tend ses gobelets de fer aux moukres qui boivent du haut de leurs mulets, aux femmes qui lui présentent leurs jarres étranglées; le rayon d'aplomb du midi aveugle les pierres crépies de chaux, cuivre les visages des Arabes et anoblit leurs haillons colorés; c'est une de ces pages familières qu'on a rencontrées mille fois dans les albums de Decamps ou de Marilhat, mais dont le charme réel est toujours neuf et intraduisible.

A Ramleh, à Lydda, nous retrouvons presque intactes les églises des croisés, appropriées ici au culte musulman, là au culte grec. C'est en Judée qu'il faut venir étudier la naissance et le développement de l'art roman : ceci a l'air d'un paradoxe; pourtant nulle province de notre vieille France n'offrirait aux amis du passé, dans un espace aussi restreint, des pièces aussi nombreuses, aussi complètes pour l'histoire de l'architecture nationale. Presque partout les nobles vaisseaux ont fait bonne défense contre le temps et les hommes, et témoignent pieusement du grand effort de nos pères. C'est justice qu'ils aient trouvé dans l'auteur des *Églises de Terre Sainte* un historiographe dont je suis le seul à ne pouvoir attester librement la compétence.

Le chemin qui nous mène en deux ou trois heures de Lydda à Jaffa retombe dans la plaine nue, avant d'atteindre l'oasis où est enfouie la « cité de Japhe ». Les oliviers se montrent d'abord : quelques-uns de ces arbres, très-grands et très-vieux, sont, à notre vif étonnement, symétriquement rangés en pépinière; voilà qui indique avec certitude une main autre que celle d'un Oriental. Nous apprenons, en effet, que ce sont les restes d'une ferme-école fondée ici au dix-septième siècle par Colbert. Ainsi le grand ministre qui a tant fait pour le développement de notre richesse nationale a étendu son influence bienfaisante jusqu'à ces pays rebelles à l'agriculture, et le Français curieux de chercher ici les souvenirs de notre histoire peut en renouer la chaîne sans une lacune dans le temps; c'est dans un campement de Bonaparte qu'il se reposera sous les oliviers de Colbert, près du château de saint Louis.

En approchant de la ville, à deux kilomètres à l'est, on entre dans les jardins d'orangers; ils valent, aveu bien rare sous la plume d'un voyageur, toute la renommée qu'on leur a faite. Sauf l'oasis de Damas, je ne connais pas de coin aussi luxuriant dans toute la Syrie. La route, qui a couru quelque temps sur le sable, entre des haies de cactus et de figuiers de Barbarie, se noie soudain dans cette mer de verdure pailletée de pommes d'or. Oranges, citrons et grenades luisent par myriades dans le feuillage sombre, comme les essaims de lucioles qu'on voit tourbillonner au printemps dans les jardins du Bosphore; perdu dans ce dédale, entre les branches chargées de fruits qui pendent sur le chemin comme les baies de nos haies de broussailles, on n'aperçoit que les dômes touffus des sycomores et des platanes, ou les chapiteaux évasés des troncs de palmiers qui dominent çà et là le massif. A mesure qu'on avance, des bandes de mer d'un bleu sombre apparaissent entre les jours du bois, s'élargissent, et bientôt, entre la nappe de saphir et l'or des dunes de sable qui serrent les remparts du côté de la terre, les vieilles maisons de Jaffa surgissent, pittoresquement ramassées sur leur rocher, étageant leurs terrasses blanches sous les murs crénelés. — C'est ici sans doute que le Tasse plaça en imagination les jardins d'Armide : on comprend sans peine les tentations et les enchantements de Renaud, transporté de l'affreuse gorge d'Hinnôm ou de tout autre campement croisé sous les tristes murs de Jérusalem dans cet Éden dont les senteurs embaumées nous grisent, tandis que nous galopons au travers, dont le panorama féerique nous arrache des cris d'étonnement. Je ne sais rien de gai, de lumineux et de vivant comme cette arrivée à Jaffa : c'est la sensation d'un appel de clairon dans un rayon de soleil, par un matin d'avril, au bord de la mer.

En sortant des jardins, nous tombons sur une vaste esplanade, en dehors des murs et à la porte de la ville, où se tient le marché. La scène est des plus animées et des plus pittoresques. Entre les tables couvertes de pyramides d'oranges, entre les chameaux agenouillés, qu'on charge de fruits et qui brament en pliant sur leurs jointures calleuses, une population bruyante et bariolée, Arabes, Grecs, nègres, femmes chrétiennes dans leurs longs voiles, chameliers d'Égypte, matelots génois, circule, crie et gesticule.

Au milieu de tout ce brouhaha, nous voyons accourir à nous un petit vieillard à costume oriental, coiffé d'un volumineux turban blanc qu'il enlève tout d'une pièce : ce personnage nous salue d'une harangue que je renonce à reproduire et qui débute ainsi : *Il me rincresche de n'esser pas à mon poste per accoglir vos échélenzes*... Nous reconnaissons à ce langage le légendaire M. Damiani, notre agent consulaire à Ramleh, le dernier agent à turban que la France ait gardé dans ce pays. Les Damiani ont d'illustres archives : ils ont hébergé tout le siècle; voyageurs, poëtes et soldats, tous les hommes d'action et de pensée que cette terre attire d'un invincible aimant, se sont assis à leur table. Le père du titulaire actuel a reçu Bonaparte et Chateaubriand; notre interlocuteur a été l'hôte de Lamartine, d'Ibrahim, de tant d'autres, mais il est plus fier encore d'être à Ramleh *consoul de toutes les potences*, et prend fort au sérieux sa dignité. Dernièrement, lors du passage de l'escadre à Jaffa, il s'est rendu à bord du vaisseau-amiral pour demander les cinq coups de canon qui lui étaient dus réglementairement; tandis qu'on lui servait la salve en question, Damiani se levait gravement après chaque coup dans le canot qui le ramenait à terre, et saluait en ôtant des deux mains son turban pyramidal. Au demeurant c'est le meilleur homme du monde et le dernier débris, intéressant pour l'archéologue, de tout un passé pittoresque, politique et administratif déjà lointain, du Levant tel que l'ont connu et décrit nos pères. Aujourd'hui le chapeau et l'habit noir ont remplacé le turban et le cafetan chez tout ce qui représente de près ou de loin la grande machine européenne; le bureaucrate s'est substitué au patriarche dans le sélamlik transformé en comptoir, le papier timbré de l'huissier a fait regretter aux pauvres diables le courbache du janissaire : la bonne gestion des affaires et le prestige occidental ont-ils gagné ce que la couleur locale a perdu à cette métamorphose? Je laisse à de plus compétents le soin d'établir la balance.

Escortés de notre nouvel ami, nous franchissons la porte gothique, veuve de sa herse et de son pont-levis, que les armées croisées et les comtes de Jaffa ont tant de fois passée et repassée, perdue et reprise. Après tant d'assauts et de sacs, il ne reste plus grand chose de la vieille cité. Je ne sais ce qu'est devenue la « Tour le Patriarche », que Gauthier de Brienne détenait, malgré l'excommunication du primat de Jérusalem. Sur cette place d'où nous venons, ce même Gauthier, prisonnier de « l'Empereur des Perses Barbaquan » (Djélal-ed-Din, sultan des Kharesmiens), et pendu par lui à une fourche pour forcer les défenseurs de la place à se rendre, « escrivit à ceulz du chastel que, pour mal que il li feissent, il ne rendeissent la ville, et que se il la rendoient, il-meisme les occirroit ». — La petite ville actuelle, encore cerclée dans son enceinte de murailles arabes et la crevant sur plusieurs points, s'élève en amphithéâtre, faite de vieilles maisons à cheval sur des rues voûtées, de khâns et d'entrepôts au bord de la mer; ensemble d'un effet on ne peut plus pittoresque, mais bien pauvre dans les détails. Le seul édifice auquel se rattache un souvenir marquant est le couvent des Arméniens, où furent enfermés les pestiférés de l'armée française, immortalisés par Gros.

Rien ne nous retient ici; d'ailleurs le paquebot des messageries maritimes, arrivé du matin, se balance au large et demande à quitter cette rade inhospitalière. Tandis que nous faisons nos adieux au consul de France et au brave Damiani, cinq ou six rameurs arabes nous enlèvent dans leurs bras : debout sur leurs avirons, ils luttent contre la vague qui les rejette, en s'excitant par un chant rhythmé sur une cadence aiguë : ainsi faisaient nos bateliers du lac de Tibériade. La darse de Jaffa est la plus mauvaise de toute la côte : une fois sur deux, dans la saison des gros temps, les bateaux ne peuvent y relâcher, et les embarcations qui les font communiquer avec la terre ne les accostent pas sans péril. Malgré le calme relatif de la mer, notre mahonne, toute dansante et inquiète sur la lame, gagne péniblement l'échelle du paquebot; en y mettant le pied, je reconnais le *Tibre*, le navire qui m'amena pour la première fois en Orient et m'emmènera pour jamais, sans doute, loin des côtes de Syrie.

Même date, en mer.

Tandis que nous nous installons à bord, la nuit est tombée, le *Tibre* a levé l'ancre et mis le cap sur Port-Saïd. Je rouvre pour la dernière fois ce pauvre cahier de notes où sont déposées les meilleures des impressions et des pensées de ces deux mois de voyage. Quand nos pères revenaient de Térre Sainte, ils appendaient à la muraille le bourdon, la palme ou l'épée, souvenirs vivants du pèlerinage. Je n'en rapporterai que ce livre intime, qu'il faut arrêter ici. Demain matin, l'aube nous montrera les terres basses d'Égypte et les palmiers de Port-Saïd émergeant de l'eau; c'est tout un autre monde qui s'ouvre devant nous, le monde antique, païen et panthéiste, avec toutes les fascinations troublantes de son passé sans fond, de son ciel d'Afrique, de sa nature toujours jeune, toujours en travail. Nous allons y trouver toutes les énigmes de la plus vieille civilisation humaine, toutes les ivresses de la plus forte terre qui ait jamais prêté son sein aux caresses du soleil. Pour se défendre contre les vertiges de pensée que doit causer ce milieu si différent de celui que nous quittons, il n'est pas de préparation meilleure qu'un voyage en Palestine. Je la regarde fuir dans la nuit, la terre mystérieuse et bénie, avec l'émotion d'un adieu sans doute éternel : *Non revertetur oculus ut videat,* dit la Bible, son oracle toujours vivant. Si ce pays, que tout homme doit venir interroger avant de formuler sa pensée définitive sur les grands problèmes de l'âme, ne donne pas toutes les vérités, toutes les certitudes, tout le repos qu'il n'appartient à aucune terre et à aucun ciel de donner, il a, du moins, une vertu secrète au bienfait de laquelle nul ne se dérobe; je lui dois et lui rends un dernier remercîment, pour avoir mis dans mon esprit plus de lumière, de poésie, de respect, d'apaisement et d'espérance; je le lui devrais, ne fût-ce que pour ces joies fécondes du voyage, ces heures salutaires qui font apprendre, admirer, rêver. Comme toutes les choses humaines, elles ont leur lie, elles manquent devant la soif encore grande, elles enlèvent souvent à nos songes la robe d'or de l'illusion; pourtant il faut leur rendre ce témoignage, que de tous les enchantements auxquels s'essaye la vie, elles sont encore celui qui lasse et leurre le moins.

Nous les revoyons toutes dans un regret suprême, à cette heure toujours solennelle d'un départ en mer. Les voyages sur terre ménagent les transitions, éloignent et rapprochent insensiblement des lieux; ce terrible chemin de la mer, neutre et tranché, arrache tout soudain de la terre où l'on prenait racine et mène droit à l'inconnu. Rude compagne, qu'on apprend à aimer, dont la longue intimité donne à l'homme ce je ne sais quoi de triste et d'infini qu'elle reflète elle-même de Dieu, mais dont les tyrannies sont parfois brutales. Tandis que je regarde les mâts courir dans la nuit avec des balancements désespérés, la côte de Judée a disparu, tombant pour jamais dans l'abîme, comme va tomber dans l'autre gouffre du Temps cette année qui achève de mourir, qui sera dans trois jours aussi lointaine, aussi insaisissable que les vieilles années des Pharaons. Les lumières de Jaffa se sont éteintes une à une, la clarté du phare lutte seule, image de la haute clarté entrevue là-bas et qui nous suivra longtemps. Puisque tout s'effondre et nous manque dans l'espace et dans le temps, qu'il reste au moins dans ces pages, commencées et finies sur un pont de vaisseau, tandis que s'enfuyaient des terres aimées, le souvenir d'une vision sereine, trésor intime où viendront puiser plus tard les heures découragées.

Couvent de Vatopédi. — Mont Athos.

IV

LE MONT ATHOS

(UN VOYAGE AU DOUZIÈME SIÈCLE)

IV

LE MONT ATHOS

Juillet 1875.

C'est dans la vieille Europe et de ce côté du Bosphore, sur la terre classique qui fut la Macédoine et qui est aujourd'hui la stérile Roumélie, que nous irons cette fois chercher des souvenirs et demander avec confiance aux Orientaux contemporains la leçon vivante du passé. Pour être plus près de nous que les familles arabes et juives de Syrie, les hôtes qui nous y accueilleront n'en sont pas de moins fidèles gardiens des vieux dépôts historiques. Répétons-le sans relâche, l'Orient, qui ne sait plus faire d'histoire, a le noble privilége de conserver intacte celle d'autrefois. Nous lui avons dû la solution de plus d'un problème, parmi ceux qu'elle soulève; nous allons demander aujourd'hui à l'une de ses plus étonnantes reliques la révélation d'une époque fort peu connue, du moyen âge byzantin.

Ce sont les moines du mont Athos qui se chargeront de soulever le voile. Depuis longtemps notre curiosité était éveillée sur cette république théocratique, épave intacte laissée par les siècles sur une côte perdue de la mer Égée. Nous savions que ses monastères étaient autant de musées où l'on retrouvait armé de toutes pièces cet art byzantin dont les documents sont si rares partout ailleurs; on nous promettait, au prix de quelques jours de vie ascétique, un voyage au cœur du douzième siècle. L'occasion attendue se présenta enfin, et, au mois de juillet de cette année, nous nous embarquions sur un bâtiment turc chargé de pèlerins, qui devait nous conduire directement à la Montagne Sainte, naturellement fort oubliée par les itinéraires des paquebots.

A peine installés à bord du bateau qui nous emporte hors de l'activité mercantile de la Corne-d'Or, nous nous sentons au seuil d'un autre monde. Avec le capitaine génois et les quelques marins turcs qui dirigent la lourde machine, nous sommes les seuls profanes parmi tant de saintes gens. Le clergé de haut rang occupe l'arrière, partagé en deux camps : d'un côté, le métropolitain de Nicée et l'archevêque de Larisse, se rendant en mission à l'Athos, entourés de nombreux acolytes; de l'autre, des dignitaires du couvent russe de Saint-Pantéleimon. Les rapports sont froids entre ces deux groupes, et nous en dirons la cause. La conversation s'engage pourtant à table : le petit vin dalmate rapproche les cœurs, et, sous sa bénigne influence, le vieux métropolitain nous porte de nombreuses santés en commentant jovialement le texte de l'Apôtre : « Nous sommes tous frères. » Remontés sur le pont, les hiératiques personnages reprennent tous leurs avantages extérieurs de gravité plastique. Assis côte à côte sur les bancs, leurs chapelets à la main, éclairés d'en bas par la lumière qui filtre des claires-voies, ils profilent sur le ciel leurs bonnets noirs et leurs longues barbes blanches, roides et majestueux; on dirait d'une de ces fresques aux teintes sombres où se déroulent les assemblées conciliaires, dans la nuit des nefs byzantines, au-dessus des lampes de l'autel.

Sur l'avant grouillent les pèlerins de bas étage, et Dieu sait s'il y en a, gens de toute langue et de toute race, Russes, Grecs, Albanais, Bulgares, popes, caloyers, tous sordides et pittoresques, parqués sur les planches comme un troupeau de moutons; ils se sont endormis les uns sur les autres, dans un indescriptible fouillis de membres humains; à la clarté vague des fanaux, roulés dans des couvertures blanches aux plis de suaire, étendus ou recroquevillés pêle-mêle parmi leurs fusils et leurs sacs, tous ces corps immobiles donnent au pont l'aspect lugubre d'un champ de bataille jonché des proies de la mort un soir de défaite. — Quelques-uns se soulèvent et s'accroupissent sur leurs genoux pour contempler, en fredonnant des cantiques, les splendeurs nocturnes : le croissant qui surgit à l'horizon et laboure les vagues comme un soc de charrue, y traçant des sillons d'or. Le navire fuit devant lui, crachant sa fumée noire aux étoiles, d'où tombent les rêves coutumiers de la nuit de mer, les griseries du cerveau, les libres élans de l'âme, les ressouvenirs mélancoliques de la vie errante.

Le matin du second jour, entre les îles d'Imbros et de Lemnos, nous distinguons la haute pyramide de l'Athos, qui grandit devant nous jusqu'au soir. Ce sommet, qui commande l'horizon de tous les points de l'Archipel, a toujours exercé un singulier prestige sur l'imagination des navigateurs. Les anciens prétendaient que son ombre couvrait au couchant l'île de Lemnos, distante de plus de cent milles; le sagace Pline répète cette fable après Hérodote; le pèlerin de Nuremberg, le bon frère Faber, l'enregistre avec respect. Que de temps il a fallu à l'esprit humain pour tenter cet effort si simple, — de contrôler le témoignage de la légende par celui de ses propres yeux!

Le navire contourne de nuit les parois à pic de la montagne, où la lune tire de l'ombre de nombreuses taches blanches : ce sont les monastères.

A deux heures du matin, il jette l'ancre devant la plus apparente d'entre elles : nous sommes arrivés au couvent russe de Saint-Pantéleimon.

Alors commencent pour nous une vision dantesque et la lutte de la raison contre une réalité plus chimérique que tous les rêves. Des barques montées par de maigres ombres aux longs bonnets noirs, aux cheveux pendants, accourent dans les ténèbres et s'attachent aux flancs du bateau; ces rameurs fantastiques nous enlèvent silencieusement et nous portent au rivage. D'autres ombres semblables attendent en foule sur un petit môle, promenant des lanternes dont la clarté leur prête une vie factice. Elles nous précèdent, nous montons quelques minutes les lacets d'un chemin de ronde entre de hautes murailles; par un porche voûté, profond comme un portail de forteresse, surchargé d'icones qui sourient mystérieusement à travers les grillages de leurs cadres, où brûlent des lampes, nous pénétrons dans une cour spacieuse, entourée d'églises et de corps de logis : ces derniers s'étagent à perte de vue sur nos têtes dans un désordre inextricable. Sur le pavé de la cour, rayé par les caprices de la lune, un peuple de moines, spectres noirs et muets, glissent avec des allures de fantômes : autour de nous, toute réalité fuit dans la nuit et le silence. Là-haut seulement, en levant les yeux, nous apercevons au dernier de ces étages accumulés sur la montagne une façade d'église illuminée : des flots de lumière et des chants lentement psalmodiés s'échappent de ces fenêtres, tombent du ciel dans ces profondeurs.

Nous voici en plein merveilleux et, comme on nous l'avait promis, en plein moyen âge. Essayons donc de reprendre à ses origines un passé qui ne se distingue guère du présent pour mieux comprendre les spectacles qui vont se dérouler sous nos yeux.

I

Entre les golfes de Salonique et de Contessa, la péninsule chalcidique projette vers l'Archipel trois promontoires égaux, séparés par les baies profondes de Cassandra et de Monte-Santo. La plus orientale de ces langues de terre, celle que les anciens appelaient Actè, est une étroite arête de montagnes, longue d'environ soixante kilomètres, qui s'élève graduellement depuis l'isthme étranglé où elle prend naissance jusqu'au sommet de l'Athos, haut de deux mille mètres. Ces cimes malaisées et les forêts impénétrables qui en couvrent les versants devinrent de très-bonne heure pour l'ascétisme chrétien une seconde Thébaïde. Aux époques troublées du moyen âge oriental, la presqu'île offrait aux populations grecques d'Europe et d'Asie, lasses d'un état social intolérable, les séductions d'un climat heureux, d'une nature magnifique, d'une retraite isolée, forteresse naturelle à l'abri des invasions et des tyrannies qui désolaient le Bas-Empire. Dès le neuvième siècle, les solitaires qui y affluaient isolément se groupent en communautés monacales, et constituent la république quasi autonome qui fonctionne encore aujourd'hui. Non moins que la ferveur des premiers cénobites, les largesses et les priviléges octroyés au petit État par les empereurs byzantins, dont plusieurs y vinrent finir leurs jours, assurèrent à la Montagne Sainte une considération et une opulence croissantes : de là à la vénération religieuse, la transition était naturelle pour des populations orientales; cette vénération et l'affluence des pèlerins qu'elle entraîne le cèdent à peine, même de nos jours, à l'attraction des lieux saints de Palestine.

Au dixième siècle, les bulles impériales attestent l'existence des plus anciens monastères, Lavra, Vatopédi, Iviron, Xéropotamo. Un peu plus tard, les princes slaves arrivent à l'Athos, et rivalisent de générosité avec les Comnène. Stéphan Némania, grand joupan de Serbie, reconstruit le couvent serbe de Chilandari en 1197. Son fils Saba, l'une des figures légendaires de la vieille montagne byzantine, prend l'habit à Roussicon, et devient igoumène de Vatopédi. Les donations affluent avec ces illustres néophytes, la fortune monastique se traduit par des fondations nouvelles et des achats de terres au dehors, l'Athos ceint son front chenu d'une couronne d'églises et de couvents. La conquête latine suspend brusquement le cours de ces prospérités pendant la première moitié du treizième siècle : les compagnons de Baudouin refluent sur la Roumélie, en quête de fiefs; un seigneur franc se bâtit un château fort dans la Montagne Sainte, sans doute un de ces donjons à mine insolente qui se mirent encore au fil de l'eau sur les promontoires rocheux du versant nord-est. Le barbare d'Occident, dont les scrupules se sont usés de longue date à piller les moines lombards ou rhénans, est peu sensible aux dolentes litanies de ces schismatiques et les rançonne sans pitié. En même temps, à l'instigation d'Innocent III, une tentative est faite pour latiniser le principal centre monastique de l'orthodoxie. Les Amalfitains, ces infatigables pionniers qu'on retrouve à l'avant-garde de toutes les entreprises occidentales en Orient, fondent le couvent catholique d'Omorphonô, dont les ruines abritent aujourd'hui des chevriers sous un toit de lierre, dans un des sites les plus pittoresques de la presqu'île.

Cet orage a passé pourtant : l'autocrator orthodoxe est rendu à ses peuples; le Paléologue sera aussi dévot, aussi généreux, aussi paternel pour les cénobites que l'avait été le Comnène. C'est, du treizième au quinzième siècle, l'époque de la pleine floraison monastique; de toutes les couches de cette société byzantine troublée, blasée, surmenée, des recrues arrivent dans la tranquille retraite. La faveur impériale et les largesses qui la traduisent permettent d'édifier de nouveaux monastères : Simopétra, Aghios-Dionysios, Castamoniti, s'élèvent;

un art appauvri déjà, mais facile et fécond, emplit les églises et les trésors conventuels de ses productions diverses. Comblés par les maîtres de Byzance, les moines ne le sont pas moins par les Despotes du Danube ; ils ménagent prudemment ces barbares, dont la main hardie déchire chaque jour l'empire de Constantin tout le long du Balkan ; dans les fresques de cette époque, Andronic et Alexis, ceints du globe à l'aigle éployée et couverts de la pourpre romaine, se mêlent familièrement aux robes de fourrure, aux bonnets à aigrette des rois bulgares, des *krals* de Servie, des voïvodes d'Hongro-Valachie ; au bas des chrysobulles qui s'entassent aux archives, apportant des fermes, des villages, des droits régaliens, les sceaux de l'empire se heurtent aux croix slavonnes ; à la porte de l'église, la charte de fondation est reproduite avec la même confiance, qu'elle soit en lettres grecques au nom du *basileus* ou en caractères cyrilliques à celui du tsar. Les témoins matériels laissés ici par le temps donnent une image fidèle de cette anarchie du Bas-Empire, de cette confusion de pouvoirs au milieu desquelles la prudence monastique savait naviguer à son plus grand profit. L'influence des solitaires rayonnait d'ailleurs en dehors de leur retraite : dès le quatorzième siècle, ils deviennent une puissance morale dans la monarchie, les médiateurs écoutés des querelles qui la déchirent. Nous retrouvons ici les fortunes monacales si communes dans notre société féodale des premiers siècles ; un religieux part pour Byzance son bâton à la main ; son renom de sainteté retentit dans le concile, sa souplesse à l'intrigue trouve le chemin de la chambre royale : du gouvernement de son monastère, il passe à celui de l'Église orientale et finit sur le trône patriarcal de Sainte-Sophie, à moins qu'abreuvé de dégoûts, il ne revienne à sa montagne bâtir un nouveau couvent, comme le fondateur de Stavronikita, le patriarche Jérémie, et mourir une seconde fois au monde sous la bure brune du caloyer.

Tandis que la république athonite grandissait et s'émancipait de plus en plus dans le chaos byzantin, qu'elle attirait à elle tout ce qui restait de sécurité, d'aisance et de lueurs intellectuelles, l'empire s'effondrait. Un jour vint où les guetteurs de la tour avancée qui protége le couvent de Lavra signalèrent en mer, au lieu de la trirème à la proue dorée chargée des présents royaux, une lourde tartane, portant le croissant à son enseigne. Ce n'étaient plus ces pirates barbaresques qu'on avait tant de fois repoussés depuis trois siècles, c'était un amiral de Mahomet qui venait imposer la loi du vainqueur de Byzance. Cette fois encore la diplomatie des moines ne fut pas en défaut : le bon accueil fait aux nouveaux maîtres de l'Orient leur valut la confirmation de tous leurs priviléges. En paix avec les sultans, favorisés par quelques-uns, comme Sélim le Magnifique, qui rebâtit Xéropotamo, ils continuèrent à s'appuyer sur les princes serbes et valaques, et de plus en plus sur les tsars de Moscou. Ils se maintinrent ainsi jusqu'au commencement de ce siècle : à ces époques prospères, leur nombre se serait élevé à plus de dix mille.

C'est à la fin de cette courte esquisse de leur histoire qu'il faut chercher les ombres. Les ressentiments de la Porte à la suite de la guerre de l'indépendance s'étendirent aux moines athonites : la diminution de la ferveur religieuse, partant des néophytes et des donations, imprima un temps d'arrêt, puis une rapide décadence à la communauté; la sécularisation des biens ecclésiastiques en Moldo-Valachie, d'où elle tirait la meilleure part de ses revenus sur les legs des anciens voïvodes, lui porta surtout un coup mortel; enfin, si peu qu'il ait soufflé sur l'Orient, l'esprit du siècle a touché au vénérable édifice : c'est dire qu'il menace ruine. Nous aurons occasion de signaler les autres causes de l'anémie dont se meurt la pieuse nation en l'interrogeant sur sa valeur actuelle; toujours est-il que nous l'avons trouvée réduite à 5,000 âmes environ, suivant l'estimation la plus favorable à 6,000.

Cette population est exclusivement composée de religieux soumis à la règle de Saint Basile. L'usage de la viande, du tabac, des bains, leur est inconnu.

Ils portent uniformément une robe de laine noire, toute la barbe, et toute la chevelure ramenée en nattes sous un haut cylindre d'un tissu grossier. L'Église orientale a conservé l'antique croyance nazaréenne, que le fer ne doit pas toucher la tête de ceux qui se vouent au Seigneur : *Non tanget caput novacula*, disaient les parents de Samson. Les moines n'ont pourtant pas à craindre les ciseaux de Dalila ; la particularité la plus curieuse de leur règle est la prohibition absolue faite à toute femme, à tout enfant, à tout animal femelle, de pénétrer sur le territoire de l'Athos. Ces défenses puériles, pour ne pas dire révoltantes, n'ont jamais été enfreintes depuis dix siècles : elles contribuent plus que toute chose à donner un caractère étrange à ce coin de terre, mis hors la loi de nature aussi loin que la fureur ascétique peut la poursuivre.

Il nous reste à exposer l'organisation toute fédérale et représentative de la république monacale. Vingt monastères *chefs* se partagent le territoire de la presqu'île, les *skytes* [1] ou petits couvents suffragants, et les nombreux ermitages qui le peuplent. Ces vingt monastères envoient chacun un député à l'assemblée générale, qui siége dans la petite ville de Karyès, chef-lieu de la province : cette assemblée choisit parmi ses membres les cinq délégués qui

[1] On donne indifféremment ce nom (du copte *schiet*) à ces couvents, aux ermitages et aux solitaires qui les habitent.

composent l'*épistatie* ou conseil exécutif chargé de l'administration des affaires communes ; elle élit tour à tour dans chaque couvent, et pour un an, le *protathos :* c'est le magistrat suprême de l'état monastique, chargé de promulguer et d'appliquer les décisions de l'assemblée et du conseil. Une taxe payée par les couvents, à raison d'une livre turque (23 francs) pour chacun de leurs habitants, constitue ce qu'on pourrait appeler le budget fédéral mis à la disposition de ce gouvernement. Ajoutons qu'il fonctionne sous la haute direction du patriarche œcuménique, juge en dernier ressort de toute modification apportée aux antiques règlements et de tout cas litigieux. Quant aux relations de la communauté avec la Porte, elles se bornent à l'envoi d'un léger tribut annuel (600 livres turques, 13,800 francs) ; le *caïmakam* chargé de le prélever réside à Karyès, attestant par sa présence fort inoffensive un lien de suzeraineté tout nominal : ce fonctionnaire et les quelques gendarmes albanais chrétiens dont il dispose sont les seuls habitants laïques du territoire : ils n'y sont admis qu'en se soumettant aux prohibitions édictées contre le sexe qui fait trembler l'Athos, depuis la femme jusqu'à la poule.

Les vingt couvents et leurs skytes se distribuent assez inégalement dans toute la presqu'île, sur les deux versants de la chaîne. La plupart baignent leurs vieux murs dans la mer, au pied des pentes plus douces du versant oriental; d'autres la commandent du haut de quelque saillie de rocher sur les parois abruptes du versant occidental; les plus sauvages se dérobent dans les gorges boisées du centre. Avant d'entreprendre le tour du monde monacal, le voyageur doit se rendre à Karyès pour échanger les lettres patriarcales qui sont le « Sésame, ouvre-toi » de la sainte montagne, contre une autorisation circulaire du *protathos*.

Saint-Pantéleimon est situé à l'ouest, sur le golfe d'Hagion-Oros; les mulets ne mettent que trois heures pour franchir la crête au-dessus du couvent russe et redescendre sur Karyès, blottie dans les plis de l'autre versant. Nous nous élevons subitement, par des rampes en lacets, dans un paysage d'un vigoureux caractère; aux maigres vêtements des collines méridionales, aux fourrés de lauriers, de chênes nains et d'arbousiers, succèdent bientôt les robustes essences de nos pays, chênes, érables, châtaigniers et pins. La chanson des torrents invisibles monte du creux des ravins sous ces futaies séculaires; le sentier plonge dans les plis où ils se dérobent, franchit leurs pierres roulantes, gravit des degrés pratiqués dans le rocher pour les pieds des mules, se perd de nouveau sous les halliers. En nous retournant, nous apercevons au-dessous de nous, à l'issue des gorges qui vont en s'évasant vers la côte, de grands triangles de mer endiamantés de soleil qui rient à l'ombre épaisse de ces forêts.

Nulle autre part, dans les sobres paysages du Levant, la nature ne déploie ce luxe alpestre et ne se produit avec cette intensité féconde. C'est ce qui rend si bizarre et toujours présent le contraste entre cette terre palpitante des puissances de la vie et le cadavre social qui y a élu son tombeau. Çà et là des maisons grises, des coins de champs cultivés apparaissent sur la montagne ; des robes noires sortent des portes et des sillons. D'autres croisent notre route, menant les bêtes de somme, les troupeaux, ou traînant la besace et le bâton du mendiant. — Sur le versant oriental surtout, dans les vallées élargies où les cultures et les pâturages trouvent place, ces ombres de vie se multiplient. Vu de haut, l'amphithéâtre qui s'étend à nos pieds jusqu'à la mer paraît habité et riant. Le front chauve de l'Athos, pyramide de pierre nue, toute dorée aux feux du midi, le domine à notre droite ; au-dessous de lui, les sapins et les érables se disputent seuls les régions hautes : sur les nombreux contre-forts qui en naissent et viennent mourir au bord de l'eau, des maisons isolées, des hameaux, des couvents, montrent leurs têtes blanches dans la verdure ; sur la côte, d'un dessin gracieux et accidenté, un cordon de monastères s'avance avec les promontoires, se dérobe avec les baies, profile ses tours féodales sur l'horizon de mer que ferment au loin, noyés dans une vapeur lumineuse, les sommets de Thasos, de Lemnos et de Samothraki.

Nous descendons à travers des vignes et une forêt de noisetiers, dont les fruits convertis en eau-de-vie représentent un des principaux produits du pays, sur les premières maisons de Karyès. C'est un gros village éparpillé dans la verdure, tout pittoresque, tout murmurant de chutes d'eau; les moulins chevauchent en équilibre sur les canaux, les galeries de bois des maisons à la turque se dérobent sous des tentures de vigne folle et de sureau : on se croirait dans un bourg du Tyrol. Ce serait une toute souriante et charmante rencontre, si cette bonne physionomie villageoise était animée par quelques jeunes mères filant sur leurs portes, par quelques cris d'enfants au sabot du cheval broyant le pavé humide, par le caquetage des poules et l'aboi des chiens; mais non : au bruit de notre caravane, les bonnets noirs sortent seuls des lucarnes, suivis par des faces émaciées, des yeux errant vaguement aux immenses pays de l'ennui. A mesure que nous pénétrons au cœur de la bourgade, dans l'unique rue bordée par les échoppes du bazar, nous sentons croître l'impression d'étrangeté et de tristesse produite par cette ville, que n'est jamais venu bénir un berceau ni honorer un atelier. Accroupis dans les boutiques, les caloyers débitent la bimbeloterie orthodoxe, chapelets, croix de nacre, bois sculptés, grossières xylographies où se déroule la légende dorée de l'Athos; des étoffes, des ustensiles de ménage et des fruits complètent les ressources de ce marché.

Après avoir dépassé la vieille église, métropole de la montagne, où nous reviendrons à loisir, on nous introduit dans une maison à galeries de bois extérieures, d'assez méchante apparence : c'est le *konak*, l'hôtel du gouvernement. Le *caïmakam* nous reçoit, entouré d'une demi-douzaine d'Albanais qui nous présentent des fusils à silex et d'opulentes fustanelles.

Ce fonctionnaire fantôme est un musulman d'Épire : il parle le grec plus volontiers que le turc, vit en parfaite intelligence avec ses voisins les *épistates* et passe ses journées, dans son divan ou dans le leur, à fumer l'éternelle cigarette qui finit par symboliser à l'esprit du voyageur l'autorité ottomane. — Aussi vaut-elle la peine qu'on la considère : roulée dans un affreux papier de contrefaçon européenne, serrée aux lèvres et éventrée à l'extrémité, elle charbonne en perdant sa fumée, qui monte à toute heure de tous les divans administratifs, de Bassorah à Trébizonde, de Stamboul à Sérajewo, et qui doit former quelque part là-haut un nuage où flottent bien des conceptions de génie, bien des réformes admirables, entraînées dans la spirale vaporeuse. Ce papelito qui se consume sans relâche dans la bouche des fils du Prophète évoque assez d'analogies pour justifier la parenthèse. — Notre *caïmakam* est d'ailleurs la plus débonnaire, la plus oisive et la plus déguenillée des autorités de l'empire. Après avoir épuisé avec lui le vocabulaire obligé des conversations officielles en Turquie, les compliments sur la bonté de l'eau, la douceur du climat, la beauté des forêts et la qualité du tabac dans son district, nous lui demandons de nous conduire au conseil de la Montagne Sainte qui nous attend dans une salle voisine.

La porte s'ouvre ; on nous introduit dans le vénérable chapitre : jamais peut-être nous n'avons éprouvé à un degré aussi absolu la sensation de la chute dans le passé, même en descendant dans ces hypogées de Saqqarah et de Thèbes, où les momies vous reçoivent dans l'intimité de leurs habitudes quotidiennes d'il y a six mille ans.

Les épistates sont assis le long du mur : en tête, sur la cathèdre et sous l'image de la Panagia, le *protathos;* à côté de lui, un greffier penché sur son calame. Tout est noir sur les mornes personnages, sauf les longues barbes blanches qui ondoient uniformément sur la poitrine et les faces de cire qu'aucune inquiétude de pensée n'a jamais plissées. Cette expression de calme indicible et d'atonie est décuplée par le vague du regard ; éteint aux passions du corps et de l'âme, il n'est plus ce reflet de la clarté intérieure qui a fait appeler du même mot, dans la vieille poésie grecque, l'homme et la lumière. Les prélats nous parlent lentement dans cette langue morte, faite de débris hellènes et byzantins, qui achève l'illusion. La conversation se borne aux banalités précédemment échangées avec le *caïmakam :* on sent qu'il serait difficile de demander un autre effort de pensée à nos interlocuteurs, et pourtant on n'essaye pas de lutter avec le profond respect qui se dégage de cette majesté extérieure, matérielle, si l'on peut dire. En cherchant à l'analyser, nous n'y trouvons toujours qu'une même cause : ces vieillards ont huit cents ans, le double peut-être. — Ne sommes-nous pas à Chalcédoine ou à Éphèse, dans un des comités de l'assemblée conciliaire? Eutychès et Eusèbe, Photius et Léon peuvent entrer développer leurs subtiles rêveries : leurs costumes, leur langue, leurs idées ne différeront presque en rien de ce que nous voyons : ils parleront à leurs auditeurs sans qu'une dissonance de pensée trahisse ce travail du temps qui a mis un abîme entre eux et nous; ils seront chez eux plus que nous dans ce milieu contemporain, où rien ne saurait nous étonner, hormis de nous y voir.

Le greffier échange notre lettre patriarcale contre un permis timbré du sçeau à quatre pièces du protathos; un diacre apporte les confitures et le café; puis le « premier homme d'Athos » se lève : on lui remet un bâton à pomme d'argent où sont gravés les noms des vingt couvents, et il nous mène processionnellement visiter l'église de la Vierge avant de nous reconduire au skyte russe de Saint-André, où nous logerons, à quelques minutes de Karyès.

Ici le décor change : la jeunesse impatiente s'agite sous le vénérable vêtement que lui ont légué les vieux âges; comme dans tous les établissements russes, des constructions insolemment neuves et somptueuses sortent de terre à la face des murs grecs tout branlants de vétusté, des églises superbes les dominent et carillonnent à plein son de cloches la gloire fastueuse de la sainte Russie ; elles étouffent la voix timide de leurs voisines grecques, où l'on appelle encore les moines à la prière en frappant avec un bâton sur les *symandres*, ces disques de bois pendus sous le porche, en usage dans la primitive Église. Tout respire ici l'abondance et cette sorte de luxe conciliable avec la sévérité de la règle monastique : on nous comble de prévenances, on charge la *zakuska* de friandises un peu sauvages, à notre goût : poissons salés, lourdes pâtisseries arrosées d'alcools rectifiés sous le nom trop bénin d'eau-de-vie ; on nous donne des chevaux solides, un Père russe pour guide, un Albanais pour escorte.

Nous partons en cet équipage, à travers les collines profondément découpées qui s'abaissent vers le nord sous leur opulent manteau de chênes et de platanes, pour aller frapper à la porte des monastères perdus dans leurs plis et revenir par ceux de la côte. Ainsi chevauchaient les voyageurs du douzième siècle, en compagnie de moines et d'hommes d'armes, demandant l'hospitalité aux abbayes et la payant du récit des faits de guerre et de politique.

Il serait oiseux de raconter ici chacune de ces journées semblables à la veille, de décrire chacun de ces couvents identiques avec eux-mêmes ; nous retrouvons dans tous, avec une uniformité monastique, même plan général, même caractère, même accueil. Malgré sa monotonie, notre vie a un attrait puissant : la fidélité scrupuleuse avec laquelle elle nous rend la vie d'autrefois ; pas une habitude, un usage actuellement dans nos mœurs auquel nous puissions nous ressaisir, pas une de nos minutes qui ne soit empruntée aux siècles passés.

Nous avons aperçu à travers une clairière de forêt, ou au tournant d'un promontoire, l'enceinte de hautes murailles et les dômes trapus d'un monastère ; l'Albanais décharge son long fusil pour annoncer les voyageurs ; nous mettons pied à terre devant une porte massive, précédée parfois d'un pont-levis jeté sur le torrent ; un corridor voûté, tortueusement pratiqué dans le ventre des tours, et dont les ténèbres ne sont éclairées que par des lampes brûlant devant les icones, donne accès dans la cour intérieure. L'igoumène, majestueusement entouré de ses moines, nous attend à l'entrée de sa sainte forteresse. Après les premiers compliments, tous les noirs personnages, la tête enveloppée de ce long voile de deuil appelé *kalimafkon,* s'engagent devant nous dans les détours du porche, se déploient dans la grande cour, jonchée de feuilles de laurier en notre honneur, et nous précèdent à l'église en psalmodiant un chant grave, appuyé de volées de cloches carillonnantes. Rien ne peut rendre la solennité puissante, un peu lugubre, de cet accueil. En suivant ce sombre cortége, qui chante sur nous ses litanies, il nous semble toujours assister à notre propre enterrement. On nous introduit dans l'église : l'igoumène revêt ses habits sacerdotaux et dit la prière consacrée pour le salut des hôtes, reprise sur un rhythme dolent par le chœur des moines; elle est suivie d'une invocation *dia tîn gallikîn dîmocratian,* — pour la république française. — Ceux qui ont longtemps et isolément vécu dans des contrées reculées, portant pour leur petite part la responsabilité et l'orgueil jaloux du nom national, ceux-là seuls comprendront la sensation indicible que nous éprouvons à voir, pour la première fois sans doute en ce désert, tomber devant nous cette prière étrangère sur l'image soudainement évoquée de la chère absente.

Au sortir de l'église, on monte au parloir, *afundariko,* généralement juché tout au haut des grands bâtiments conventuels, dans une de ces chambres de bois en saillie qui couronnent le mur de pierre et d'où la vue s'étend librement sur la mer. On s'accroupit sur le divan circulaire, les frères lais apportent le café, l'eau de source et le *glyco,* l'éternelle confiture de roses qui joue avec la cigarette le principal rôle dans les conversations orientales. On échange avec l'igoumène les banalités obligées, on répond aux questions politiques, parfois assez saugrenues, qui se pressent naïvement sur les lèvres de ces grands enfants; on tire d'eux, non sans peine, quelques indications sur les trésors de leur couvent. Nous nous arrachons malaisément à la curiosité oisive de nos hôtes, et un caloyer nous guide dans la visite de la maison. Malgré nos ruses pour nous attarder aux fresques des chapelles et aux rayons de la bibliothèque, il faut le suivre avec résignation dans ce dédale de pauvres cellules qu'il nous montre avec orgueil, dans ces interminables galeries de bois qui tiennent la place de nos cloîtres, à la *trapéza,* réfectoire où les moines dînent d'un pain noir et d'une sardine, au nosocome, où ils en meurent.

La nuit venue, l'igoumène nous réunit à sa table, frugale si jamais il en fut, et bénit la chère ascétique qu'il nous offre : des courges ou des concombres bouillis à l'eau, des poissons salés, du fromage de chèvre, une pastèque... Ce repas, éminemment hostile à des estomacs européens, déride pourtant le grave hiérophante, il s'anime et cause; de sa bonhomie communicative, de son commérage un peu puéril, nous retenons quelques éléments d'information. Enfin on nous mène reposer dans la plus belle pièce, préparée pour nous, et ce n'est guère : pour tout meuble, sur le plancher, un divan de grosse étoffe bulgare que nous disputent des myriades d'habitants antérieurs.

Le lendemain, à l'aube, les moines nous reconduisent à la porte comme ils nous y ont accueilli; ils nous donnent les bénédictions dues aux partants, nous souhaitent la route heureuse et nous disent au revoir, certains qu'ils sont, si nous revenons, de nous attendre au même seuil. Moins confiant dans notre destinée inconnue, nous leur répondons adieu; si jamais elle nous ramène dans ces solitudes, nous retrouverons ces amis d'un jour, sans un étonnement de leur part, n'ayant pas mesuré le temps dans leur calme quotidien, à moins qu'ils ne soient passés, sans transition sensible, au repos éternel.

Nous faisons ainsi le tour de la presqu'île, visitant d'abord les couvents slaves situés au nord et dans l'intérieur : Zographo, où des bâtiments spacieux, de construction récente, abritent deux cents moines bulgares, où un certain air d'aisance et de vie inaccoutumée atteste le génie laborieux et actif de cette race; Chilandari, vieille fondation serbe, dont l'aspect nous reporte au contraire en plein douzième siècle, au temps du *kral* Stéphan Némania, qui reconnaîtrait sans peine son œuvre. Arrêtons-nous quelques instants ici; nulle part le pittoresque des lieux et l'intégrité du passé ne nous ont frappé à ce degré.

Au creux d'une gorge sombre, étroite, sous l'ombre des grands bois de pins, le couvent-forteresse est blotti dans une enceinte de hautes murailles, flanquées de tours crénelées. D'immenses bâtiments à plusieurs étages d'arcades se terminent par des appentis de planches branlantes, recouvertes en chaume. Au centre de la cour, entre des cyprès gigantesques, la vieille église de pierres et de briques alternées sort avec les cinq dômes du pavé herbu. Il n'est pas une de ces pierres et de ces briques qui ait été remplacée depuis de longues générations de moines. Une soixantaine de caloyers, venus des montagnes serbes, misérables et chenus comme leur demeure, aussi simples de mœurs et d'idées que leurs aïeux les plus lointains, errent dans cette cité monastique, qui en contiendrait un millier, ou hissent au moyen de longues cordes et de poulies le bois et les provisions aux balcons des étages supérieurs.—L'igoumène, centenaire comme les cyprès de sa cour, tout blanc et tout cassé, nous reçoit dans une galerie de bois à jour, au faîte de son donjon; il est assis sur un banc boiteux, sous ses icones, à la lueur d'une lampe de cuivre à trois becs, d'un modèle archaïque, et caresse un chat noir qui promène tristement son célibat forcé. Depuis quarante-cinq ans, le vieillard voit de cette même place la nuit tomber comme à cette heure sur la masse grise et rouge du couvent, avec ses tours, ses arcades, ses dômes cannelés, ses logettes de poutrelles aériennes, silhouette fantastique, vigoureusement encadrée par les forêts intenses, poussées au noir, qui couronnent et étranglent l'horizon. Le vent de mer gémit furieusement à l'entrée de la gorge, apportant un orage qui réveille et illumine la solitude de ses tonnerres et de ses éclairs. Là-haut, dans le petit coin du ciel encore blanc entre les crêtes, de lointaines étoiles passent dans les cimes des pins; comme elles, le temps, la civilisation, les révolutions ont passé d'un vol pressé sur la maison byzantine, sans l'apercevoir dans son repli de forêt, sans troubler cette famille de moines, aussi intacte, aussi primitive qu'au temps des knèzes de Serbie, dont les exploits sont retracés sur les gravures grossières appendues au mur.

Et pourtant un témoin de la science et de la renommée contemporaines a franchi cette barrière de siècles; c'est un cadre de bois égaré au parloir entre la bataille de Kossovo et la mort de Marco Kraliévitch; nous y trouvons ces portraits photographiques dont nous reproduisons fidèlement l'ordonnance : l'empereur Guillaume, le sultan Abd-ul-

Aziz, le roi serbe Ourosch, le prince de Bismarck, M. Gambetta.

De Chilandari l'on gagne le couvent de Sphigménon, sur les bords du golfe de Contessa, et l'on remonte la côte orientale; c'est la partie riante et accessible de la presqu'île; les collines meurent doucement sur la grève, les monastères s'y succèdent à courts intervalles jusqu'au pied du pic, baignant leurs murailles dans l'eau bleue des petites darses où se balancent les barques des moines pêcheurs. Sur ce rivage, où abordèrent tout naturellement les premiers solitaires, s'élèvent les plus anciennes et les plus importantes des maisons grecques : Vatopédi, Iviron, Lavra. La première doit son nom (Vatopédi, l'enfant au framboisier) au jeune fils de Théodose, Arcadius; la légende le fait naufrager sur ces côtes en venant d'Italie et retrouver sain et sauf par les cénobites sous un de ces arbustes où la vague l'avait porté. Iviron fut fondé au dixième siècle par les Ibères ou Géorgiens et compte encore trois cents moines.

Aghia-Lavra (la sainte réunion) est la doyenne de la communauté, la première maison de l'Athos : Avramios de Trébizonde, en religion saint Athanase, s'y établit en 964; c'est le couvent le plus riche en biens-fonds et en merveilles de l'art. Ses vastes bâtiments s'étendent sur la croupe accessible de la montagne; d'Iviron, où l'on quitte la grève, on arrive en six heures à Lavra par un sentier féerique, en corniche sur la mer, au travers de véritables forêts vierges, les plus luxuriantes de tout ce beau pays. Le chemin, naturellement chaussé de dalles de marbre, s'égare sous un dais de lianes et de lierres, dont le rideau flottant aux branches des chênes s'écarte à la coulée des torrents, nous laissant voir sur nos têtes les crevasses blanches de neige d'où ils descendent, et, plus haut encore, le front chauve du pic qui rosit au couchant dans la nue.

Force nous est de laisser à Lavra nos chevaux; il faut nous embarquer dans un caïque pour contourner les parois impraticables de la montagne qui termine la presqu'île et revenir dans le golfe occidental de Monte-Santo. Les aspects ont changé soudain, les forêts ont disparu : nous glissons dans un double courant de saphirs et de turquoises, à l'ombre des roches, sous la muraille de marbre haute d'un millier de pieds. Cette muraille est habitée pourtant, et nous avons peine à en croire nos yeux. Des skytes sont perchés à toutes les anfractuosités du roc, dans ce site invraisemblable que seul le crayon pourrait rendre : les misérables troglodytes qui hantent ces trous de pierre à mi-ciel en descendent par des puits creusés dans la paroi, par des échelles et des cordes, jusqu'au bord de l'eau, où les barques de Lavra leur apportent leur subsistance. Plus loin, là où la pente s'adoucit relativement et où quelque végétation trouve place, les skytes s'étagent par centaines, du rivage jusqu'aux sapins du sommet; les premiers grillent sur le sable de la grève, les derniers frissonnent dans la neige des hauteurs. Ce sont ces grappes de points blancs que nous apercevions à la clarté de la lune en arrivant. Cette ville d'ermitages, qui imprime un si singulier caractère au flanc méridional de l'Athos, s'appelle Kapsokaliva et dépend du monastère de Lavra.

Tandis que notre caïque remonte au nord-ouest après avoir doublé la pointe, les aspects changent encore : le versant occidental de la montagne s'infléchit, des gorges se creusent sous la morsure des cascades; sur les pitons de roches qu'elles découpent s'élèvent les couvents les plus fièrement situés que nous ayons vus : Aghios-Dionysios, Aghios-Paulos, Simopétra. Tous trois dominent la mer à 800 ou 900 pieds de haut; les têtes des moines apparaissent microscopiques sur les balcons de bois en saillie qui couronnent leurs donjons. On y grimpe par un sentier en lacets, on pénètre par derrière en franchissant le torrent sur le pont-levis, on débouche du porche voûté sur un étroit plateau où les constructions ramassées se pressent autour de l'église comme si elles tremblaient de tomber dans l'abîme. Ce sont les burgs du Rhin avec un bien autre mépris du vertige, un cadre bien plus saisissant, adossés à un pic des Alpes, plongeant sur l'infini de la mer.

Simopétra est la dernière station avant de revenir à Saint-Pantéleimon, notre point de départ; nous y dormons notre dernière nuit de route, dans un frêle appentis de solives soudé à la tour, en surplomb de 1,000 pieds au-dessus des flots, dont la plainte profonde nous arrive comme un vagissement d'enfant. Est-ce au bercement éternel de cette voix que la pensée assoupie de nos hôtes doit son immuable sommeil ?

II

Avant de chercher à éveiller cette pensée confuse pour en déterminer le domaine et la valeur, il nous reste à compléter le cadre historique où elle se meut et qui l'explique en partie; nous demanderons ce supplément d'informations à l'art, à la langue jeune et inconsciente qui trahit mieux que toute autre les qualités et les défauts d'une race. L'étude du vaste musée que nous venons de parcourir est d'ailleurs le grand attrait du voyage à la Montagne Sainte. — Seul entre toutes les épaves du monde byzantin, l'Athos a gardé les témoignages d'un art vivace, complet, adéquat à lui-même dans toutes ses manifestations, architecture, peinture, orfévrerie, bibliothèques : nous venons de les voir se dérouler devant nous à chaque pas, nous enseignant ce que fut le passé qui les a produits, ce qu'est le présent quand il les imite.

L'ensemble des constructions essentielles se reproduit dans tous les monastères sur un plan uniforme. C'est, selon les exigences du site, un carré ou un trapèze, compris dans une enceinte de hautes murailles, parfois indépendantes et flanquées de tours, le plus souvent faisant corps avec les bâtiments d'habitation. Ceux-ci s'agglomèrent dans un désordre insouciant au dedans de cette enceinte, autour de la cour intérieure où s'élève l'église principale, le *Catholicon;* chaque siècle a apporté son corps de logis, son oratoire, sa pierre, sans respect pour l'harmonie primitive du plan. A l'étage inférieur et parfois à ceux qui le surmontent, sur une partie du pourtour, règnent des galeries en forme de cloîtres; elles prennent jour sur la cour par des arcades cintrées, que supportent des piliers à chapiteaux byzantins. Au-dessus de ces *loggie,* les étages supérieurs sont percés de baies étroites et irrégulières; ils s'élèvent à une grande hauteur dans certains couvents, à Zographo, à Chilandari, à Vatopédi, à Simopétra; sur leur faîte, un deuxième ordre de constructions commence; ce sont ces tribunes de bois en saillie qui forment le trait distinctif des maisons turques sous le nom de *chacnicims.* Elles débordent leur assise de pierre à l'extérieur et à l'intérieur, se penchent sur les poutrelles qui les arc-boutent, courent sur toute la crête du gros œuvre; des galeries, des balcons les réunissent, et cette architecture parasite monte, dans les couvents resserrés de la côte occidentale, à une hauteur égale à celle des murs qui la supportent; généralement peintes en rouge, ces cages de planches couronnent gaiement les faîtages et dérident la mine austère de ces forteresses. Des coupoles, des croix, rompent çà et là la ligne inégale des toits.

Les plus vieilles de ces bâtisses sont du douzième ou du onzième siècle; d'autres datent d'hier dans la même enceinte : l'appareil de pierres et de briques usité par les maçons primitifs n'a pas cessé d'être employé. Parfois on trouve encastrées dans le mur quelques-unes de ces briques émaillées d'origine persane, dont l'islamisme a fait un des principaux éléments décoratifs de son architecture. La grâce des dessins, l'éclat des couleurs de ces fragments empruntés à quelque mosquée ruinée ne le cèdent en rien aux joyaux de ce genre qu'on trouve encore à Constantinople, à Brousse et à Jérusalem.

Dans la cour, généralement assez vaste, laissée libre entre les bâtiments, l'église conventuelle forme le noyau de cette agglomération. Elle est petite, basse et ramassée sous ses coupoles de briques. Rien ne ressemble moins à nos majestueuses cathédrales, avec leurs nefs profondes réunissant tout le peuple, leurs piliers élancés, leurs clochers ambitieux, leurs flèches aiguës : tout ce *sursum corda* de pierre symbolise une autre pensée religieuse, mélancolique, fuyant la terre, interrogeant le ciel; dans l'aiguille du maçon rhénan, qui monte, perce la nue et cherche, il y a une angoisse : la réforme en descendra quelque jour. L'architecte grec ignore cette angoisse; il est plus tranquille, plus sûr d'un Dieu qu'il a rêvé moins grand; sans l'aller solliciter si haut, il l'attend sur la terre riante, se contentant d'élargir un peu pour le Pantocrator la basilique où ont vécu contents les Césars immortels, le iéron où ses pères adoraient Zeus. Le grand souci du maçon oriental est de cloisonner méthodiquement son vaisseau pour ne permettre l'entrée des derniers sanctuaires qu'à une initiation progressive.

La plus ancienne de ces églises est sans contredit la métropole de Karyès, dédiée à la Vierge, patronne de l'Athos; on peut la faire remonter sans crainte aux origines de la communauté, au onzième ou au dixième siècle. Elle reproduit fidèlement, en très-petites dimensions, le plan de Sainte-Sophie. Un incendie a détruit la coupole, remplacée par une toiture en bois. Dans les autres églises, d'une époque moins primitive, la croix n'est plus inscrite dans un carré, et dessine à l'extérieur son ossature; des absides semi-circulaires terminent le chevet et les transepts. Dans quelques édifices, comme à Iviron, des absidioles s'interposent entre les branches; mais le principe générateur est partout identique : une coupole centrale, suspendue sur quatre arcs à plein cintre, que supportent un nombre égal de pilastres isolés. Des coupoles plus petites surmontent le narthex et les absides : des dômes ou des lanternons cannelés accusent à l'extérieur ces dispositions.

A l'intérieur, les trois divisions sont fidèlement respectées : le chœur, le narthex, l'éso-narthex;

cette dernière n'est généralement qu'un cloître à arcades : pourtant, dans quelques cas, à Chilandari entre autres, l'éso-narthex est fermé et surmonté d'une sixième coupole. Cette église est une des plus anciennes après Karyès ; certaines de ses parties peuvent être contemporaines du fondateur, au douzième siècle. Des chapiteaux, des modillons sculptés d'une époque bien antérieure ont été employés par l'architecte. Elle mesure à peine vingt-sept ou vingt-huit mètres de longueur et quinze d'élévation à la coupole : la longueur et la hauteur des trois divisions sont progressives ; nous croirions que cette progression était réglée autrefois par un canon spécial.

La majeure partie des autres monuments que nous avons visités peut être reportée du seizième au treizième siècle ; quelques-uns sont datés par leur charte de fondation, reproduite sur le mur, d'autres par les portraits des fondateurs, qui attendent humblement dans le narthex, offrant dans leurs mains le modèle de l'église bâtie par eux, comme l'hospodar moldave de Saint-Denys (treizième siècle), le voïvode Mathaïès Bassaraba à Xénoph (seizième siècle). Celles d'Iviron et de Lavra ne sont probablement pas antérieures au quinzième siècle.

Le seul intérêt de tous ces édifices est de fixer des dates et des points de repère. On y trouverait malaisément quelque chose à louer. Déprimée, lourde

Couvent d'Aghios-Dionysios. — Mont Athos.

et mesquine à la fois, cette architecture n'a pas une ligne franche, pas une proportion heureuse; rien n'arrête l'œil dans les profils sinueux, fuyants, de l'extérieur, rien ne le charme dans les détails intérieurs : les colonnes et les pilastres sont trop courts pour leur diamètre, comme à toutes les basses époques; les chapiteaux qui les terminent, renflés du bas et s'étrécissant avant de recevoir le tailloir, sont parfaitement disgracieux; des baies trop étroites, percées en trèfle dans les absides, éclairent mal le chœur, et le narthex est plongé dans une obscurité complète. — Nous ne nous étonnerons pas de cette impuissance des maçons athonites. L'architecture est l'art synthétique par excellence; ce n'est pas le domaine des esprits analytiques et subtils. Le monument est le symbole premier-né qui traduit confusément la pensée des races neuves : plus tard, les arts de détail leur fournissent un alphabet plus étendu et plus précis. C'est dans ces arts secondaires, ce détail d'ornementation qu'il faut chercher la vraie vocation des artistes précieux que nous étudions. Leur triomphe, c'est ce luxe de chaires, de portes, d'iconostases curieusement fouillés, d'orfévreries, de vases sacrés, qui fait de chaque église de l'Athos un musée de Cluny byzantin; c'est surtout ce monde de saints, de vierges, de docteurs et de princes qui couvrent les murs et les voûtes de ces églises, racontant les origines glorieuses et la lamentable décadence de la peinture religieuse en Orient.

Partout ailleurs, dans ce qui fut l'empire grec, la truelle de l'*imam* a enseveli sous un linceul de chaux les œuvres des vieux maîtres : on en est réduit à chercher dans Sainte-Sophie les vagues contours qui transparaissent sous le crépi délité. Seul, l'Athos a été épargné ; la bienheureuse procession se déroule depuis huit sièles dans ses églises et ses réfectoires, occupant des centaines de mètres carrés. Le plus grand nombre de ces compositions, il est vrai, celles d'aujourd'hui et celles d'hier, n'offrent qu'une triste reproduction des enluminures chères aux peintres grecs contemporains ; mais celles de leurs ancêtres qu'ils ont daigné respecter nous ménagent de bien joyeuses surprises. Nous sommes arrivés à la Montagne Sainte avec un certain scepticisme, pensant n'y retrouver que les roides et hiératiques squelettes entrevus dans quelques vieux monastères de Grèce et de Palestine ; au lieu de cela, une école nous est apparue, pour le moins aussi vigoureuse que sa sœur cadette d'Italie, maîtresse du rayon sacré et en illuminant des œuvres savantes et vivantes. Les vices inhérents au canon byzantin, le formalisme, la gaucherie, les incorrections de dessin, la déparent et l'entravent ; mais malgré tout il émane de ses productions une flamme de vie réelle et intelligente qu'on dirait survécue aux aïeux grecs et pieusement entretenue par ces ouvriers de la dernière heure. Ils savent que, pour porter un nimbe et se mouvoir dans un fond d'or, un saint souffre néanmoins et adore comme un autre homme : ils le lui font dire. Leurs Christ, leurs Nicolas, leurs André sont mal pris parfois : qu'importe ? ils ont une âme sous leur chair, et l'on aura beau chercher, le dernier secret de l'art sera encore et toujours de mettre son âme dans son œuvre.

Les sujets de ces peintures sont distribués dans un ordre constant, suivant les prescriptions liturgiques, dans toutes les églises. Au centre de la coupole, la figure gigantesque du Pantocrator ouvre sur les fidèles ses grands yeux immobiles : une couronne d'anges et d'apôtres l'entoure. Sur les pendentifs, les quatre évangélistes se font vis-à-vis : dans le tympan de la porte du narthex qui regarde le chœur, la *kîmisis* ou sépulture de la Vierge est invariablement reproduite. Sur les autres parois, sur les voussoirs et les entre-colonnements, se déroulent dans un fond d'outremer des scènes de l'Écriture, des figures de saints et de vierges. Le narthex et le vestibule sont réservés aux représentations des conciles, de la vie ascétique, aux jugements derniers, aux apocalypses et aux scènes allégoriques. Les empereurs et les voïvodes, bienfaiteurs du couvent, attendent modestement des deux côtés de la porte ou se dissimulent au bas des piliers.

C'est dans la petite et sombre église de Karyès que ces fresques atteignent le plus haut degré de perfection : des restaurations bâtardes ont défiguré le plus grand nombre, mais les trois ou quatre tableaux qui attestent la main du maître primitif suffiraient à sa gloire : il y a là un Christ enfant, douce et charmante tête qu'eût enviée Fra Angelico, une Visitation de la Vierge qui nous montre des personnages savamment conçus et groupés. Après Karyès, c'est à Vatopédi, à Lavra, à Saint-Denys et à Dochareion qu'il faut chercher les meilleures productions de l'art athonite. Déjà le sentiment moins prime-sautier, l'agencement des figures moins naturel, l'emploi des couleurs moins judicieux dénotent une autre génération d'artistes : que de charme et de vérité pourtant dans les histoires évangéliques de l'église de Lavra, Jésus prêchant dans le temple, pardonnant à la femme adultère, les disciples d'Emmaüs, la pendaison de Judas! A Vatopédi, une femme couchée, en robe verte, nous donne l'illusion d'un André del Sarto.

Ces trésors dont les grands couvents sont si fiers le cèdent néanmoins, suivant nous, aux peintures moins connues du petit monastère de Dochareion, le dernier de la côte occidentale. Quelle entente simple et vigoureuse de la composition dans ces scènes, les noces de Cana, la guérison du paralytique, le Christ dans la barque! Trois têtes de madones nous arrêtent longtemps par leur indicible expression de tristesse; une autre Panagia assise, à demi tournée sur elle-même, s'enlève avec un galbe exquis : une sibylle de la Sixtine, un peu paralysée et roidie. Nous citons au hasard, parmi tant de souvenirs charmants; passons-en des meilleurs pour chercher à coordonner l'ensemble et à faire jaillir un peu de lumière sur la filiation obscure de ces œuvres remarquables.

Les renseignements qu'on obtient des moines sont d'un vague désespérant : ils s'accordent à attribuer indistinctement tous leurs chefs-d'œuvre au fameux Pansélinos, le Raphaël de l'Athos, qui aurait fleuri aux premiers temps de la communauté. Comme le *cicerone* italien qui met les plus médiocres copies sur le compte du peintre d'Urbin, le caloyer qui nous guide s'écrie avec componction devant chaque figure : Pansélinos ! Pansélinos ! — Seul, l'igoumène d'Iviron, vieillard d'une certaine instruction et assez sagace pour se rendre compte des différences de style qui caractérisent des œuvres si inégales, nous a donné une réponse plus satisfaisante. Selon lui, les fresques de Karyès seraient les seules productions authentiques de Pansélinos : il faudrait restituer celles de Lavra, de Vatopédi, de Dochareion, à ses *mathètes,* à ses disciples. Notre impression personnelle nous a amené à accepter cette tradition comme la plus plausible.

De l'examen attentif de toutes ces peintures, il résulte pour nous la conviction que les plus parfaites, celles de Karyès, s'imposent avec un caractère irrécusable d'ancienneté et peuvent seules être restituées au maître primitif, quel qu'il soit, qui nous apparaît de prime abord en pleine possession de son art : il doit avoir vécu entre le onzième et le treizième siècle. La seconde époque de la peinture athonite, celle de Lavra, de Vatopédi et autres monastères, appartient à ses disciples; ils la prolongent durant le quatorzième et le quinzième siècle, jusqu'à la fin du seizième peut-être, et gardent heureusement sa tradition, avec des éclairs d'individualité çà et là, bien qu'avec un style moins accusé déjà, un sentiment moins sincère de la ligne et du coloris. La troisième époque, du seizième siècle à nos jours, n'est qu'une décadence rapide, mal déguisée par le respect des formules traditionnelles : elle nous conduit des assises conciliaires d'Iviron aux ombres chinoises qui ornent l'église neuve de Zographo.

Pour justifier ce que pourrait avoir d'étrange cette théorie d'un art naissant du premier coup à la perfection et s'en éloignant par une dégénérescence continue, comparons-le à l'art italien, son contemporain; l'avénement des deux jumeaux se produit avec un caractère frappant de ressemblance. Aussi bien le nom de Pansélinos appelle naturellement celui de Giotto; nuls maîtres n'ont des points de contact plus nombreux, et nous ne serions pas surpris qu'il eût existé des rapports très-directs entre les trécentistes florentins et ceux de l'Athos. Telle page de ces derniers pourrait être introduite dans la chapelle del Carmine sans qu'une dissonance dans le style vînt dénoncer l'emprunt étranger.

En Italie comme en Orient, la mosaïque a seule gardé les procédés de l'art durant les bas siècles; celles qu'on voit encore en petit nombre à l'Athos ne diffèrent en rien des œuvres laissées dans la péninsule par les ouvriers grecs. Un jour on abandonne cet instrument rebelle; Cimabué, un élève des Grecs, lui aussi, tâtonne un instant, et soudain Giotto paraît, montant du premier essor au sommet de son art. Les choses durent se passer de même à Karyès; Pansélinos aura eu sans doute son Cimabué : l'absence de documents antérieurs au maître ne nous permet pas de fixer la durée de cette période d'incubation; l'entier naufrage de la civilisation byzantine nous empêche de déterminer la part de l'école de Constantinople dans cette éclosion. Si le temps avait détruit les informes madones du premier peintre italien, Giotto nous apparaîtrait comme son contemporain oriental, en pleine aurore, sans ancêtres. Les débuts furent donc identiques à Florence et à Karyès : l'art florentin et l'art athonite sortent d'une même source, comme deux fleuves égaux : la suite seule est différente, comme le tempérament des deux races. Tandis que l'esprit occidental, surabondant de jeunesse et de séve, s'emparait de la tradition de l'initiateur pour la perfectionner sans relâche par le naturalisme, d'Orcagna à Masaccio, de Masaccio au Vinci, du Vinci au Sanzio, l'esprit byzantin, usé et pétrifié, immobilisait la sienne par le dogmatisme. Éblouis, mais non stimulés par l'œuvre de leur maître, les disciples de Pansélinos cataloguent les couleurs, mesurent les proportions, comptent les lignes : l'un d'eux, Denys d'Agrapha, arrête ce formulaire dans un codex qui fait loi. Grâce à cette étonnante puissance de conservation qui est le trait du génie oriental, ils maintiennent durant trois siècles une vie factice et un éclat incontestable à la tradition immobile ; mais le jour vient où cet art embaumé subit la loi de tout ce qui meurt et se décompose ; sous les mensonges du canon hiératique, il n'en arrive jusqu'à nous que des restes dérisoires, cendres d'une plante qui n'a pu grandir dans une terre desséchée et qui a donné ses plus belles fleurs au début.

Nous nous sommes attardé à ces peintures murales, l'œuvre capitale et la gloire des vieux moines athonites. Les réflexions qu'elles nous ont suggérées peuvent s'appliquer aux autres branches de leur art. Les nombreux tableaux, peints sur bois à l'encaustique ou à la colle, qui emplissent les églises et les panneaux des iconostases, datent pour la plupart des deux derniers siècles : il n'y faut donc chercher d'autre mérite que la fidélité scrupuleuse à copier les types anciens. Quelques-uns de ces derniers subsistent dans un état matériel déplorable : ce sont généralement des Panagia. On sait que les tableaux byzantins ne laissent libres que la tête et les mains des personnages; le nimbe et le vêtement, d'argent repoussé ou de filigrane, emprisonnent le reste du cadre. Par l'action du temps et de l'humidité, la cire s'est coagulée en grumeaux, la litharge a poussé au noir : on ne distingue sous cette patine terreuse que de grands yeux caves dans des faces blêmes, dont le recul est exagéré par la saillie des ornements de métal.

Ceci n'est pas absolu par bonheur; il est de ces Panagia moins anciennes ou mieux conservées qui nous ont arrêté longtemps par le charme et la vérité de leur expression. Le vernis particulier, sombre et glauque, que les siècles donnent à l'encaustique, prête à ces figures une certaine ressemblance matérielle avec les vierges brunies de Léonard ; leur regard doux et profond ne la dément pas. Nous signalerons dans le narthex de Vétopédi deux de ces Panagia : leur vague sourire éveille le souvenir gravé dans l'âme de tous ceux qu'a regardés une fois la Joconde.

Ces vieilles reliques ont presque toujours une

légende spéciale; elles ont été sauvées des eaux où les avaient jetées les pirates, rapportées de Palestine après un long exil chez les Sarrasins; elles saignent du coup de lance d'un soldat turc, une larme pend à leur paupière en souvenir de quelque sacrilége; la vénération des caloyers les entoure; elles sont suspendues dans l'ombre d'un pilier, éclairées par une lampe complaisante au jeu de ces mystérieuses physionomies. Nous les croyons de la seconde époque des peintures murales.

Le plus grand intérêt de ces icones est parfois dans l'orfévrerie délicate qui les recouvre, dans leur manteau d'argent ou de vermeil repoussé, dans le précieux travail de filigrane de leurs nimbes. Souvent leur couronne de métal est incrustée de gemmes, d'émaux cloisonnés ou champlevés. On peut s'assurer ici que les Byzantins ont pratiqué fort tard ces deux procédés : sur le revêtement d'un tableau de l'église de Lavra, un émail champlevé porte le millésime de 1608.

Les arts d'ornementation, le bibelot, comme on dirait irrévérencieusement aujourd'hui, voilà le véritable domaine de ces ouvriers appliqués et minutieux, qui ont la patience de l'esprit chinois sans en avoir les imaginations chimériques. Bien que la meilleure part des richesses de l'Athos ait été dispersée, vendue ou détruite à la suite de l'orage qui passa sur la Montagne pendant la guerre de l'indépendance, il reste encore dans quelques couvents, surtout à Lavra et à Vatopédi, des trésors qui feraient pâlir ceux de nos vieilles abbayes. On nous apporte des évangéliaires aux lourdes couvertures de vermeil, des cassettes, des reliquaires, des croix, des vases sacrés, fouillés d'un burin précieux, constellés de diamants, de pierres et d'émaux. Nous retrouvons dans ces objets la même progression inverse du sentiment de l'art, moins large et moins franc à mesure qu'il s'éloigne des origines et se rapproche de nous. — Voici un crucifix, renfermant du bois de la croix, et une couverture d'évangile, dons de Phocas et de Zimiscès (dixième siècle); la reliure du livre d'heures de Théodora, avec le Christ et la Vierge en émail; ces bijoux sont d'un travail analogue à celui de nos orfévreries de l'époque carolingienne. A Vatopédi, une belle coupe en pierre translucide, aux anses formées par des dragons d'or émaillé, accuse une imitation de la renaissance italienne; à Xéropotamo, une *pateritza* (c'est la crosse orientale, qui a la figure d'une houlette), en ambre et émaux, est due à la munificence d'un voïvode valaque de la fin du seizième siècle. Plus tard les ouvriers athonites excellent à fouiller dans le bois des figurines microscopiques, à représenter des scènes compliquées sur les branches étroites d'une croix. Sur les iconostases des églises, les sculpteurs ont enfreint les prohibitions en vigueur depuis l'Isaurien; des lions supportent les panneaux, des oiseaux volettent dans les feuillages et les rinceaux de bois doré qui les couronnent.

Signalons encore d'élégantes marqueteries d'écaille et de nacre, ornementation que les Turcs ont empruntée aux Byzantins, sur les chaires adossées aux piliers, sur les tablettes qui remplacent aux deux côtés du chœur les ambons des premiers siècles; des portes de bronze repoussées au marteau, des lampadaires et un lustre particulier aux églises de l'Athos; c'est une immense couronne de cuivre ciselé, chargée de cierges, suspendue par des chaînettes à la voûte; l'aigle double de Byzance y figure invariablement, reproduite à intervalles égaux et reliant un cordon d'arabesques qui change dans chaque couvent suivant la fantaisie de l'artiste. C'est l'ornement obligé de toutes les églises : il est d'un grand effet, et rappelle les couronnes de lumière d'Aix-la-Chapelle et de Hildesheim.

Il faudrait le catalogue d'un musée pour inventorier toutes ces richesses; cette étude rapide n'y saurait prétendre et doit se borner à dégager les caractères généraux de l'art athonite. — Nous avons trouvé son apogée à son origine : la communauté se fonde au grand moment de la splendeur byzantine et apporte à la décoration de ses monastères toutes les élégances de la cour des Comnène; les peintres surtout puisent dans la ferveur des premiers jours une inspiration supérieure peut-être à celle de toutes les écoles archaïques ; mais l'esprit oriental est comme ces sources qui pétrifient les objets qu'on leur présente : il arrête et cristallise tout effort passager qui lui échappe ; le secret de sa faiblesse réelle comme de sa force apparente est dans cette invincible immobilité. Les successeurs immédiats des premiers maîtres continuent l'impulsion donnée par eux sans l'accroître ; leurs petits-neveux la maintiennent par des artifices puérils, leurs représentants actuels la laissent échapper sans retour. En entrant dans une des églises restaurées d'hier, en ne s'arrêtant qu'à la similitude scrupuleuse des formes, on peut se croire aux jours d'Andronic ou de Phocas, dont la munificence vient de faire surgir et de décorer un nouveau temple ; mais ces apparences sont à la réalité des vieilles œuvres ce que la galvanoplastie est à l'or. — Nous devons aux byzantins une leçon qui vaut bien des chefs-d'œuvre : c'est que l'art vit non pas de traditions, mais d'audaces individuelles ; c'est qu'un art qui ne marche plus est un art condamné.

Aujourd'hui le bilan des bons caloyers est bientôt fait. Les Valaques ont la spécialité de couvrir leurs murs de figures mortes, aux tons crus, irréprochables d'ailleurs quant aux attitudes prescrites ; les moines de Lavra accomplissent encore le tour de force de découper un millier de figurines dans un cadre de bois pour nos expositions; à Karyès et à Iviron, on tire quelques épreuves de grossières xylographies, retraçant les légendes des couvents, on enlumine sur papier des Panagia qu'on revêt d'un gaufrage d'or. — Là se borne le bagage des héritiers du très-doux et très-puissant Manuel Pansélinos.

Achevons cette revue des trésors de l'Athos en rappelant que d'inestimables bibliothèques les complètent. Longtemps inexplorées, elles ont vu s'envoler bien des feuilles précieuses; leurs propriétaires les vendaient au poids aux Turcs de Salonique, qui en faisaient des gargousses; les vieux voyageurs rapportent que les moines pêcheurs se servaient des feuillets de garde des manuscrits pour disposer des appâts à leurs lignes. Depuis trente ans, ces dépôts se sont ouverts à la science européenne, qui a triomphé de la défiance et de l'ignorance de leurs gardiens. Grâce aux recherches de MM. Mynoïde Minas, Langlois, Sébastianof, grâce aux excellents catalogues de M. Miller, les bibliothèques des monastères, comme les archives où dorment les chrysobulles des empereurs, ont livré leurs secrets On a compté dans les vingt couvents de 8,000 à 10,000 manuscrits datant du dixième au seizième siècle. Les plus anciens sont sans exception des copies des évangiles et des psaumes : tous les caractères orientaux y sont représentés, grec, russe, cyrillique, géorgien, arménien, arabe, etc. Il y avait à Zographo une Bible en caractères glagolitiques, actuellement à Saint-Pétersbourg. Les manuscrits du dixième et même du neuvième siècle, reconnaissables à leur calligraphie magistrale, sont assez fréquents. Quelques-uns sont ornés de miniatures intéressantes pour l'étude des anciens costumes, et dont le style reproduit les qualités et les défauts de la peinture byzantine. Le plus souvent les quatre évangélistes figurent seuls aux en-têtes, flanqués de leurs attributs, écrivant à la lumière d'une lanterne en potence. Les manuscrits moins anciens contiennent les œuvres des Pères grecs, les chroniques byzantines. On avait espéré longtemps que ces bibliothèques nous rendraient des fragments classiques ; sauf la géographie de Ptolémée, à Vatopédi, publiée par M. Langlois, elles n'ont livré que des copies relativement récentes des auteurs païens.

On retrouve plutôt ces derniers dans des impressions vénitiennes du seizième siècle : voyageurs fatigués, Homère et Sophocle reviennent, sous un habit emprunté à la charité étrangère, dormir au sein des leurs d'un sommeil qui ne sera pas dérangé. — C'est à Xéropotamo que nous avons rencontré la plus précieuse et la plus piquante collection de ce genre : très-certainement un des doctes fugitifs que l'invasion musulmane chassa en Italie, et qui apportèrent à sa jeune renaissance les richesses de l'héritage grec, est revenu finir ses jours dans ce couvent, lui léguant avec sa bibliothèque la grande conquête de l'Occident : il avait ramené de bien autres nouveautés que celles des Alde ! Dans une armoire voisine, pleine de curieux et rares ouvrages du seizième siècle en allemand et en latin, nous découvrons les controverses protestantes, Agrippa, Mélanchthon, Luther ; le premier volume qui nous tombe sous la main est l'édition du Nouveau Testament donnée par Érasme, avec l'exergue menaçant au frontispice : *Scrutamini Scripturas*. Témoin bizarre de la destinée des livres, ce petit volume, sonnant le cri de guerre du docteur saxon, le cri d'éveil de la réforme, qui a mis le feu à l'Europe et vient mourir sur ce rayon, dans la poudre byzantine, dans la bienheureuse quiétude de ces esprits qui n'ont jamais rien scruté et dont il ne troublera pas l'immuable repos.

III

Essayons pourtant de secouer leur torpeur, de pénétrer dans leur conscience et dans leur vie. Quel que soit l'intérêt du cadre archaïque auquel ils ont imprimé leur physionomie, il pâlit devant celui des personnages. Cette famille, constituée en dehors des lois humaines, nous doit sa raison d'être historique et sociale ; si ses représentants actuels sont impuissants à nous la donner, ils nous apprendront du moins par ce qui leur reste et ce qui leur manque quel fut le principe de vie de ses fondateurs : avec les linéaments de ces physionomies effacées, nous pourrons recomposer les figures plus énergiques du passé. Nous n'oublierons pas, en interrogeant les bons moines sur leur valeur morale et intellectuelle, une indulgence que tout nous commande, — le souvenir de leur hospitalité empressée, la séduction personnelle de tous ces vieillards affables et souriants dont nous avons serré la main. Cette étude sera d'autant plus à l'aise qu'elle n'a rien à démêler avec les individus, puisqu'il n'y a pas aujourd'hui une seule individualité marquante dans l'état monastique : elle porte sur l'ensemble d'une société qui relève, comme toute autre, de la critique historique; elle gardera ainsi toute sa liberté, certaine d'ailleurs que ces pages ne franchiront jamais les barrières qui séparent la pieuse solitude de tout commerce européen.

Ce n'est pas chose aisée que de « faire causer » les moines. Leur défiance innée à l'égard des voyageurs, qu'ils regardent comme des émissaires politiques ou des larrons de manuscrits, leur ignorance absolue des langues européennes, sont de sérieux empêchements; le plus réel est dans l'extrême pauvreté de leur esprit. Nous avons dit comment la conversation s'engageait, à l'arrivée au parloir et en dégustant le café, sur un thème banal. Quand, après avoir épuisé la curiosité enfantine de nos hôtes, nous voulons à notre tour les presser de questions sur leur passé, leur art, leurs ressources, ils se dérobent et répondent confusément : on n'obtient d'eux le plus souvent que ce hochement de tête oriental, signe de dénégation vague, qui exprime éloquemment sans une parole l'insouciance de l'esprit résigné à ignorer. Ces entretiens ne trahissent que la puérilité d'imagination des interlocuteurs, la haute fantaisie de leurs notions géographiques, et ce goût persistant pour la politique naturel aux Levantins. Chez quelques igoumènes des grands couvents, nous avons trouvé une intelligence plus ouverte; ainsi celui d'Iviron nous parlait avec sagacité de l'art ancien en en déplorant la décadence; celui de Lavra, vieillard aux traits fins et énergiques, nous exposait avec clarté des considérations fort justes sur l'état du pays. On verra que chez les moines russes ces bonnes fortunes sont plus fréquentes, mais ce sont là de rares exceptions.

L'existence des caloyers, telle qu'il nous a été donné de l'entrevoir, permet de les juger mieux que leur conversation. Aucun travail ne l'occupe, sauf pour le petit nombre des novices qui cultivent les terres du couvent ou dirigent ses barques de pêche. Ils ne lisent rien en dehors de la liturgie; nous n'avons jamais aperçu un volume entre les mains des propriétaires de ces splendides bibliothèques; une seule fois, dans un parloir, nous avons vu feuilleter un livre; c'était le *Tableau de Paris*, avec les lithographies des lionnes de 1840, par Grandville. Le bibliothécaire lui-même, en nous introduisant dans son sanctuaire, nous montre ses manuscrits avec une gaucherie qui prouve qu'ils lui sont sacrés dans le sens où les vers de Pompignan l'étaient pour Voltaire. Un de ces gardiens qui s'intitule pompeusement le *scévophylax* nous donne bravement pour du turc un évangile en géorgien.

La méditation, qui tient une si grande place dans la vie monastique d'Occident, leur est encore plus inconnue que la lecture. Cette forme de notre pensée religieuse ne serait même pas comprise par eux. Le Grec, — tout ceci ne peut s'appliquer qu'avec de fortes réserves aux éléments slaves, — le Grec n'est pas mystique au sens que nous donnons à ce mot; il est, ne l'oublions pas, le fils de ces Hellènes qui ignorèrent toujours le sentiment qu'il rend, qui prêtaient à leurs dieux un sourire éternel pour la terre bénie. Le christianisme n'eut jamais pour ces heureuses natures ni la profondeur abstraite et mélancolique de nos siècles de foi, ni la latitude inquiétante de nos siècles de doute. Aux époques de sa plus grande force religieuse, l'esprit oriental se dépense en subtiles distinctions de mots, produit des apocalypses et des gloses; les *Confessions* de saint Augustin, l'*Imitation* de Gerson, seraient lettres mortes pour lui; il rencontrerait plus d'idées communes dans la *Théogonie* d'Hésiode que dans le *Génie du Christianisme*. Religieux ou laïque, le Grec trouve la vie douce, le soleil chaud; l'élan désespéré qui emporte au ciel le mystique lui est aussi étranger que le *spleen*, le suicide, les noires maladies des âmes du Nord; il reste sur la terre, qu'il tient pour bonne. Demandez-lui de s'abstraire dans une cellule, vous risquerez de n'obtenir de lui qu'un sommeil profond; il lui faut la contemplation sous le ciel lumineux, au sein de la nature, dont il ne sépare pas le Créateur.

Aussi voit-on les caloyers errer tout le jour d'un air indolent et béat dans leurs galeries ou dans leurs cours, sur la grève et sur la montagne, ne pensant à rien et jouissant de tout. La règle monastique n'est guère pesante : à l'origine, elle comprenait une foule de prescriptions minutieuses; avec le relâchement général, on en a bien rabattu; sauf l'*agripnia* ou veillée à l'église dans la nuit du samedi au dimanche, nous ne sachons pas qu'elle impose de pénibles exercices aux moines, et la symandre vient bien rarement troubler leur douce flânerie. Ses seules rigueurs sont les jeûnes et les privations matérielles; mais on sait combien la sobriété orientale est indifférente sur ce chapitre.

Ainsi tout effort d'esprit ou de volonté est soigneusement exclu de cette existence; les droits de l'intelligence y sont méconnus : ceux de la moralité sont-ils mieux respectés? La dignité extérieure de tous ces graves personnages, le soin jaloux qu'ils apportent à maintenir les prohibitions singulières dont nous avons parlé, le feraient croire malgré tous les bruits malveillants qui courent sur leur compte. Nous raconterons ici une rencontre piquante qui nous permet de laisser à un des leurs la responsabilité des allégations contraires.

Un soir, en mettant pied à terre dans un des couvents, nous fûmes salués en italien par un vieillard tout cassé sous les ans. Bien que son costume ne différât en rien de celui des autres cénobites, la vivacité de sa physionomie dans un âge aussi avancé, l'aisance de ses manières et de sa parole, le livre qu'il tenait à la main, tout l'en distinguait au premier abord. Il disparut aussitôt et revint, quand nous fûmes seuls, nous trouver dans notre cellule. Courbé en deux sur son bâton, que rejoignait sa longue barbe blanche, dardant un regard extatique sous son haut bonnet noir, il rappelait l'alchimiste de Rembrandt : on l'eût pris au temps jadis pour l'astrologue du monastère. Il n'en était que le médecin. Surpris d'entendre pour la première fois parler une langue européenne, nous le pressâmes de questions; il s'ouvrit peu à peu et nous raconta sa curieuse existence, protestant que chez lui l'habit ne faisait pas le moine.

Cet anachorète, âgé de plus de quatre-vingts ans, avait passé sa vie à courir le monde au service de l'idée libérale. Né dans les provinces grecques de la Turquie, philhellène enthousiaste, il avait pris part à la révolte des hétairies dans la légion d'Ypsilanti; chassé de son pays natal, il était passé en Autriche : expulsé de l'empire pour ses opinions exaltées, il avait gagné l'Italie, étudié la médecine à Bologne et à Rome; compromis de nouveau dans les événements de 1848, il était revenu en Turquie. Le manque de ressources, autant que le besoin de terminer en repos une carrière aussi agitée, l'avaient décidé à accepter la place de médecin qu'on lui offrait dans ce couvent; depuis vingt ans, il portait la robe et partageait les habitudes des moines dans l'espoir, disait-il, de leur faire un peu de bien. C'était peine perdue selon lui : rien ne pouvait égaler la décrépitude, l'ignorance, l'immoralité du monde où il vivait. Il en parlait avec un âpre ressentiment et se lamentait de sa solitude intellectuelle en termes d'une originalité saisissante. Rien n'était curieux comme d'entendre ce vieux prophète, élevé dans le foyer incandescent de l'Italie de 1848 et retranché de la vie depuis ce temps, disciple de Jacopo Ortis, humanitaire, progressiste, professant le déisme vague du *Vicaire savoyard,* citant Vico et Beccaria, prêt à partir pour Novare, tout bouillant sous ses cheveux blancs des généreuses illusions de ce temps. Ce langage illuminé, qui nous paraît si étrange aujourd'hui, l'était encore mille fois plus dans ce milieu.

Quelle rencontre inattendue, celle de ce caloyer révolutionnaire et philosophe, lisant Voltaire, discutant Moïse, prêchant l'émancipation des peuples en plein Athos, en pleine Byzance! Quelle étude, celle de cette intelligence ardente, mais élevée, conservée toute chaude dans ce suaire à quatre-vingts ans, avec les illusions et les espérances de sa génération, avec sa foi robuste, malgré les démentis navrants que lui inflige son entourage, au progrès, à la régénération, à la perfectibilité des races! Quelle différence instructive enfin entre cet homme fait par l'Europe et ses compatriotes restés Orientaux! — Nous ne nous lassions pas d'interroger le faux ermite; sa voix défaillante lui refusa le service, tandis qu'il achevait le tableau de la misère morale de ses frères asservis au passé, en lui opposant ses théories sur le développement de l'humanité. Il était temps d'ailleurs : encore un peu, et le vénérable moine allait nous confier qu'il n'était pas autrement sûr que Dieu existât.

Il convient sans doute d'atténuer l'amertume des critiques inspirées à ce vieillard par son isolement dans un milieu inférieur. Il ne pardonnait pas assez aux qualités naturelles de ces grands enfants, à leur douce simplicité, à la quiétude de leur horizon restreint. Avouons cependant que, de tout ce que nous voyons, il se dégage un état social imparfait, impuissant à produire un homme ou une œuvre, sans raison d'être, d'autres diraient sans excuse : encore faut-il, avant de se prononcer, chercher d'où est partie l'impulsion qui l'a créé et le perpétue.

On se tromperait étrangement en voulant expliquer ces agglomérations de moines orientaux par les causes qui peuplent nos cloîtres. Réduits et épurés comme ils le sont aujourd'hui en Occident, les ordres religieux répondent à un des besoins incontestables d'une société en grand travail. Les uns y sont poussés par une religion douloureuse, par ce mal du ciel qu'il faut bien admettre comme le mal du pays dont se mouraient nos mobiles bretons. La plupart s'y jettent à la suite de ces catastrophes qui abîment une vie : avant de les condamner, il faudrait avoir passé par une de ces heures où tout s'effondre, où l'homme foudroyé ferme les yeux et agite les mains dans le vide, sans trouver à quoi se prendre, les relève pour se prendre à Dieu. — En quittant un état social avancé, qui assure à chacun sa part de bien-être, ces hommes savent ce qu'ils font ; frappés d'une plaie incurable, ils se sentent impropres à servir dans ses rangs et vont anticiper la mort dans le cloître, cherchant à s'oublier par le travail et la méditation. La société n'a pas le droit de refuser aux blessés qu'elle fait ces asiles qu'un homme d'esprit a justement nommés « les ambulances d'une armée en campagne ».

Nous ne trouvons rien de semblable à l'Athos. Les physionomies placides et souriantes des bons caloyers disent assez que ce ne sont pas des drames intimes qui ont peuplé ces retraites. L'immense majorité y est attirée par un certain idéal de sécurité, d'oisiveté, de bien-être relatif, que l'état social de l'Orient lui refuse. Sans doute, à l'origine de la communauté, il faut chercher un mobile plus puissant dans la ferveur religieuse, qui a pris de bonne heure dans le christianisme oriental la forme érémitique. Aujourd'hui encore la petite élite qui dirige les grands couvents y est amenée par une vocation réelle, souvent aussi par l'ambition des dignités ecclésiastiques, par l'espoir de l'igouménat; mais tous ces religieux de condition inférieure, tous ces ermites qui hantent les skytes de la montagne et vivent d'aumônes, ont surtout obéi à l'attraction d'un centre de richesses et de repos.

Pour s'expliquer cette attraction, il faut réfléchir à l'état précaire et troublé des sociétés orientales depuis le dixième siècle jusqu'à nos jours, il faut se rappeler que les mêmes causes ont déterminé chez nous le grand courant monastique de l'époque féodale. Bon nombre des premiers qui abordèrent à l'Athos étaient des victimes de la prodigieuse instabilité byzantine : fortunes politiques brisées, débris des conspirations de cour, proscrits du tyran de la veille, rhéteurs vaincus à l'Académie, capitaines battus à la frontière, cochers dépassés dans le cirque. Il en vient du palais des Blachernes et des échoppes du Boucoléon ; le curopalate ruiné par les révolutions y coudoie le marin de la Corne-d'Or ruiné par la tempête. Autour de ces hommes jetés dans la dévotion par le dégoût des vicissitudes humaines, la vénération s'accroît et les richesses affluent; leur sort tranquille tente chaque jour un plus grand nombre d'âmes lasses de la lutte. Des recrues plus humbles les rejoignent des provinces lointaines, de ces frontières où la guerre, le pillage, la ruine, sont le seul avenir du colon ; le paysan qui fuit sa cabane détruite par les hordes bulgares, tartares ou persanes, la rebâtit sur la riante montagne, heureux de changer un travail ingrat contre une mendicité fructueuse. Les invasions gagnent le cœur de l'empire, chassant devant elles de nouveaux néophytes; l'Athos en doit aux croisés latins, aux Russes, aux Arabes, aux Turcs, jusqu'à la grande catastrophe de la conquête musulmane. Le sort des chrétiens depuis lors n'est pas fait pour arrêter les vocations forcées : la guerre de l'indépendance apporte à la communauté son dernier contingent sérieux. Aujourd'hui encore ce n'est mystère pour personne que la condition politique de l'Orient laisse place à bien des misères individuelles ; pourtant, depuis que des garanties moins illusoires y assurent à chacun le lendemain, depuis que d'autre part les monastères ont perdu leur opulence, un arrêt marqué s'est produit dans le courant qu'avaient créé dix siècles de désolation.

Reste ceux qui, venus ici à l'aventure, s'y sont fixés au hasard, avec cette étonnante facilité de l'Oriental à changer de lieu, de demeure, d'habitudes, à se poser comme l'oiseau là où le gîte est bon, sans motifs raisonnés, par pure paresse d'esprit, par indifférence à toutes choses. Arrivés à l'Athos pèlerins, ils y demeurent moines. Combien en avons-nous interrogé de ces besaciers qu'on rencontre dans les sentiers de la montagne, demandant l'aumône d'une voix dolente, et dont on obtient invariablement les mêmes réponses! — Donnez un para, effendi! — Pourquoi te ferais-je la charité? Tu es jeune, tu es fort, pourquoi ne travailles-tu pas? — Eh! je suis skyte; les Pères me font l'aumône. — D'où viens-tu? — De Smyrne, de Salonique, de Stamboul, de Trébizonde. — Pourquoi es-tu resté? — Eh! je suis venu... j'ai vu que c'était bien... ça plaît à Dieu. — Pourquoi n'es-tu pas retourné chez toi? Tu as une famille, une maison, un métier? — Ah! il fallait travailler beaucoup pour gagner peu; c'est mieux ici. Donnez un para, effendi!

Ainsi ces pauvres êtres nous livraient naïvement le grand secret de vie de l'institution : l'horreur invincible de l'Orient pour la dure loi du travail. Tout est bon à ces faibles races pour lui échapper : vivre sans peine est toujours bien vivre pour elles.

Leur incarnation dernière, le type suprême du monde athonite, nous est apparue un jour avec un relief saisissant. Nous contournions en caïque les âpres pentes du sud de la montagne. Après Kapsokaliva, au pied de la paroi la plus désolée et la plus inaccessible, nous aperçûmes de loin, dans une niche du rocher chauffé à blanc par le soleil d'août, une forme noire accroupie sur un long roseau qui pendait au fil de l'eau. Nous la prîmes d'abord pour un pêcheur à la ligne et nous approchâmes, curieux de savoir comment il avait pu gagner cette terrasse sans issue. Ce n'était qu'un pêcheur à l'aumône, un skyte dont on apercevait le trou de roche à quelques centaines de pieds dans la montagne. Des échelles, des cordes lui permettaient de se laisser glisser jusqu'à son poste sans se rompre le cou ; immobile, bravant de son bonnet noir un rayonnement de cinquante degrés, il surveillait la poche de toile emmanchée à son bâton et attendait que les rares barques qui viennent de Lavra à la côte occidentale y jetassent quelques olives, un morceau de pain. C'était sa vie tous les jours depuis l'aube. Écartant ses longs cheveux, il nous regarda vaguement du haut de son observatoire et ne répondit pas aux plaisanteries de nos rameurs. Confondus par cette apparition invraisemblable, nous nous demandions ce qu'il restait de l'homme à ces termites de la montagne, et si l'anéantissement du fakir hindou, accroupi sa vie durant au soleil, ne contient pas plus d'activité intérieure que le leur.

Nous ne savons pas de défi plus irritant pour l'esprit que le commerce avec ces natures incompréhensibles, dont on s'efforce vainement de pénétrer le problème. Sont-elles donc faites de notre chair et de notre cerveau? Chez nos Chartreux ou nos Trappistes, du moins, nous trouvons des aspirations semblables aux nôtres, nous savons le secret de leur compression : c'est le sacrifice, le travail, la mort antérieure dans un déchirement suprême ; mais ceux-ci, comment meurent-ils à vingt ans? Jamais une pensée ardente n'a emporté leur âme, jamais un effort de volonté ne l'a secouée, jamais une heure d'ivresse ne l'a noyée ; ils n'ont jamais soupçonné qu'il est bon de vivre, sain de souffrir, grand de lutter. Que de fois, accoudé durant les soirées radieuses aux galeries hautes de leurs cloîtres, dans ces sites admirables plongeant sur l'infini, nous nous sommes demandé comment, à ces jeunes hommes qui erraient indolemment autour de nous, la brise du large n'apportait pas un regret, un rêve, un trouble! Quand passent devant eux les voiles joyeuses sur les lointains horizons de mer, ils n'ont donc pas une aile dans l'âme qui se déploie pour voler à elles?

Non, c'est l'Orient, c'est son sommeil éternel. Il faut l'avoir beaucoup pratiqué et bien compris pour garder à son endroit l'indulgence qu'on doit aux enfants, le respect qu'on doit aux vieillards. Ceux qui le connaissent moins seront sévères pour la société stérile que nous avons essayé de dépeindre; ils nous accuseront sans doute de nous attarder à un tombeau et de nous complaire dans ces limbes, semblables à ceux où Dante rencontre la foule « des tristes âmes qui ont vécu sans infamie et sans honneur, qui ont fait par lâcheté le grand refus » ; ils trouveront que la parole amère du poëte eût suffi :

Non ragioniam di lor, ma guarda e passa.

Pourtant si la vie et l'intérêt qu'elle éveille font aujourd'hui défaut à cette société, elle garde le secret d'un passé qui ne fut pas sans grandeur, et mérite à ce titre de retenir notre attention. Les lieux, les mœurs, l'esprit général, nous rendent ce passé intact, avec la fidélité scrupuleuse qui nous a donné parfois l'illusion d'y vivre ; les hommes seuls se sont modifiés. C'est comme une scène où la vérité du décor, du costume, des accessoires et du jeu est irréprochable, mais où l'âme des acteurs n'est plus susceptible, — au même degré, — des passions qu'ils représentent. C'est néanmoins avec cette âme qu'il faut reconstruire celle des ancêtres, pour ne pas s'écarter d'une loi historique hors de laquelle nous ne voyons pas de vérité. Sans doute les monuments que nous a légués l'Athos du moyen âge supposent une force créatrice absente aujourd'hui ; ceux qui ont réuni ces magnifiques bibliothèques lisaient et savaient ; ceux qui ont peint le christ de Karyès et les vierges de Dochareion avaient senti et souffert. La ferveur des premiers solitaires, le recrutement de ceux qui les suivirent dans les hautes régions de la société byzantine, les disgrâces éclatantes qui trempaient leurs cœurs avant de les mener au cloître, telles étaient les causes principales de leur supériorité intellectuelle et morale sur leurs successeurs ; mais dans le tour particulier de l'esprit, dans ses procédés, dans son idéal, il n'y a qu'une différence du plus au moins. Nous surprenons dans le berceau de l'institution le germe du mal qui la minera, nous le voyons suivre lentement son développement logique jusqu'à nos jours. Pourquoi ne ferions-nous pas pour les hommes ce que nous faisons pour leurs portraits, pour cette longue série de figures qui se déroule sur les murs des églises athonites et remonte sans interruption du copiste d'hier au grand Pansélinos ? — Les plus récentes comme les plus vieilles, à huit siècles de distance, ont même forme, même attitude, mêmes proportions, mêmes couleurs : on les confondrait au premier coup d'œil; mais, en reprenant attentivement la série, on retrouve chaque jour la vigueur un peu plus accusée sous ces traits identiques; c'est comme une âme éteinte qui se rallume insensiblement sans changer de corps.

Ainsi des modèles de ces peintures : pour voir nous apparaître les contemporains de saint Athanase et de saint Saba, prenons les nôtres, depuis les igoumènes des grands monastères jusqu'au pêcheur d'olives de Kapsokaliva : séparons les lignes antiques de la physionomie des rares retouches modernes, forçons les plans effacés, exagérons les reliefs en atténuant les ombres, soufflons à ces revenants l'idée ou la passion qui les fera se mouvoir naturellement dans le milieu tout préparé : c'est le travail relativement facile qui consiste à chercher dans un vieillard ce qu'était l'homme de vingt ans : on en est récompensé par une jouissance inconnue dans la mouvante Europe, celle de vivre une heure chez les aïeux d'il y a huit siècles.

Signalons en passant l'emploi qu'un historien sagace pourrait faire de cette précieuse épave pour une étude d'un bien autre intérêt; l'étude de ce monachisme oriental des premiers siècles, qui a joué un si grand rôle dans le développement du christianisme, de ces multitudes d'ascètes qui peuplèrent alors la Thébaïde. Certes il y a loin en apparence de nos bons caloyers aux fortes générations des Antoine, des Pacôme, des Macaire, des Hilarion; le génie brûlant du début, la différence des agents historiques, ne permettent pas d'épuiser des analogies spécieuses, et néanmoins l'Orient ne serait plus l'Orient, le gardien opiniâtre de tempéraments, de mœurs et de pensées héréditaires, si bien des lacunes n'étaient pas comblées, bien des problèmes résolus dans cette étude par la connaissance préalable du petit monde athonite.

Avant de le quitter, ce monde où tout nous parle du passé, encore faudrait-il lui demander le secret de son avenir. Après ce que nous avons dit, il semble facile de prédire ce dernier : une dissolution lente, très-lente sans doute, car elle doit triompher du double brevet de longévité que donnent à leurs institutions l'esprit religieux et l'esprit oriental, mais assurée. — Cet arrêt de mort serait sans appel, s'il ne fallait tenir compte d'un élément nouveau que nous avons négligé à dessein, tant il se dérobe aux observations que nous a suggérées l'ensemble de la communauté : nous voulons parler de l'élément slave et surtout du groupe russe, très-homogène, de sept à huit cents moines qui occupe le grand couvent de Saint-Pantéleimon et les deux skytes de Saint-André et du Prophète Élie.

Il ne s'agit plus ici de sénilité et d'affaissement, nous avons affaire à une race vierge et neuve qui nous reporte, elle aussi, en plein moyen âge, mais au moyen âge barbare et occidental. C'est bien une foi ardente qui a amené ces néophytes de leurs steppes, la règle est observée chez eux dans toute sa sévérité, certains travaux y sont en honneur. Ces moines russes forment une phalange compacte, soumise, animée d'un patriotisme jaloux ; cet instrument docile est dans la main de quelques supérieurs doués de rares qualités de commandement et d'administration. Ils sont aidés dans leur développement par toutes les facilités matérielles. Nous avons déjà dit avec quelle générosité sagace la Russie soutient ses œuvres religieuses en Palestine, de quel faste et de quel prestige elle les entoure; cette préoccupation est encore plus sensible à l'Athos. Grâce aux abondantes aumônes de la mère patrie, les maisons moscovites voient leur aisance s'accroître dans la proportion où les maisons grecques s'appauvrissent; elles achètent la terre, augmentent leurs métochies, font sortir du sol de vastes constructions, de fières églises, somptueusement ornées. A défaut d'une école de peinture constituée, elles reçoivent de Russie les produits de cet art religieux dont nous avons signalé l'originalité et le mérite; elles ont du moins des ateliers d'imprimerie, de gravure, de photographie, qui répandent leurs idées sous toutes les formes dans la Montagne Sainte.

Nous avons à peine besoin d'insister sur les conséquences qui découlent de ce fait : la présence d'un noyau d'hommes unis, actifs, riches, maîtres du sol, dans cette société désagrégée et réduite aux expédients. L'influence et le prestige qui s'attachent à ces hommes dans un milieu aussi oriental que celui du mont Athos dépassent tout ce que nos habitudes sociales nous permettent d'imaginer. Cette influence repose sur les trois conditions d'autorité qui gagnent le plus sûrement le respect dans un pays d'où elles sont généralement absentes : l'opulence, l'indépendance et l'énergie.

On devine l'antagonisme profond qui a dû naître entre les anciens possesseurs de la montagne et les nouveaux convives qui apportent à la table un si formidable appétit. Toute la vie dont l'Athos est susceptible s'est concentrée aujourd'hui dans cette lutte. L'inquiétude qu'inspire à ces esprits indolents l'activité des chefs de la communauté russe, la supériorité hautaine qu'affectent ces derniers, sont un des curieux spectacles réservés au voyageur. — En surprenant à l'œuvre ces rudes apôtres, nous avons cru voir revivre les figures énergiques des moines francs ou saxons qui ont entamé l'édifice féodal : toujours en route, sur terre et sur mer, pour Stamboul ou pour Karyès, insensibles à la fatigue physique, ignorants du repos, prêchant du haut de leur selle, écrivant de l'étape, n'ayant gardé des passions de ce monde que celle de l'ambition personnelle au service d'une cause nationale, ils nous ont rappelé ce qu'était au douzième siècle l'apostolat politique d'un Bernard ou d'un Arnaud de Brescia.

Dans ces derniers temps, le champ de bataille des deux partis était ce couvent de Saint-Pantéleimon, dont tous deux se disputent la possession sur la foi d'anciens titres fort obscurs. Toujours est-il que, sur les cinq cents religieux qui l'habitent, près de quatre cents sont sujets du tsar. Grecs et Russes y vivent partagés en deux camps, officiant en langue différente dans leurs églises respectives. Dernièrement, l'igoumène, un Grec âgé de cent quatre ans, vint à mourir : les Russes élurent un des leurs pour le remplacer. L'assemblée de Karyès refusa de ratifier ce choix. Pour mettre fin à un désordre qui passionnait vivement le monde orthodoxe, le patriarcat de Constantinople céda sagement à la nécessité et prescrivit une nouvelle élection dont le résultat serait indiscutable.

Notre bonne fortune nous ramena à Saint-Pantéleimon le jour où elle devait avoir lieu : jamais, par ce temps de luttes électorales, nous n'en verrons une marquée d'un cachet plus singulier. C'était un dimanche : la curiosité nous avait retenu toute la nuit à l'église, séduit par la pompe de l'office russe, par la beauté du chant, par les types étranges de cette multitude qui montait à l'autel en priant pour le tsar, comme une armée marchant à des conquêtes. Toute la nuit, « le pâle troupeau des moines », comme dit le poëte, debout sous la clarté mourante des cierges, avait psalmodié les vigiles sans qu'on eût pu lire sur ces faces mystiques d'autres soucis que ceux du ciel. Nous nous étions couché à l'aube, et de bonne heure nous fûmes réveillé par le son des cloches. Nous nous préparions à assister à une nouvelle cérémonie, quand on nous avertit qu'elles appelaient les cénobites « dans leurs comices ». L'événement attendu depuis si longtemps, destiné à un si grand retentissement dans toute l'Église orientale, et autour duquel gravitait tout ce qui restait de passions humaines aux religieux, s'accomplissait sous nos yeux sans qu'il nous fût possible d'en surprendre un indice. Aucun trouble inusité ne transpirait dans la gravité extérieure de la vie monacale, aucun bruit ne profanait le silence du cloître : à peine si quelques physionomies trahissaient une préoccupation nouvelle, si quelques chuchotements s'échangeaient au coin des longs corridors, si quelque frère passait plus affairé. Un étranger non prévenu aurait cru que les moines se rendaient comme d'habitude à leur office. Et pourtant sous ce masque rigide on sentait plus de passion contenue, plus d'anxiété, plus d'espoir et de colère que dans toutes les agitations bruyantes de nos places publiques. Les Grecs avaient fermé le catholicon, dont ils sont maîtres, apposé les scellés sur la porte et prostesté en se retirant dans leurs quartiers. Les Russes montèrent alors voter à leur chapelle, tout au haut du couvent : quelques instants après, quatre cents voix avaient de nouveau appelé à l'igouménat l'archimandrite précédemment choisi dans leur sein. Le triomphe était aussi silencieux, aussi dissimulé que la lutte; les visages se contractaient pour étouffer sous l'austérité habituelle la joie orgueilleuse qui rayonnait malgré eux.

Pour nous, spectateur désintéressé de ce drame muet, nous ne pouvions nous empêcher de sourire à la leçon philosophique qu'il nous donnait. Nous nous demandions si c'était bien la peine de s'enfermer dans un cloître à préparer sa tombe pour y porter les luttes politiques du Forum; sous la livrée du renoncement, sous la discipline de l'ascète, nous retrouvions l'homme avec les vanités, les passions, les misères inséparables de sa nature. — Une rencontre fortuite vint donner une portée plus haute encore à cette leçon.

Tandis qu'on nous racontait les résultats du vote, à un des balcons plongeant sur la cour inférieure, un mouvement inusité se produisit dans celle-ci ; les cloches s'ébranlèrent à lentes volées ; une procession de moines, la tête couverte du voile de deuil et tenant des cierges à la main, s'allongea sur le parvis en psalmodiant de tristes litanies. Toutes les pompes ont un caractère funèbre à l'Athos : dans notre ignorance des usages, nous crûmes qu'on célébrait l'intronisation du nouvel igoumène, et nous nous préparions à le voir sortir à la suite de son troupeau. — Ce ne fut pas l'élu du siècle qui sortit : ce fut l'élu de la mort, un pauvre diable de caloyer que nous avions trouvé quelques jours avant agonisant à l'hôpital, et qui s'en allait au petit cimetière devant la porte, conduit par le même cortége, salué par le même glas et les mêmes chants qui devaient mener son camarade au trône abbatial. En passant cette nuit sur le monastère, le destin avait fait son élection, lui aussi, et choisi au hasard, dans les rangs voués au renoncement commun, deux de ces hommes égaux devant la vie et devant la mort : de l'un il avait fait le puissant abbé, seigneur du couvent et de la terre, de l'autre un cadavre. Lequel était le plus près de sa vocation? N'était-ce pas ce dernier, qui venait si à propos pour donner à son frère, en plein orgueil de la victoire, la leçon du cloître, la leçon des grandeurs humaines, en lui enseignant le terme où elles aboutissent, le chemin qu'il prendrait demain? — L'imagination macabre du vieil Holbein n'eût pas trouvé mieux que ce rapprochement ironique, digne de continuer à Bâle où à Lucerne la farce lugubre du moyen âge.

A nous aussi, au moment où nous allions quitter l'Athos, le pauvre caloyer donnait peut-être la leçon suprême et le dernier mot de la vieille montagne byzantine. S'il lui reste une chance de vie, elle est dans le développement du petit groupe qui tient lieu de ferment à cette masse inerte; mais il ne réalisera ses destinées qu'en brisant le moule antique où sa forte jeunesse étouffe; nous croyons avec l'Évangile qu'on ne met pas le vin nouveau dans les vieilles outres et qu'il faut à des races nouvelles une formule neuve appropriée à leur génie. Le jour où ces consciences naïves, emprisonnées dans la vénérable maison orthodoxe, l'auront reconstruite à leur usage, elles auront conquis l'avenir. — L'avenir! ce mot sonne faux dans ce monde rétrospectif, où tout ne nous a enseigné que le passé, et nous n'y insisterons pas davantage. Les cénobites nous devaient leur longue histoire jusqu'à l'heure présente : ils nous l'ont contée et ne nous doivent plus que le mot d'Hamlet mourant après avoir achevé le récit de ses infortunes : « Le reste, c'est le silence! »

Le passé et le silence! l'homme ne vit pas seulement de ces deux négations; on s'en aperçoit vite après un séjour à l'Athos. Nous désespérons de rendre l'impression d'étouffement et de malaise, le *spleen* qui se dégage de cette existence factice, la torpeur qui gagne l'esprit dans cette course à travers les sépulcres. Sur cette nature si riche et si vigoureuse, mais frappée de stérilité, un voile de deuil s'étend insensiblement, l'œil voit noir, la nausée vient au cœur à respirer les fades aromes de l'embaumement : ces fantômes de cire au regard atone hantent le sommeil de la cellule. Durant les derniers jours, nous cherchions vainement quelque rappel gracieux de la vie absente : tout nous semblait suinter la tristesse, jusqu'au laurier-rose amaigri, ennuyé, qui détachait ses fleurs souffreteuses sur le mur gris du couvent. Nous passions nos soirées à arpenter les hautes galeries des étages supérieurs, aspirant à cet horizon de mer que sillonnaient allégrement les barques, comme un défi de liberté jeté aux prisonniers.

Une d'elles vint livrer son chargement de poissons au monastère et s'offrit à nous porter en une nuit sur la côte opposée du golfe de Monte-Santo, d'où nous gagnerions Salonique par terre. Cette fuite nocturne fut le digne épilogue des visions inquiétantes d'où nous sortions. — Couché sur l'arrière étroit de la petite tartane, au ras de la vague, dont chaque lame effleurait nos vêtements, nous glissions lentement sur l'eau dormante, où pendait la voile immobile. Quand, las de compter les étoiles passant une à une sur le mât, nous nous redressions sur notre planche, nos regards rencontraient les trois caloyers noirs, ombres muettes qui ramaient d'un mouvement automatique, sans paraître avancer. Tous les spectacles funèbres des derniers jours repassaient dans notre insomnie : il ne tenait qu'à nous de nous croire dans la barque infernale, conduite par les nochers de l'Érèbe, qui nous ramenait de la terre des morts. Pour dissiper le cauchemar de cette navigation fantastique, il fallut le premier rayon de l'aube nous montrant la grève prochaine. Une embarcation de pêche y abordait, abritant sous sa voile toute rouge du premier feu des enfants et des femmes. Les voix jeunes et fraîches chantaient la cantilène grecque avec laquelle les pêcheurs de l'Archipel trompent les longues attentes de la nuit : *Ta matia ta gramména...*

« Ah! réveille-toi et ouvre — tes yeux, le doux livre — que le Créateur n'a pas fait — pour qu'il reste ainsi clos; — ah! réveille-toi et salue — ton amie l'aurore, — afin que se réjouisse le ciel, — afin que sourie la terre! »

Ce chant d'amour montant dans l'aurore, c'était

le printemps de Dieu, la vie ressuscitée : en la sentant renaître, nous nous demandions si nous n'avions pas rêvé tout ce voyage chimérique dans les siècles lointains, dans la vieille Byzance, dans la tombe : doutant de sa réalité évanouie, nous nous retournâmes encore une fois pour chercher la Montagne Sainte : la masse noire de l'Athos descendait dans les profondeurs de la mer, comme le peuple suranné qui l'habite descend dans le passé.

FIN

TABLE DES MATIÈRES

TABLE DES GRAVURES

PARIS. TYPOGRAPHIE DE E. PLON ET Cie, RUE GARANCIÈRE, 8.

www.ingramcontent.com/pod-product-compliance
Ingram Content Group UK Ltd.
Pitfield, Milton Keynes, MK11 3LW, UK
UKHW020426200726
13857UKWH00002B/305